글로벌
문화관광론
GLOBAL CULTOURISM

"낳으시고 길러주신 그리고 늘 한결같은 아버지 어머니께 이 책을 올립니다. 사랑 합니다"

서문

'이 땅에 태어나는 첫 순간부터 흙으로 돌아가는 마지막 순간까지' 우리는 끊임없는 만남의 순간들을 접하게 된다. 'Moments of Contacts'. '만남'.

살아가면서 셀 수도 없는 숱한 만남들. 그 가운데 우리에게 의미가 있는 만남도 아무런 의미없는 만남도 많았다. 어쩌면 의식과 무의식의 세계를 비교하는 것처럼 우리가 인식하지 못한 체 그냥 지나쳐버린 만남이 알아차린 만남보다 더 많지 않았을까. 돌이켜 생각하곤 '아! 그때 그 순간의 만남이 얼마나 소중함을 깨달았다면…' 하고 지나쳐버린 만남에 대하여 진한 아쉬움을 토하곤 한다. 어떤 만남은 삶의 turning point가 되기도 하고, 또 어떤 만남은 절망에서 희망으로 도약케 되는 계기가 되기도 한다. 그리고 어떤 만남은 꺼져가는 생명에 새로운 불꽃을 다시 피우게 하는 만남도 있다. 사람과의 만남이든 자연과의 조우이든 만남은 삶의 원동력으로 삶의 활력으로 작용하기도 한다. 그러나 많은 경우, 의미있는 만남은 만남의 길이 보다 timing에 의해 결정되어지는 것 같다. 나도 상대방도 모두가 '진정'으로 충돌하는 순간, 그 만남의 에너지는 증폭되어진다.

나는 이 책의 한 페이지 한 페이지를 채워가면서 숱한 지식과 많은 정보들과의 만남을 가졌다. 그 만남의 주요한 채널은 인터넷. 이 책을 만들어가는 전 과정에서 인터넷은 참으로 소중하였다. 원고를 한 장씩 채워가면서 가능한 가장 최근의 정보를 실으려고 노력하는데 인터넷은 좋은 만남을 위한 지킴이가 되어 주었다. 물론 자료와 정보의 비정확성, 무책임성을 가진 자료들도 있었지만, 역시 인터넷에서 부분적으로 검증이 가능하기도 하였다.

오늘날 '인터넷은 중요한 문화의 보고'라고 생각한다. 인터넷은 인간과 인간, 인간과 기계, 인간과 컴퓨터, 기계와 기계 양자간 때로는 다자간 과거와 현재, 그리고 미래를 연결시켜주는 gateway의 역할을 한다. 시간과 공간을 초월한 이동성의 보장은 인터넷의 기술이 향후 20세기 인간의 무형유산으로 등재되지 않을까?

　　미래의 어느 날, 생명연장의 꿈을 꾼 사람이 현재의 의료기술의 한계에 직면하여 냉동보관되고 오랜 시간이 지난 뒤 다시 깨어났을 때, 개인과 환경의 역사단절이 주는 당황함을 인터넷이 많은 부분 해결해줄 것인가. 그는 타임 갭(time gap)을 인터넷을 통해 이성과 감성의 빈 자리를 채워갈 것이다.

　　본서의 많은 부분은 과거 몇 년동안 강의와 개인적 관심으로 수집된 방대한 자료를 바탕으로 분석과 해석이 이루어졌다. 주관적 해석과 해설에 많은 시간과 노력을 들였다. 특히, 대학에서 '문화관광'이라는 주제를 가지고 강의를 하면서 참고할 서적이 많지 않음을 인식한 것이 오늘 이 한권의 책을 집필한 중요한 계기가 되었다고 할 수 있다. 특히 문화관광의 개념에 대한 모호성, 문화관광과 관련된 대표적인 주제들에 대한 불명확성, 문화관광산업과 상품, 그리고 목적지에 대한 애매성이 이 책을 집필한 결정적 동기가 되었다. 특히, 마지막 장으로 문화관광의 미래를 검토한 것은 미래, 오늘의 또 다른 오늘, 과학과 기술의 발달이 우리의 문화관광과 관련된 스타일에 어떤 영향을 줄 것인가에 대한 깊은 고민의 흔적이었고, 이 책의 독자들과 생각의 공유를 위한 초대의 장이 되겠다.

　　이 책이 나오기 까지 안지윤의 도움이 없었다면 불가능했을 것이다. 새로운 자료를 찾고, 옛날 자료를 업데이트하고, 많은 피드백의 과정을 통해 제 모습을 갖추게 만드는데 도움을 주었다. 학위과정의 바쁜 시간가운데 시간을 쪼개어 가면서 자신의 귀한 시간을 할애해준 고마운 학생. 아무리 고마움을 전해도 부족함을 느낀다. 그리고 이 책의 출간을 위해 애써주신 임순재 사장님과 황남수 부장님, 그리고 이 책의 한 장 한 장을 살뜰한 마음과 정성으로 교정과 편집을 담당해 주신 최혜숙 실장님과 편집부의 많은 분들께 진심으로 감사를 드립니다.

　　시간이 지나갈수록 4계절 4색을 가진 우리나라가 얼마나 좋은지를 조금씩 경험으로 알아가고 있는 사람이 다른 소통의 채널로 이 책을 출간합니다.

2014년 태풍이 지나간 여름, 어느 비개인 아침날

CONTENTS

CONTENTS

CONTENTS

Chapter 8 토속문화관광(Indigenous Tourism) __194

CONTENTS

문화관광의 미래 __290

문화의 개념

Culture?

Chapter 1

그가 내 앞으로 지나시나 내가 보지 못하며
그가 내 앞에서 움직이시나 내가 깨닫지 못하느니라.

— 욥기 9장11절

他从我旁边经过, 我却不看见 ; 他在我面前行走, 我倒不知觉.

— 约伯记 9:11

When he passes me, I cannot see him; when he goes by,
I cannot perceive him.

— Job 9:11

괴테가 이태리 여행을 떠나는 아들에게 써준 글

문화의 개념

한 때 어떤 대상(object)을 그릇에 비유하는 것이 유행하던 때가 있었다. 도시로부터 조그만 공간에 이르기 까지, 어떤 특정한 장소나 사물을 그릇에 비유하여, 그 그릇에 무엇을 담을 것인가를 담론의 주요 화두로 끄집어내곤 하였다. 문화를 그릇에 비유하면 어떨까? 그릇은 무엇인가를 담을 목적으로 만들어진 용기임에 분명하다. 그런데 언젠가부터 무엇을 담지 않아도 그릇 그 자체가 귀하게 보이고, 그릇과 주변 배경이 조화로워 그릇이 아름답게 보이는 것을 관찰하기 시작하였다. 본서에서 문화를 접근하면서, 문화라는 그릇에 무엇을 담을 것인가에도 물론 관심을 기울이고 있지만, 그릇 그 자체가 지닌 독특성과 다양성의 관점에서 비워져 있는 그 자체의 그릇에도 관심도 함께 기울이고 있음을 주지해주기 바란다. 이러한 시도는 우리의 경험과 지식으로 축적된 전문성과 상식이라는 '편견'을 내려놓게 만든다. 그러므로 문화는 자연 그 자체는 아니지만, 자연에 의해 영향을 받고 자연의 기반 위에 만들어진다. 문화는 인간과정의 산물이 된다.

"Culture is not a nature itself. Yet, we, human beings, build culture upon nature. Culture is an outcome of the human process"
– Kristine E. Yhang

01 문화란 무엇인가(What is Culture?)

문화는 사람이 호흡을 하는데 필요한 공기처럼 보이지는 않고, 만져지지도 않고, 느껴지지도 않지만 확실히 존재하는 것처럼 우리가 생각할 수 있는 그 무엇의 집합이라고 할 수 있다. 예를 들면 미국에서는 건물이나 시설물에 설치된 전구의 모든 스위치 작동은 위로 올리면 켜지고, 밑으로 내리면 꺼지게 되어 있다. 또한 수도의 왼쪽(또는 붉은색)은 뜨거운 물, 오른쪽(또는 파란색)은 찬물을 가리키는 것이며, 도로의 신호등 색깔은 3색으로 붉은색은 정지, 노란색은 일시정지, 푸른색은 진행을 가리키는 것을 알 수 있다. 이는 일상생활에서 우리가 말하고, 생각하고, 느끼는 것과 주변에 존재하는 대상과의 관계, 상식, 관습, 법률 등을 모두 포함하는 것이 문화일수 있다는 것이다. 이러한 의미에서 문화는 매우 복잡하고, 다양하면서도 그 지역사람들이 공통으로 인식하고, 오랜 시간동안 지속된 것으로 그 지역환경과 사람, 사람과 사람의 상호작용하는 관계라고 정의할 수 있다.

그러나 문화는 이러한 일관성과 지속성의 단면을 가지고 있기도 하지만 다른 면도 있다. 우리 나라에서 최근까지 당연하다고 생각하던 '좌측통행'의 경우, 도입된지 불과 100여년이 지나지 않은 것이다. 최근 다시 '우측통행'을 하자고 국민들에게 홍보하고 있으며, 국민들은 일상생활에서 계도를 통해서 변화를 받아들이면서 적응해가고 있는 것이다. 과거 상식처럼 받아들여졌던 많은 것들이 가족이나 자신이 속한 공동체로부터 학습된 것이었다. 이는 또한 학습을 통해서 다른 문화를 바꿀 수도 있다는 것이 된다. 따라서 문화란 항상 고착화된 형식으로 고정되어 있지 않고, 시간에 따라 변화 할 수 있다는 조건을 달고 있기도 하다.

그러면, 문화란 무엇인가? 사회학자인 Debra Marshall은 문화학은 과거에는 그렇지 않았지만 현대사회에서는 기본적이며 중요한 학문이 되었다고 주장한다. 문화는 학습되고, 규범화되며, 사회적으로 전승되고, 공유되고, 상대적이며, 적응되어가면서 자연스럽게(natural) 되어가는 것이라고 설명하고 있다.

문화는 어떤 집단에 속한 사람들의 삶의 방식이다. 우리는 많은 면에서 서로 다르며, 또한 모든 문화에는 이러한 다른 부분들이 존재한다. 예를 들면, 지구촌 곳곳에서는 뜻 깊은 일이나 사람, 사건을 기념하는 날로 서로 다른 공휴일로 지정하는 기념일이 있다. 크리스마스, 하누카(Hanukkah), 광복절, 독립기념일, 신정, 부활절 등.

'다름'은 모든 문화에서 발견되는 옷에도 다른 유형의 복식을 찾을 수 있다. 멕시코, 중국, 인도의 의복이 각기 다른 것과 같다. 또한 문화의 다른 면은 음식에도 베어 있다. 일본의 스시, 프랑스 빵, 멕시칸 타코 등. 그리고 서로 다른 문화권에서 사용하는 숱한 언어도 문화의 다름을 보여주는 예가 될 수 있다. 15억 가까이 사용하는 중국어에서 몇 백명이 사용하는 인도네시아의 어떤 부족언어에 이르기까지.

우리 삶에는 어떤 문화와 인접한 문화 간에 존재하는 서로 다른 많은 면을 볼 수 있다. 일상의 한나절 즐기는 오수(nap time)에서 수업방식, 춤, 결혼, 스포츠에 이르기까지 다양한 모습을 띤 다른 현상들을 목도할 수 있다.

이와 같이 문화는 딱 잘라서 한 가지로 정의할 수 없으며, 다양하고 복잡한 여러 가지 '다른' 관점이 존재한다. 우리 각자와 우리 모두는 서로 다르다는 것이 전제되어야 한다.

그러므로 Edward Taylor(1871)는 문화를 지식, 신앙, 예술, 도덕, 법률, 관습과 역량과 습관을 포괄하는 복합체로 이해하고 있다. 또한 Clifford Geertz는 그의 저서 〈Interpretation of Cultures〉에서 문화가 인간에 미치는 영향력을 언급하면서 문화는 지각(perception)을 형성하고 행태(behavior)에 영향을 주는 가치, 신앙, 태도를 공유하고 학습하는 상징체계라고 주장하였다. 그는 또한 인간은 스스로 만들어 놓은 의미성이라는 그물망에 걸려있는 하나의 동물에 불과하며, 그 그물망을 문화라고 생각하였다. 즉, 인간은 자신의 문화를 창조하고 개조할 수 있는 능력을 가지고 있지만, 문화적 제도에 의해 부과된 이해나 분류방법을 통해 주변의 세계를 정의하는데 자신의 문화를 제공한다는 것이다. 그에 따르면, 인간은 자신의 문화를 벗어날 수는 없다. 즉, 인간은 문화를 창조하고 또한 그 문화에 갇혀있다는 것이다. 세계는 그들의 문화를 통해서 정의되어진다는 것이다.

비슷한 의미로 Heisenberg는 우리가 관찰한 모든 것이 본질 그 자체가 아니라, 우리가 질문하는 방법에 따라 노출된 본질에 불과하다는 것을 기억해야 한다고 주장하였다. 따라서 문화는 우리 주변의 세계관을 구성하기 위해 우리가 사용하는 질문의 방법을 제공해준다고 할 수 있다.

다음의 그림은 Geertz의 그물망을 도식화한 것에 해당되어진다.

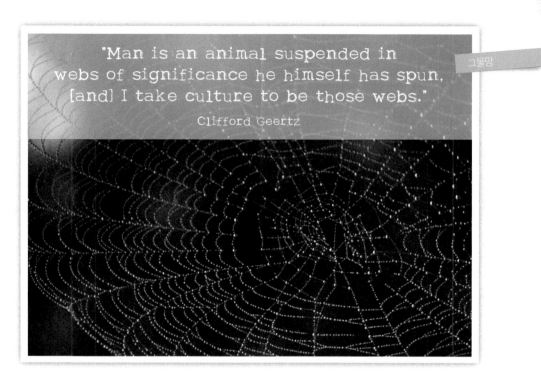

"Man is an animal suspended in webs of significance he himself has spun, [and] I take culture to be those webs."

Clifford Geertz

그물망

Geertz는 문화를 거미줄과 그 망에 걸린 '동물'의 관점에서 문화를 설명하지만, The Fusion Group은 문화와 사람의 관계를 물과 물고기를 비유해서 설명한다. 물고기는 물속에 있는 다른 물체인 해초, 모래, 게, 다른 물고기나 물위에 떠오른 태양 등을 보는데, 이는 자신이 헤엄치고 있는 물속이라는 공간에서 다른 사물과 현상을 보고 판단한다는 것이다. 물고기는 물을 벗어나서는 살아갈 수가 없으며, 다른 물체를 인식할 때에도 물을 통해서 인식하게 된다. 다른 것을 보고, 듣고, 느끼며, 또한 먹는다는 것이다. 물은 물고기의 생명과 죽음에서 일상에서 일생까지 함께하는 공간이 된다.

사람에게 있어 문화는 물고기의 물과 같다는 것이다. 우리는 문화를 통해서 다른 사물과 사람을 대한다는 것이다. 사람은 주변을 둘러싸고 있는 문화를 통해서 다른 문화, 다른 지역의 사람과 사물을 보고, 듣고 느끼고, 판단한다. 먹는 것에서부터 입는 것, 그리고 사는 곳, 의식주는 고유한 문화의 특징을 나타내어주는 중요한 단서가 되는 것이다. 물고기는 다른 수중생물체와 물 속에서 커뮤니케이션이 이루어지는 것처럼 우리도 문화를 통해서 다른 사람들과 커뮤니케이션을 전달한다.

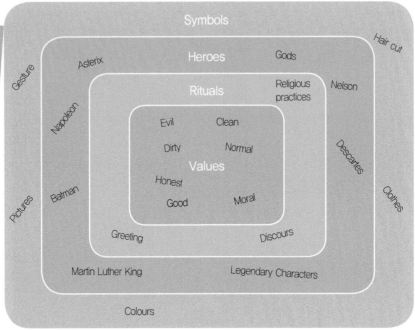

출처 : http://imranahmedjafri.wordpress.com/2012/09/04/a-summary-of-thick-description-the-interpretation-of-cultures/

　　현상학적 관점에서 본 문화의 개념을 바탕으로 문화에 대한 정의를 하고자 한다. 문화를 나타내는 영어단어인 culture와 한자인 文化와 연관을 지으면, 대부분 '스스로 있음'를 의미하는 自然과 대립된 개념으로 이해할 수 있다. 즉, 문화는 스스로 존재하거나 스스로 만들어진 것이 아닌 주변 환경과 인간의 유기적인 결합에 의해 만들어진 결과물이라는 것이다. 따라서 문화는 인간과 환경, 인간과 인간의 시간성과 공간성의 융합에 의해 만들어진 결과물과 그 과정의 산물이라고 할 수 있다.

　　그러므로 문화는 서로 다른 인간과 서로 다른 환경이 결합되면 적어도 산술적으로는 그 다름의 조합 수 만큼 다른 문화가 존재할 수 있다는 것이다.

　　유네스코(2002)에서는 문화를 "한 사회 또는 사회적 집단에서 나타나는 예술, 문학, 생활양식, 더부살이, 가치관, 전통, 신념 등의 독특한 정신적, 물질적, 지적 특징으로 정의하고 있다. 즉, 문화는 한 사회의 주요한 행동이나 상징체계를 의미한다. 따라서 문화는 음악, 미술, 문학, 연극, 영화와 같은 예술분야에서 두드러지게 나타나며, 사람들은 상품으로서 대중문화, 유행가와 같은 것들을 소비함으로써 문화를 접하게 된다.

그러므로 문화는 다양한 의미를 가지며, 하나의 의미로 명확하게 정의 내리기는 어렵다. 그러나 문화와 관련된 기존 문헌이나 연구에서 공통적으로 가장 많이 사용된 의미들이 있는데 이를 통해서 문화의 정의에 대한 이해를 도모하고자 한다.

첫째, 상위문화로 알려진 순수예술과 인문학적 취향(taste: 기호)

둘째, 상징적 사고와 사회적 학습능력에 좌우되는 인간의 지식, 신앙, 및 행태 등이 하나로 통합되어진 패턴

셋째, 제도, 기구, 집단을 규정하는 태도, 가치, 목표와 관습의 공유된 집합

결론적으로 정의하면, 문화는 사람에게 있어서 '공기'와도 같은 존재이다. 물이 없는 물고기를 생각할 수 없는 것처럼 '공기'가 없는 세상의 사람도 떠올릴 수 없다. 사람의 생명 유지를 위해 반드시 있어야하는 것이 공기인 것처럼, 사람과 문화의 관계도 이와 같다. 문화는 우리가 살아가는데 중요한 역할을 하고 있을 뿐만 아니라 때로는 삶의 의미를 제공하기도 한다. 우리 모두가 문화에 대해서 좀 더 잘 이해하는 이유는 우리 삶의 중요성과도 일치하기 때문이다. 문화에 대한 보다 나은 지식과 경험은 우리 삶의 방향을 더 좋은 것으로 발전시켜 나가는 데 도움이 될 것이다. 그곳에는 우리 앞에 보다 나은 삶이 기다리고 있을 것이기 때문이다.

02 문화의 어원

문화를 나타내는 Culture라는 단어는 라틴어 'cultura'에서 유래한 현대적 개념이다.

Culture(1:)은 로마 웅변가인 Cicero의 고전작품 〈Tusculanae Disputationes1〉에서 "cultura animi"(cultivation of the soul) 라고 쓰면서 최초로 사용되었다. 당시 그는 culture 라는 단어를 철학적인 의미에서 '영혼의 계발을 위하여' 농업적 비유로 사용하였

1. BC 44년 카이사르가 암살된 뒤에 완성

9

Marcus Tullius Cicero

"Any Man can make mistakes, but only an idiot persists in his error."

으며, 인간계발을 위한 최고의 가능한 ideal(이상)으로써 목적론적으로 이해하였다.

Pufendorf는 현대적 맥락에서 그 비유를 사용하지만, '철학이 인간의 자연적 완성이다'라는 것을 더 이상 가정하지 않는다. 많은 작가들도 Pufendorf에 공감을 하면서 "인류는 자신의 태생적 야만주의를 극복하면서 수단(artiface)을 통해 전적으로 인간적이 되어간다면서 그 모든 일련의 방식"을 culture라고 사용하고 있다.

Culture라는 용어는 이후 경작과 관련된 농업과 무관하게 사용되었으며, 특히 교육을 통한 개인의 순화와 개선에 관하여 언급하면서 17세기 현대 유럽에서 사용되었다.

Velkley에 의하면, "culture"는 원래 영혼 또는 마음의 경작(the cultivation of the soul or mind)을 의미하였다. 그런데 현대적 의미는 대부분 18세기 독일 사상가들의 작품에서 근대 자유주의와 계몽주의에 대한 Rousseau의 비판을 발전시키면서 습득되었다고 할 수 있다.

18세기와 19세기 동안에는 모든 사람들이 일상생활에서 인용하면서 아주 흔하게 언급되었고, 그 용어와 관련된 논의는 종종 국가적 열망이나 이상과 연계될 때 사용되었다. Edward Tylor같은 과학자는 보편적인 인간능력을 언급하면서 culture라는 용어를 사용하였다.

20세기에는 culture는 인류학에서 중심적인 개념으로 부각되었고, 직접적인 유전적 계승에 기인할 수 없는 인간현상의 범위를 포함하는 것으로 사용되었다. 특히,

미국 인류학에서는 두 가지 의미를 가지고 있었다: 상징과 연관된 경험을 분류 및 대표하거나 창의적이고 창조적으로 행동하는 진화된 인간능력; 그리고 다르게 사는 사람들이 그들의 경험을 분류하고 대표하고, 창의적으로 행동하는 독특한 방식.

Hoebel은 culture를 학습된 행태패턴(어떤 사회 구성원들에게서 특징적이며, 생물학적 유전의 결과과 아닌 형태)의 통합된 시스템으로 기술한다. 최근에는 어떤 사회에서 창조된 물리적 인공유물(소위 물질문화)과 그 외 모든 것(언어, 습관 등의 비가시적인 것)간의 차이로 이해된다.

03 문화의 구성요소

'문화'의 의미를 조금 더 쉽게 알기 위해서는 문화를 구성하는 요소에 대한 이해가 필요하다. 일반적으로 문화는 상징, 언어, 기술, 예술, 규범, 가치 등 다양한 문화요소로 구성되어 있다고 할 수 있다.

상징은 일상적인 대상에 그 문화를 누리는 사람들이 의미를 부여하는 것이다. 예를 들어 월드컵의 상징인 '붉은 악마'는 '붉은 티셔츠'로, 한국 지도는 '호랑이'로 상징되어있는 것이다. 또한 상징은 언어 표현으로도 가능하다. 과거 우리나라는 'Morning Calm : 고요한 아침의 나라'라고 했지만, 최근 'Dynamic Korea : 역동적인 대한민국'이라고 하는 것도 그 사례가 될 수 있다.

상징의 사례

기술

문화요소로써 언어는 지역의 자연환경과 가장 밀접하게 표현되어진다. 추운 지역과 더운 지역에서는 각기 기후나 기상에 적응하면서 서로 다른 언어가 발달해있다. 에스키모인들은 눈(snow)을 표현하는 낱말이 200단어가 넘는다고 한다. 또한 언어는 생활권이 어디냐에 따라서도 다르다. 어업을 통해 삶을 살아가는 곳에서는 고기잡이와 관련된 언어가, 농업을 하는 곳에서는 농사와 관련된 언어가 세분화되어 발달한 사례가 있다. 또한 일상생활에서도 존댓말을 강조하는 한국어와 시제를 강조하는 영어의 차이는 이 언어를 사용해 온 사람들의 서로 다른 가치가 반영된 사례가 될 수 있다.

다음으로 기술이 문화요소가 될 수 있다. 인터넷이 등장하며서 '인터넷 문화'가 생겼고, 어디서든 뉴스와 드라마를 시청할 수 있게 되었고, 과거에는 손으로 직접 쓴 편지가 중요한 커뮤니케이션 수단이었던 것이 지금은 이메일이나 전자편지, SMS 등을 통해 쌍방향 실시간 소통이 가능하게 되었다는 것이다. 이러한 기술의 발달은 지역과 세대를 넘어 다양한 문화를 만들어내고 있다.

또한 예술이 문화의 요소가 된다. 예술은 자신의 생활을 음악이나 그림, 몸짓 등 다양한 예술 활동을 통해 표현하므로 인간의 창작물에도 문화가 반영된다는 것을 보여준다. 예를 들어 남미의 탱고, 미국의 힙합, 한국의 아리랑, 선사시대의 암각화, 조선시대의 문인화 등이 있다.

마지막으로 규범과 가치는 한 사회에서 권장 혹은 규제하는 삶의 방식이나 지향하는 정신적 윤리들이 각 사회마다 다양하다는 것을 알 수 있다. '효'와 '남아 선호사상'은 가부장제였던 조선 사회를 잘 드러내고, 더불어 법에서 부모를 대상으로 한 범죄는 가중 처벌하는 우리의 법에도 '효'와 관련한 문화가 담겨 있다.

　이상과 같이 어떤 사회(society) 전체의 삶의 방식을 보여주는 문화는 우리가 먹는 음식, 입는 옷, 듣는 음악 그리고 인사하는 법 같은 것 등 모든 것을 포함한다. 그러나 한편으로 문화를 연구적 관점에서는 7가지 구성요소로 구분하기도 한다.

　첫째, 사회조직이다. 문화는 어떤 사회의 구성원들을 몇 개의 작은 단위들로 조직하게 하여, 서로의 기본적 필요(needs)를 충족시킬수 있도록 함께 일할 수 있도록 한다. 가족과 계급이 그 단위에 해당된다. 가족은 핵가족이나 대가족으로 나뉘어진다. 어떤 조직에서는 돈, 직업, 교육, 조상 등 중요하다고 생각되는 것에 의해 신분이 서열화되기도 한다.

　둘째, 관습과 전통이다. 관습적으로 하는 악수, 포옹, 눈길, 젓가락이나 포크를 사용하는 식사, 문을 잡아주는 행위 등에도 행동원칙이 있다. 관습법이 가끔 이러한 행동원칙을 강요하기도 한다(가족이나 친구가 우리가 올바로 행동을 하는지를 알려주는 것이다!).

　셋째, 언어이다. 언어는 사람이 소통하는 방법이다. 언어는 문화의 기초이다. 모든 문화는 문어(written language)로 발달되지는 못하였다 할지라도, 구어(spoken langauge)를 지니고 있다. 또한 개별 언어는 몇 개의 다른 방언들을 가지기도 한다.

무슬림의 식사 전통

넷째, 예술과 문학이 있다. 예술, 음악, 문학, 민간설화와 같은 인간의 상상력의 산물로써 문화의 기본적 신념을 전승하게 해준다. 또한 이것은 사람들에게 엔터테인먼트를 제공하거나 즐거움을 선사하기도 하고, 교훈을 주기도 한다. 영화, 책, 희극, 게임, 스포츠, TV 쇼, 그림등이 있다.

다섯째, 정부(government)가 있다. 정부는 시민들에게 필요(needs)를 제공하며, 사회 내 질서를 유지시키며, 외부의 위협으로부터 사회를 보호한다. 여기에서 정부란 사회내 권력을 소유한 개인이나 사람들, 사회의 법률이나 정당 등을 의미한다.

여섯째, 종교. 종교는 사람들로 하여금 삶의 의미와 목적에 관한 질문에 답을 찾도록 도움을 주며, 또한 각각의 문화에서 느끼는 가치가 중요하다는 것을 뒷받침해준다. 흔히 유일신과 다신론 또는 범신론 등으로 나눌 수 있다.

일곱째, 경제시스템이 있다. 사람들이 자신의 욕구와 필요를 충족시키기 위해 제한된 자원을 어떻게 사용하는 방법과 관련된 것으로 상품생산을 누가 어떻게 무엇을 해야하는가와 관련된 것을 말한다. 일반적으로 전통경제, 시장경제, 통제경제, 그리고 혼합경제 등의 시스템으로 구분한다.

이상에서 일곱가지의 유형으로 문화의 구성요소를 살펴보았다. 그러나 이와달리 사회학적 관점에서는 언어, 규범, 제재, 그리고 가치 등 4가지로 문화요소를 보기도 한다.

사회학에서 의미하는 문화의 구성요소를 살펴 보면, 첫째, 언어를 문화의 가장 중요한 면으로써 의미와 상징의 추상적인 시스템으로 보고 있다. 커뮤니케이션은 비언어로써 제스쳐, 얼굴표정, 다른 시각이미지 등을 포함한다.

둘째, 규범(規範, norms)으로 각각의 사회가 성립되도록 확립된 구성원의 행태기준을 뜻한다. 성문화되어 엄격하게 적용되는 공식적 규범, 이해는 되지만 성문화되지 않고 보편적이지만 엄격하지 않는 비공식적 규범, 사회복지를 위해 필요한 관습(mores), 일상생활을 통제하는 풍속이나 민속 등으로 구분할 수 있다.

셋째, 제재(制裁, sanctions)로써 사회적 규범에 따른 행위의 결과에 대하여 처벌(penalties)과 보상(rewards)의 형태로 나타난다. 긍정적인 것으로 임금인상이나 사의(謝意)가 있고, 부정적인 것으로 벌금, 협박, 구속 등이 있다.

마지막으로 가치(價値, values)가 있으며, 좋고, 나쁘고, 바람직하고 바람직하지 않고, 적절하고, 적절하지 않는 것 등의 집단적 개념을 의미한다. 가치는 우리가 다른 사람을 평가하는 행태의 범위에 영향을 미치지만 시간에 따라 변화하는 속성도 있다.

04 문화의 속성과 기능

인간은 자연 환경의 큰 변화에 본능적으로 대응하는 것이 아니라 문화적인 수단을 통하여 살아갈 수 있는 환경으로 만든다. 이러한 문화가 지닌 속성을 알아보자.

첫째, 문화란 선천적인 것이 아니라 후천적인 학습에 의해 얻어지는 속성을 지니고 있다. 학습과정을 통해서 그 사회의 구성원으로 성장하도록 한다. 예를 들면, 외국인의 젓가락 사용이 이에 해당된다.

둘째, 문화는 상징체계를 통하여 다음 세대로 전승되어지는 속성을 가지고 있다. 그러나 시대의 흐름에 따라 문화의 내용은 환경변화에 맞추어 수정되는 경향을 지니기도 한다. 변화된 내용이 축적되어 삶의 스타일들이 다양하게 표현되어진다. 훈민정음은 조선시대 일반 백성의 삶에 큰 기여를 하였다. 홍길동전과 춘향전 등의 대표적인 인문학 작품이 이에 해당된다.

셋째, 공유성의 속성을 지닌 것으로 한 사회의 구성원들에게 공통적으로 나타나는 행동 및 사고방식등이다. 동

문화의 공유성

일한 문화를 공유하는 사람들은 소속된 사회나 집단이 동일하든 상이하든 상관없이 서로간 뛰어난 공감과 소통을 나누게 된다. 또한 공유된 문화를 토대로 구성원 간 행동 및 사고를 예측을 가능하게 한다. 예를 들면 한류열풍을 주도하는 K-Pop이 될 수 있다.

넷째, 전체성으로 문화의 각 부분은 상호 밀접한 관련을 통해 하나의 전체(wholeness)를 이루고 있다. 한 사회의 문화를 구성하는 각 부분들은 어느 한 부분의 변화로 연쇄적인 영향을 받게되는 것과 같다. 유럽의 산업화 과정(인구의 도시집중–전통사회 변화, 가치관변화, 교육제도 변화)이나 우리나라의 음식문화(토양, 기후, 조상들의 신앙)은 그 사례가 될 수 있다.

다섯째, 변동성의 속성으로 문화는 항상 고정 불변한 형태로 있는 것이 아니다. 주어진 자연이나 인문환경에 따라 또는 시대의 흐름에 따라 새로운 방식을 모색하면서 문제를 해결하기 위해 노력하는 과정에서 주로 발생하기도 한다. 인류의 문명 발달사는 문화 변동의 역사라고 하는 이유도 여기에 있다.

이상과 같은 문화의 다양한 속성은 사회에 다양한 기능을 나타내게 된다.

긍정적 기능으로 ① 인간생활의 문제를 해결하는 축적된 지식 체계의 기능으로 동물과 구별되는 창조적 생활을 가능 하게 한다는 것이다. ② 인간의 물질적 · 정신적 욕구를 충족시키기 위해 도구와 기술을 통해 자연환경의 자원을 이용하며, 의복과 주거를 통해 자연환경의 제약을 극복하기도 하며, 신앙을 통하여 자연환경이나 초월적 존재에 대한 두려움을 극복하는 신념을 제공해준다는 것이다. 또한 ③ 사회 구성원들의 행동과 사고를 이끌어 나가기 위해 규칙과 원칙이라는 기능을 수행하게 해준다.

한편, 부정적 기능으로 ① 문제를 해결하기 위해 도입한 방법이 다른 측면에서는 인간의 삶을 위협하는 쪽으로 작용할 수도 있다는 것이다. 어떤 사회의 근대화 산업화 공업화 등이 문화발달의 척도로 인식되나 자연자원의 고갈과 환경오염을 유발시켜 지구상에서 인류 생존을 위협하기도 한다. 또한 첨단과학기술로 일상생활의 편리성과 생명연장을 가능하게 했으나 무기생산과 전쟁으로 인류를 위협하게 한다. ② 인류가 '지구'에서 만물의 영장으로 군림할 수 있었던 것이 '문화' 때문이었지만, 이제 그 문화적 성취가 오히려 인류의 생존을 위협하고 있다는 사실을 인식해야 한다.

05 상위문화와 하위문화

상위문화

하위문화

상위문화

하위문화

고급문화, 대중문화

문화를 상위문화와 하위문화로 계층화를 통해 구분하려는 시도가 있다. 그러나 '상위'와 '하위'라는 단어는 문자적인 의미에서 이해되는 수직적 관계로 보다는 현상학적 관점에서 수평적 관계로 접근하는 것이 적합하다. 특히, 문화의 다양한 속성과 21세기 지구촌 곳곳에서 표현되는 문화현상은 오늘날 상위문화가 없으면, 하위문화가 없고, 하위문화가 없으면 상위문화도 존재할 수 없는 상호작용과 상호보완적 관계로 이해하길 요구하고 있다.

1. 상위문화

고전적 의미에서 상위문화는 High Culture로 표현된다. 여기에는 무대공연과 수준 높은 공연참가, 미술관이나 갤러리 또는 전시회 감상, 영화제작이나 라디오나 TV 프로그램 등 창작산업에 대한 실제참가경험을 포함한다. 또한 악기를 배워 관객 앞에서 하는 음악공연 참가도 포함하며, 문예작품 창작이나 작가작품 발표회 참여 등도 포함한다.

2. 하위문화

하위문화를 뜻하는 subculture의 어원은 1950년에 사회학자 David Riesman이 '주류문화에 반하는 개인의 모임'을 뜻하기 위해 최초로 사용하였다. 여기에서 'sub(sub)'란 사회적 주류문화와 가치관으로부터 일탈한 미디어 문화 이외의 가치관과 행동양식, 언어 등, 원래의 '문화(컬쳐)'에 대응하는 의미를 뜻하는 것으로 인종적으로 소외된 그룹, street children, 동성연애자 등을 포함한다. 또한 특정 사회에서 정통적·전통적인 위상을 지닌 문화에 대해, 그 사회의 일부 집단에 한정하여 일정한 위상을 지닌 문화로 인식되어 대중문화, 도시문화, 청소년 문화 등을 지칭하기도 한다. 보통 지배적인 문화나 체제를 부정하고 적대시하므로 couter culture(대항문화) 또는 부차적 문화(副次的文化), 또는 기성문화에 대비되는 2차적인 측면이라는 함축적인 뜻을 가지고 있다.

공통적으로 사회의 지배적인 주류문화로부터 벗어난 문화 양태, 언어, 종교, 가치관 등을 포함한다. 사회학에서는 주류문화의 상대적 개념으로 주로 사용하며, 회화나 순수문학, 클래식 음악 등의 상위문화에 대하여, 주로 소수의 집단에 의해 취미성이 강한 문화로 이해한다. 만화, 애니메이션, 컴퓨터 게임, 특수촬영물, 피규어, 코스프레 등 일본에서 본격적으로 발달한 오타쿠[2] 문화 (발달함과 동시에 부정적 측면 생김) 등도 해당된다.

한 사회 전체에 해당되는 문화 양상을 '전체 문화' 혹은 '주류 문화'라고 한다면 특정 사회를 구성하는 집단 구성원들에게서 나타나는 문화를 '부분 문화' 혹은 '하위 문화'라고 할 수 있다. 대부분의 사회는 그 사회 안에 다양한 하위 문화가 존재한다. 사회 구성원의 행동 양식이나 가치관, 또는 신념에 따라 서로 다른 문화적 정체성을 지니는 집단이 이러한 문화를 이루기 때문이다.

예를 들면, 한국 문화라는 전체 문화에서 호남 문화는 하위 문화 이지만, 그것은 전북 문화와 전남 문화로 또다시 구분이 가능하다. 그러나, 호남 문화가 전체 문화라면 전남

2. '오덕후' : 일본 애니메이션이나 비디오게임에 광적으로 빠져있는 사람들을 지칭하는 일본어 '오타쿠'의 우리식 신조어. 자기가 좋아하는 곳에 돈이며 시간이며 다 투자해서 세상과의 단절이 제일 큰 문제로 부각

문화는 하위 문화가 되기도 한다. 따라서 하위 문화는 전체 문화 속에 존재하는 것이기에 전체 문화와 긴밀한 영향을 주고 받는 상호작용 관계를 형성하게 된다(Banks, 1981).

반면 하위 문화도 전체 사회나 국가에 반영되므로 새로운 하위 문화가 출현하면 전체 문화에 영향을 미쳐 전체 문화가 변화를 겪기도 한다. 2000년도 이후 지속적인 증가 추세를 보이는 다문화가

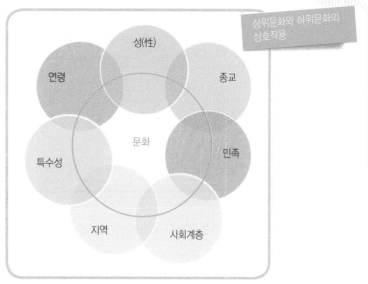

상위문화와 하위문화의 상호작용

정은 이제 단일 민족 국가에서 다민족국가로 인식하는 계기를 제공한다.

문화를 국가단위에서 보면 단일문화주의와 문화다원주의로 구분할 수 있는데 전자는 국가주의와 근접한 형태로 유럽 일부 국가에서 이민자 동화정책의 일환으로 추진되고 있다. 반면 유럽의 많은 국가들은 이민자에 대해 문화다원주의 정책을 표방하고 있다고 보면 된다. 보다 폭 넓은 이해를 도모하기 위해 주도문화 이론과 용광로 이론을 간략히 소개하고자 한다.

전자는 Bassam Tibi가 주장하는 것으로 사회구성원의 소수자적 위치의 사람들이 고유의 정체성을 갖는다 하더라도 전체 사회의 기반을 이루는 주도문화를 전제로 한다는 것이며, 이슬람 문화에 대한 이해를 돕는데 도움이 된다. 또한 후자의 용광로 이론은 melting pot을 의미하며, 보통 미국문화의 특징을 설명하는 전통적인 관점으로 이민자 사회 전체가 국가의 개입없이 상호 혼합된 문화를 형성한다고 주장하는 이론이다. 그러나 최근에는 다양한 민족들의 고유한 전통 문화를 인정하는 뜻에서 각각의 재료가 고유한 맛을 내는 샐러드와 같다고 하여 샐러드 접시(salad bowl)이론을 제시하기도 한다.

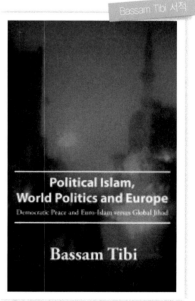

Bassam Tibi 서적

Political Islam, World Politics and Europe
Democratic Peace and Euro-Islam verses Global Jihad

Bassam Tibi

Salad Bowl

Alvesson, M. (2012). Understanding organizational culture. Sage.

Barry, B. (2014). Culture and equality: An egalitarian critique of multiculturalism. John Wiley & Sons.

Castells, M. (2010). End of Millennium: The Information Age: Economy, Society, and Culture| (Vol. 3). John Wiley & Sons.

Chambers, I. (2013). Culture after humanism: History, culture, subjectivity. Routledge.

Cicero, Marcus Tullius (45 BC). Tusculanes (Tusculan Disputations). pp. II, 15.

Côté, J. E., & Levine, C. G. (2014). Identity, formation, agency, and culture: A social psychological synthesis. Psychology Press.

Craig, T. C., & King, R. (2014). Global goes local: Popular culture in Asia. The Contemporary Pacific, 26(1).

Eaves, L. J. (2014). Genes, culture, and personality: An empirical approach. Academic Press.

Eliot, T. S. (2010). Notes towards the Definition of Culture. Faber & Faber.

Fullan, M. (2014). Leading in a culture of change personal action guide and workbook. John Wiley & Sons.

Grivetti, L. E., & Shapiro, H. Y. (2011). Chocolate: history, culture, and heritage. John Wiley & Sons.

Harper, D. (2001). Online Etymology Dictionary

Hjarvard, S. (2013). The mediatization of culture and society. Routledge.

Hoebel, A. Anthropology: Study of Man.

Johnston, H. (Ed.). (2013). Social movements and culture. Routledge.

Kiesler, S. (Ed.). (2014). Culture of the Internet. Psychology Press.

Macionis, Gerber, John, Linda (2010). Sociology 7th Canadian Ed. Toronto, Ontario: Pearson Canada Inc. p. 53.

Sahlins, M. (2013). Culture and practical reason. University of Chicago Press.

Schein, E. H. (2010). Organizational culture and leadership (Vol. 2). John Wiley & Sons.

Tabellini, G. (2010). Culture and institutions: economic development in the regions of Europe. Journal of the European Economic Association, 8(4), 677-716.

Thompson, J. B. (2013). Ideology and modern culture: Critical social theory in the era of mass communication. John Wiley & Sons.

Tibi, B.(2007). Political Islam, World Politics and Europe. Routledge.

Velkley, R. (2002). "The Tension in the Beautiful: On Culture and Civilization in Rousseau and German Philosophy". Being after Rousseau: Philosophy and Culture in Question. The University of Chicago Press. pp. 11-30.

Williams, R. (2011). Culture is ordinary (1958). Cultural theory: an anthology, 53-59.

문화관광의 이해,
Cultourism

2 **Chapter**

Tourists don't know where they've been,
travellers don't know where they're going.

관광객은 그들이 어디에 갔었는지를 알지 못한다.
여행자는 그들이 어디를 가고 있는지를 알지 못한다.

– Paul Theroux

중국인은 '경제가 혈육이라면, 문화는 영혼이다'는 비유를 즐겨 사용한다. 오늘날 세계각처의 국가·지역·도시들은 치열한 아웃바운드와 인바운드 관광시장에서 생존하기 위해 다양한 관광상품개발과 관광마케팅 전략을 도입하고 있다. 20세기 주요한 관광전략이었던 대규모 관광(단)지 개발은 초기 대규모 자본투입과 장기간의 공사로 인해, 시의성과 역동성을 지닌 관광객의 관심과 흥미에 대응에 있어 타이밍의 문제를 야기시켰다. 그러나 정보의 소통이 원활하지 않았고, 관광매력물의 선택에 있어 다양성 결여되었던 당시에는 관광객의 인내심을 기대할 수 있었다. 하지만, 21세기 인터넷으로 인해 국가간 지역간 의식의 경계가 약해지고, 교통의 발달로 인해 언제 어디서든지 이동의 자유가 가능하게 되면서, 대규모 개발은 지역주민의 반발에서부터 대기업의 관심도 부족 등 많은 장벽에 부딪히게 되었다. 이러한 사회경제환경의 급속한 변화는 대신 소프트한 콘텐츠 발굴에 더 많은 관심을 돌리게 하였다. 관광목적지를 만들기 위해서 지역의 전면개발 보다는 고유한 장소성과 역사성에 바탕을 둔 재생과 재건에 주의를 기울이게 하였다. 또한 방문한 관광객과 지역주민의 쌍방향 소통에 의미를 부여하면서 관광객에게 직접 참여를 통한 체험기회를 제공하는 것이 중요한 요인이 되었다. 이러한 관광 패러다임의 변화 과정에서 문화가 깊숙이 관여하면서, 문화관광이 관광개발의 중요한 키워드로 등장하였다.

01 문화관광은 무엇인가?(What is Cultourism?)

1. 문화관광의 정의

WTO(1985, UNWTO)는 문화관광이란 수학여행(탐구여행), 예술활동, 축제와 기타 문화 이벤트 참여, 유적지와 기념비 방문, 자연학습·민속·미술을 위한 여행, 그리고 성지순례와 같은 필수적인 문화적 동기부여에 의한 사람들의 이동으로 간주한다. 또한 McIntosh & Goeldner(1986)은 방문객들이 관광목적지 주민의 삶이나 사고방식 또는 다른 나라의 유산(heritage)과 역사를 배울 때 관련되는 여행의 총체라고 주장하였다.

따라서 문화관광은 방문객이 레저시간 중에 일상 생활권을 떠나 타국가나 지역에 있는 유형·무형의 문화적 관광자원을 대상으로 관광욕구 충족을 목적으로 하는 행해지는 모든 유형의 활동을 의미한다고 할 수 있다. 이는 지역 차이에 의한 문화의 고유성을 인정하며, 각 지역의 문화적 특성에 대한 감상 및 체험 등이 관광활동의 주요 내용이 된다는 것이다.

문화학적 관점에서 문화관광은 어떤 관광목적지를 독특하게 만드는 것('이곳은 참 재미있다', '참 재미있는 곳이네', '여기 참 희한 하네' 등과 같은 말을 자아내게 하는 것으로 그 곳에서만 또는 유독 그곳에서 강렬하게 경험할 수 있는 것으로 라이프 스타일, 문화유산, 예술, 지역주민)을 배우기 위해 관광객이 체험할 수 있는 모든 범위의 경험과, 그 문화를 관광객들에게 제공하고 해설하는 모든 종류의 비즈니스를 포괄한다. 따라서, 문화관광은 관광목적지의 문화(라이프스타일, 유산, 산업활동 등)를 진정으로 반영하는 상품과, 그 문화를 이해하려고 찾아다니는 방문객을 포함한다. 문화관광을 목적으로 방문하는 관광목적지는 어떤 장소가 지닌 그 자체의 독특한 특징을 부여받아, 그 장소를 다른 곳과 구분짓게 하는 것들로 조성되어진다. 이러한 요인들로는 라이프스타일, 유산, 문화활동, 경관, 식물상과 동물상이 있다. 이런 요인들은 어떤 관광목적지의 기본적인 관광상품이 된다.

그러므로 문화관광이란 문화적 동기와 욕구가 주요인(primary drive)이 되어 이루어지는 모든 유무형의 관광활동을 문화관광으로 정의한다.

그러면 문화관광을 영어로는 어떻게 표기해야할까? Cultural tourism, culture tourism, culture and tourism, touristic culture. 이러한 모든 표기는 문화와 관광의 분리되어 있다는 느낌을 받는다. 앞에서 전술한 바와 같이 문화관광은 문화와 관광의 복합체라는 느낌이 강하다. 이것은 진정한 문화관광이 하나가 된 의미가 부족하다. 즉, 문화와 관광이 융합된 단어로 다음과 같은 단어를 제안하고자 한다. Cultourism. 앞으로 본서에서 문화관광은 이 신조어를 사용하기로 한다.

2. 문화관광의 대상

문화관광은 방문객들에게 어떤 장소와 그 장소가 지닌 본질적 특징을 하나의 전체로써 이해하고 감상할 기회를 제공해준다. 그 장소와 관련된 것으로 다음과 같은 것이 포함된다 :

- 역사와 고고학
- 지역주민과 그들의 라이프 스타일(생계를 위해 어떤 일을 하며, 레저로 무엇을 하면서 즐기는 지)
- 문화적 다양성
- 예술과 건축
- 음식, 와인, 지역 생산품
- 사회적 경제적 정치적 구조
- 경관

이러한 것은 방문객이 어떤 장소나 그곳의 지역주민과 유산과 관련된 것을 느끼도록 도록 도와주는 정보, 경험, 그리고 활동들을 가능하게 한다. 방문객과 지역공동체간의 어떤 관계를 만드는 것은 문화관광의 중요한 특징이다. 지속성, 진정성, 신뢰성 그리고 교육성이 생태관광에 중요한 것처럼 문화관광에도 중요하다.

문화관광은 방문객들이 실제 그곳에 어떻게 갔는가와 그들이 그곳에 있는 동안 그들이 어디에서 체류했는가 보다는 사람들이 여행할 때 그들이 무엇을 하는가에 대한 콘텐츠를 중요시 여긴다.

3. 문화관광의 특징과 기대효과

문화관광의 특징은 다음과 같다.

- 문화적 강점을 발판으로 삼아 마케팅을 한다.
- 관광객 경험의 질과 경험의 진정성을 중요시 여긴다
- 광범위한 배경(맥락)에 대한 이해와 의미를 전달하는 것을 목표로 하되 단순히 기술하는 것은 아니다.
- 개인적 접촉과 전문가적 지식을 요구한다. 그러기 위해서는 관광객의 지식 욕구를 충족시켜야 하며, 어떤 장소나 문화의 다양성이나 풍요성을 전달해야 한다.
- 또한 관광객과 지역사회를 연결시키는데 적극적이어야 한다. 그러기 위해서는 새로운 관광상품을 개발해야 하지만 새로운 거대 자본투자와 같은 것은 지양해야 한다.
- 또한 문화의 역동성과 변화성을 인식해야 한다.
- 관광객과 지역관리프로그램을 개발해야 한다.
- 관광객에게 정보, 교육, 흥미 유발을 목적으로 디자인된 해설프로그램을 개발해야 한다.
- 특정한 관광개발로 인한 환경악화와 문화착취를 최소화해야 한다.
- 특별한 세분화시장의 기호를 충족시키도록 주의깊게 목표가 설정되어야 한다.

이러한 특징을 지난 문화관광에 따른 기대효과는 다음과 같이 예상할 수 있다.
관광객과 지역주민간의 관계(host-guest relationship) 증진을 통하여 문화적 편견을 없애고 다양한 문화경험을 통해 인류에 대한 이해를 도모시킨다. 또한 국가간 이해를 증진시켜 교류의 폭을 확대시키며, 상호 문화관광산업발전의 계기를 마련할 수 있다. 또한 민간차원에서 시작된 문화교류의 기회 증대를 통해 국가차원으로까지 승화시킬 수 있으며, 이를 통해 상호 이익을 증대시킬 수 있다. 이러한 상호 교류는 모든 관광객의 궁극적인 이상인 'travel without passport'를 앞당기는데 기여할 것이다.

4. 문화관광 매력물

문화관광의 대상으로는 고고학적 유산과 유물(해당국가의 역사에 의해 판단), 건축물(유명 건축물이나 도시의 특정 지역이나 도시 전체), 예술품, 조각품, 공예품, 미술, 음악과 춤, 드라마, 영화와 연극, 뮤지컬, 언어와 인문학작품, 이벤트와 축제(페스티벌), 종교적 축제와 성지참배 등이 해당된다. 비일상권으로의 이동에 대한 문화적 동기와 관련된 대상은 문화관광의 대상이 될 수 있다.

그러나 문화관광의 대상이 되는 모든 문화상품이 관광매력물이 되지는 않는다. 방문객을 끌어들이는 능력은 방문객의 욕구를 충족시키거나 충족시킬수 있는 정도에 달려있다. 그 범주는 다음과 같다.

- 지각된 상품의 질
- 관광매력물 이라는 인지도
- 상품에 대한 시장의 인지도
- 소비자 서비스 태도: 방문객의 수요를 충족하는 시설과 서비스의 수준제공
- 지속가능성
- 그 상품이 독특하거나 특별하다고 지각되는 정도
- 그 상품이 소비자가 레저시간을 보내는 데 있어 재미있는 체험이나 즐거운 방법을 제공한다고 지각되는 정도
- 이러한 잠재력을 실현할 개발이나 프리젠테이션
- 커뮤니티 지원과 관여
- 관리책임과 능력

문화관광상식

Hajj

하지는 이슬람 신도가 지켜야 할 5대(5가지 종교의무: 신앙고백, 예배, 구제활동, 라마단 금식, 성지순례) 중 하나인 성지순례를 뜻한다. 순례기간은 이슬람력 12월 8~12일에 해당된다. '이흐람'이라고 불리는, 바느질하지 않은 흰 천 두 장으로 상체와 하체에 두르고 메카 주변의 성지를 순례한 다음 메카에 돌아와 기도를 올리는 것으로 끝맺는다.

첫날엔 메카 북쪽의 '미나'평원에서,

둘째날은 632년 예언자 마호메트가 운명하기 석 달 전에 마지막으로 설교했다는 아라파트산에서 기도한다.

셋째날 오후 메카로 돌아와 메카 대사원 내 검은 6면체 성석(聖石), '카바' 주위를 돈다. 카바는 이슬람 신앙의 중심지로 세계의 이슬람 교도가 하루 5차례 이곳을 향해 기도한다.

넷째날에는 악마를 내쫓는 뜻에서 미나평원으로 돌아가 돌기둥에 돌을 던지고

다섯째날 메카로 돌아와 카바를 도는 것으로 순례는 끝난다.

하지와 관련하여 2006년 1월12일 대규모 참사가 발생하였다. 하지의 순례 마지막날, 최소 345명이 압사하는 참사가 발생하였다. 미나계곡의 마귀 돌기둥에 돌멩이를 던지는 의식을 치르던 중 사고가 일어났다. 마귀를 쫓는 투석행위에 200만명 이상 참가하였는데, 당일 해가 질 무렵, 의식에 마지막으로 참여하려던 순례자들이 한꺼번에 몰리면서 순식간에 발생하였다. 이 같은 사고는 그 이전 1990년에는 1,426명, 2003년에는 251명이 압사했다고 한다.

하지 기간 동안 메카의 순례자를 맞이하기 위해 무엇을 어떻게 준비하는지 살펴보고자 한다. 특히, 매년 200만명 이상의 순례자가 그 기간에 집중되기 때문에 가장 먼저 고려하는 것이 음식이라고 한다. 또한 매년 압사사고가 발생하기 때문에 안전을 우선시 하며, 도시관리 차원에서도 여러 가지를 준비한다고 한다.

– 근로자는 13,185명을 25개 단위로 해서 배치하며, 도시청소를 위해 7,079명의 청소부, 636대의 청소차, 100명의 특별팀을 운영하며, 특히 의식장소에 6,006명의 근로자를 배치하며, 619대의 청소차를 24시간 가동하면서 매일 10,000톤의 쓰레기를 처리가능하도록 운영한다고 한다. 순례자들은 의식을 행하기 전 이발과 면도를 해야하기 때문에 1,000여개의 이발용 의자를 임시로 배치하여 임시 이발소를 가동한다. 또한 순례를 마친 뒤 양을 잡아서 제물로 바치는 희생제를 진행하는데 희생제물로 사용하기 위해 약 1,000,000 마리의 양을 준비하며, 수단과 우루과이에서 수입한다고 한다. 특히, 식품위생과 관련하여 할랄음식으로 철저하게 준비하며, 의료서비스와 관련하여 만일의 비상사태를 대비하기 위해 약 100여 대의 엠블란스를 대기시켜 놓는다고 한다.

5. 문화관광상품의 사례

사례 1 파리 한국영화제

제8회 파리한국영화제는 2013년 11월5일(이하 현지시각), 성황리에 폐막식을 진행하며 8일간의 대장정을 마무리했다. 이날 행사에는 초청감독인 신수원 감독, 강진아 감독, 홍재희 감독, 파리의 주요 영화 인사들과 스태프, 관객들이 참여한 가운데 400석의 객석이 모두 매진됐다.

폐막식 2시간 전부터 표를 구하기 위해 퓌블리시스 극장 앞은 인산인해였다. 오후 8시 상영관에 불이 꺼지자, 영화제 이모저모를 담은 특별 동영상이 공개되었다. 영화제를 찾은 관객들의 모습과 영화를 관람한 관객 인터뷰, 초청 감독들과 관객과의 대화현장, 스태프 및 자원봉사자들의 모습이 공개되며 관객들로부터 뜨거운 박수갈채를 받았다.

곧이어 주불 한국문화원의 이종수 원장이 영화축제를 찾아준 프랑스 관객에게 감사의 뜻을 전했다. 또 영화제의 하이라이트인 유일한 경쟁 섹션 '숏 컷' 부문의 수상자 호명을 위해 3인의 심사위원이 무대에 올랐고, 2013년 '플라이아시아나' 수상자로는 '섹스킹'을 연출한 신주환 감독에게 돌아갔다.

끝으로 무대에는 파리한국영화제를 준비해온 50여명의 스태프, 자원봉사자 전원의 이름이 호명되며 모두가 무대에 올라 뜨거운 박수를 받았으며 곧이어 폐막작 홍상수 감독의 '우리 선희'가 상영되었다고 한다.

출처 : http://www.etoday.co.kr/news/section/newsview.php?idxno=817197

사례 2 음식문화로 관광교류

엔화 가치가 떨어지면서 일본으로 향하는 한국인 여행객이 늘어나고 있다. 특히 지난해 제주항공 등이 후쿠오카 구간에 운항을 시작하면서 일본 북규슈 여행에 대한 관심이 높아지고 있다. 이 가운데 규슈지역에 위치한 나가사키 현은 한국과의 교류를 확대하고자 하는 적극적인 활동을 전개해나갈 방침이다. 나카무라 호도 나가사키 지사가 한국을 방문해 나가사키 홍보에 나선 것은 물론, 나가사키 현 한국사무소가 오는 4월(2013), 10년만에 다시 문을 열었다. "현재 나가사키의 음식문화는 역사와 연관지어 볼 수 있어, 유명 관광지를 홍보하는 데 적절한 활용 요소가 된다.

현 시대에 맞춰 새로운 관광 부가가치를 창출하고자 '음식거리(쇼쿠 워크)'를 만들어 음식문화와 관광을 접목한 상품 개발할 계획이다 "

출처 : http://www.abroad.co.kr/ 2013년 3월호

 사례 3 **서울스토리텔링투어**

2014년 6월, 서울시는 국내 거주 외국인 또는 외래 관광객들이 서울을 보다 재미있고 다시 방문하고 싶은 관광명소로 기억하도록 서울의 대표지역 5곳을 선정하여 외국인 전용의 스토리텔링투어 프로그램을 마련했다. 외국인을 대상으로 무료로 열리는 '서울스토리텔링 투어'는 외국어 해설과 투어, 미션게임으로 구성되며 6월부터 10월까지 30회 진행된다. 대상 지역은 서울 5대 대표지역인 동대문, 세종대로 한글가온길, 한강(반포공원, 여의도 공원), 한성백제 문화유적, 한양도성 일대로 총 6개 코스로 운영된다. 서울시는 '서울스토리텔링 투어'가 외국인들에게 서울의 역사와 문화 이야기를 외국인의 관심사와 눈높이에 맞게 전달하고 미션게임 등을 통해 한국문화를 재미있게 체험할 수 있도록 꾸몄다고 밝혔다.

02 문화관광의 동향

1. 세계관광동향(UNWTO, 2013)

1995년 약 5억2800만명에서 2011년 9억8000만명으로 약 16년 사이에 전 세계 관광객수는 170%의 급격한 증가를 보이고 있다. 특히, 아시아-태평양을 방문하는 관광객 수의 지속적인 증가추세가 두드러졌다.

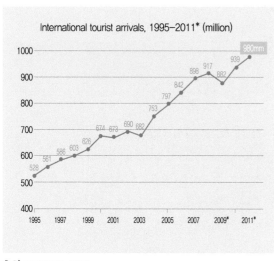

출처 : UNWTO, 2013

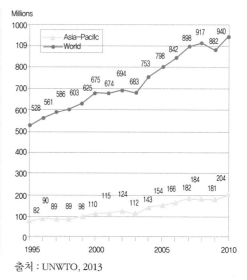

출처 : UNWTO, 2013

2012년 10억350만명으로 추정되는 관광객수는 전년 대비 4%의 성장을 이루었다. 변함없이 최고의 관광목적지로 유럽이 5억3500만명을, 아시아-태평양이 2억 2300만명을 나타냈지만, 중동지역이 5% 감소하였으며, 아시아-태평양은 7%의 현저한 증가세를 보여 주었다.

전년 대비 북아프리카와 중동지역이 각각 12%와 8% 감소를 보인 반면, 동남아와 서남아시아, 남미 지역이 각각 9%, 9%, 10% 성장을 보여 주었다. 유럽이 여전히 세계관광시장의 중심지 역할을 하고 있음을 볼 수 있다. 그러므로 문화관광의 동향은 유럽을 중심으로 살펴보도록 한다.

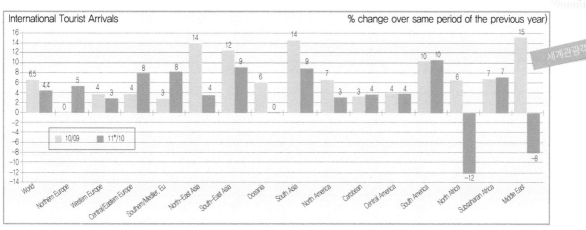

International Tourist Arrivals   % change over same period of the previous year)

출처 : UNWTO, 2013

2. 유럽의 문화관광 동향

　유럽은 세계관광시장의 문화관광산업부문에서 지배적인 위치를 향유하고 있다.
풍부한 문화 및 역사유산을 바탕으로 문화관광 수요를 지속적으로 증대시키고 있
으며, 다양한 문화관광상품을 제공하므로 문화관광목적지로 위상을 확고히 지켜
나가고 있다.

　유럽 문화관광의 뿌리는 기독교 성지
나 성소 여행으로부터 비롯되었다고 할
수 있다. 대표적인 목적지로 스페인 북
부의 Santiago del Compostella가 된다.

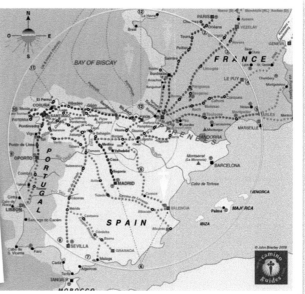

이 성소를 방문하기 위해 약 60여개의 다양한 관광루트(camino)가 존재한다고 한다. 제주 올레길의 벤치마킹 대상이 되어 우리나라에 많이 알려지기도 하였다. 여기에서는 유럽의 문화관광동향을 시대적으로 구분하여 그 흐름을 검토해보고자 한다.

1) 고전주의 여행 : 그랜드투어 – 관광! 가진자는 늘 부족함을 느낀다!

유럽역사에서 종교 목적의 성지순례를 벗어나 관광의 개념을 지닌 문화관광의 원형은 그랜드투어로 보는 것이 바람직할 듯하다. 이는 17세기경 유럽에서 출현하여 관광의 새로운 유형으로 인식되어졌다. 영국에서 출발하여 유럽대륙으로 여행을 하는 것으로 귀족의 자녀들을 대상으로 교육목적으로 출발하였다. 고전주의 인문학 교육의 마침표라고 일컬어지면서, 서적을 통해 배운 지식을 실제 인문학의 배경이 된 현지 방문을 목적으로 하였다. 보통 한 사람의 교사가 인솔하였는데, 오늘날 Tour Conductor 즉 국외여행인솔자 역할을 하면서 가이드를 하였다. 목저지로는 이태리, 프랑스, 독일, 스위스 등을 연계하였으며, 여행기간은 2-3년의 장기간 이었다. 일반 평민들은 체재시간이나 체재비용을 생각하면 꿈을 꾸기도 어려웠을 것이다.

2) 낭만주의 여행 : 18세기

1780년 유럽에서 전문직업인을 포함한 중류계급의 성장과 지주중심의 계급과 계층간의 변화가 생기면서 그랜드투어는 주체 및 형태에서 변화를 거치게 되면서 확대되었다. 그랜드 투어의 확산은 급격한 사회구조적 변화를 초래하였다. 특히 외부의 지배적인 문화에 대한 생각을 극복하고 문화의 보편성을 받아들이는 계기가 마련되었다. 또한 타 문화적 산물을 흡수 및 평가하면서, 박물관이 등장하였다. 박물관의 출현은 지구상의 각처에서 다양한 문화적 유물을 수집한 자본가들의 아이디어로 당시의 문화의 보편성에 대한 중산층의 문화욕구가 사회현상으로 분출되어 나타난 산물이었다고 할 수 있다.

이 시대의 문화관광의 특징을 그랜드투어와 비교분석하면 다음과 같다.

첫째, 관광목적지가 고전주의 인문학이나 르네상스 문화와 관련된 유산과 유적이 있는 도심에서 도시 교외 지역으로 확산되었다.

둘째, 교육중심의 관광목적이 이국적 즐거움과 오락을 추구하는 것으로 변하였다.

셋째, 대학교육 수혜자 등 고등교육을 이수한 자들 중심에서 중산층으로 확산되었다.

넷째, 귀족 중심에서 중산층으로 계층간 관광의 확산이 진행되었다.

다섯째, 고전주의에서 낭만주의 시대로 사회변화이다.

3) 관광을 통한 시민혁명 : 19세기 – 관광! 빛을 보통 사람들에게도 비추다!

이전 세기 관광은 가진자의 전유물에서 중산층으로 확산되는 계기를 마련했지만, 관광이 대중에게 보편성을 지닌 사회현상으로 인식될 단계는 아니었다. 시간과 돈의 제약이 많았던 중산층들은 이전 자신의 부모나 선조들 보다 일상권에서 조금 더 먼 곳으로 갈 기회는 많아졌고 실제로 경험도 이전 세대에 비해 증가했지

Thomas Cook의 영향에 대한 저자의 평가

인류문화사에 끼친 영향은 귀족들의 전유물이었던 타국에로의 여행인 관광을 중산층도 가능하게 하였다는 것이다. 이것은 일상권에서 삶을 영위해왔던 사람들에게 자신과 다른 문화가 다른 지역에 존재한다는 것과 전통이라는 이름 하에서 과거에서부터 전승되어 오던 관습과 풍습을 타 문화와 비교를 하므로 인해 자신의 문화의 차이를 인식하면서 더 좋은 문화를 받아들이고, 악습과 폐습이라는 것을 버리도록 했다는 것이다.

이러한 문화관광의 경험은 지역사회의 전통과 구조에 대한 보다 나은 방향을 모색하게 되었으며, 이는 그 사회를 변혁시키는 조그마한 불씨가 되었다.

이렇게 축적된 움직임은 작게는 가족에서 마을에 까지 더 나아가 지역사회와 국가의 구조를 변혁하는데 영향을 미치었다. 결국 타국가의 문화관광체험이 유럽의 계급사회를 와해시키고 민주주의의 태동에 기여하게 되었다고 할 수 있다. 관광이 자유민주주의 발전에 큰 공헌을 한 셈이다.

만, 먼 타국으로의 여행은 여전히 제한적이었다. 특히 당시 교통수단의 제약과 타국의 문화에 대한 정보의 부재가 큰 이유가 되었으며, 또한 그러한 한계는 두려움으로 관광욕구를 억제하게 만들었다.

그러나 이러한 사회적 환경에서 관광역사상 중요한 인물이 출현하게 된다. Thomas Cook. 영국 Derbyshire의 Melbourne에서 1808년 11월22일 출생하여 1892년 7월 18일 타계. Thomas Cook Group을 만들어 귀족의 전유물이었던 관광을 중산층도 가능하게 하였으며, 본격적으로 Italy, Greece등의 패키지투어 상품을 개발하여 판매하였다. 특히, 그는 color brochure를 제작하여 관광목적지에 대한 정보를 사전에 제공하여 잠재관광객에게 제공하여 사전에 관광목적지 선택을 가능하게 하였다.

여행사의 입장에서 고객을 배려하였다는 것과 중산층이냐 귀족이냐 계급의 관점이 아닌 고객의 관점에서 보았다는 것이다. 그는 이러한 시간적 공간적 사회문화적 제약요인을 극복하는 방안을 해결하고자 여행사를 만들었으며, 여행사 설립 목적을 실현하였으며, 현재도 세계 곳곳에 있는 Thomas Cook 여행사들이 그의 뜻을 계승 발전시키고 있다.

4) 관광의 암흑기 : 20세기 전반 – 전쟁터에도 꽃은 핀다!

20세기 전반 발발한 제1차 및 제2차 세계대전은 인류가 지구상에서 겪은 가장 비극적인 사건이었다. 전자는 1914-1918년, 후자는 1939-1945년. 20년의 간격을 두고 발생했으며, 발발 원인은 각기 다르지만, 1차대전 이후 전후문제가 해결되지 않은 채 내재된 문제가 결국 2차 대전을 촉발한 빌미를 제공하였다고 할 수 있다.

다양한 관점에서 분석이 가능하겠으나 경제적 및 문화적 관점에서 본다면, 자본주의 초기의 모순점과 민족 간의 역사적 갈등이 표출되면서 제1차 세계대전으로 확산되었다고 할 수 있다.

제국주의 국가들이 식민지 건설을 통해 자원의 공급시장을 확보하고, 해상 및 육상의 물류체계를 확보하면서 경제수탈을 위한 독점화된 경제구조를 구축하였다. 이는 자국의 부를 축적하면서 국가발전을 도모하였고 그들만의 문명화된 사회 발전을 이룩하였다는 것이다. 이러한 중상주의적인 경제관은 제국주의 국가관을 탄생시켰으며, 결국 자원 공급처의 제한성으로 인해 패권경쟁을 유발시켰다. 이

과정에서 영국, 프랑스, 러시아의 연합국과 독일과 오스트리아의 동맹국 사이에 전쟁이 발발하였다. 직접적 원인제공은 1914년 6월 28일 일요일 발생한 오스트리아 황태자 부부 피살사건이었다. 즉, 프란츠 페르디난드 황태자 부부가 세르비아의 19살 청소년인 가브릴로 프린시프에 의해 저격당한 것이다. 이후 오스트리아가 세르비아에 선전포고를 하면서 전쟁은 시작되었다. 그러나 그 이면에는 역사적인 오스만투르크의 영향이 있었다. 세르비아가 1888년 투르크와의 전쟁에서 같은 슬라브족인 러시아가 독립을 인정받았고, 보스니아 · 헤르체고비나 지역은 오스트리아의 지배를 받게 되었다. 이로 인해 이 지역의 통합을 열망해온 세르비아인의 반발이 컸다. 이러한 민족 간의 잠재된 역사적 갈등이 배후에 있었다.

이러한 전쟁기간 동안 문화관광의 관점에서 중요한 변화는 북유럽국가에서 유급휴가제도가 출현했다는 것이다. 짧은 휴식과 휴양을 위해 비일상권으로 이동을 촉진시켰고, 전쟁중인 유럽대륙 대신 자국내 해변휴양지나 교외지역이 목적지로 성장하면서 국내관광이 괄목할 성장을 이루었다.

20년의 전간기(1919~1939년)가 지나 제2차 세계대전이 발발하였다. 원인은 국가 간 긴장, 제1차 세계 대전에서 해결되지 않은 과제, 1930년대 대공황 등 여러 사건이 복합적으로 이루어졌다. 전쟁 발발의 기점으로는 1939년 9월 1일 독일의 폴란드 침공과 소비에트 연방의 폴란드 침공, 1937년 일본 제국의 중일전쟁 등이 있다. 나치 독일의 권위주의적 집권과 일본 관동군의 지휘는 결국 군사적 공격을 가져오게 된다. 제2차 세계 대전은 선전포고와 적극적인 방어전으로 시작되었다. 2차대전은 범게르만주의와 범슬라브주의로 나타나는 인종차별주의, 로마제국 복원에 대한 믿음을 지닌 이탈리아와 천황에 대한 의무와 명예에 집착한 일본의 민족주의, 아리안문화의 우월주의, 중앙정부의 강력한 독재를 통한 사회적 경제적 억압과 같은 파시즘 등 다양한 사회문화적 현상들이 발생하였다.

제1차 세계대전에 비해 전쟁범위가 확대되었고, 전쟁 초기 유럽과 아시아는 대륙간 상호 연관성이 없었고, 관련국가 간에도 상호 간섭이 없었지만, 전쟁이 진행되어가면서 전략적으로 상호유기적 관계를 형성하면서 대립을 하게 되었다. 일본의 진주만 공습은 이러한 관점에서 아시아지역에의 미국의 적극적 개입을 유발시켰으며, 전선이 전 세계로 펼쳐지게 되었다. 특히, 아시아지역에서 전쟁 중에도 일본은 각국의 자연 및 문화자원에 대한 철저한 조사를 통해 많은 문화재를 자국으로 밀반입시키기도 하였다.

전간기 동안 관광은 제한적이었다. 세계대전을 겪은 뒤 많은 정신적 심리적 후유증이 따랐다. 인간에 대한 혐오와 회피로부터 타 국가 방문에 대한 공포심 등에 이르기 까지 다양한 장애들이 발생하였다. 이러한 사회적 분위기는 관광활동을 제한시켰으며, 1930년대 영국의 경우, 연차휴가 이용자가 30%에 불과한 것을 볼 때, 그 후유증을 짐작할 수 있다.

2차 세계대전 이후 승전국을 중심으로 경제부흥은 소비 붐을 조장시켰다. 특히 다양한 관광소비와 연결되어지면서 북유럽에서 남유럽으로 특히, 지중해해변이 관광목적지로 부상하기 시작하였다.

5) Mass Tourism에서 SIT까지 : 20세기 후반 – 관광! my own stylish travel!

유럽 각국이 소유한 다양한 문화유산들은 1960년대 mass tourism의 출현을 야기시켰다. 전후 후유증은 경제력을 바탕으로 이국적 문화체험을 통해 극복되기 시작하였다. 특히 유럽의 다양한 문화재는 문화관광상품으로 포장되어 자국내 머물던 국민들의 호기심을 유발시켰다. 특히, TV의 보급으로 타국의 문화적 지식을 접한 많은 사람들이 자신의 관광욕구를 해결하기 주변의 여행사를 통해 유럽을 향해 이동을 시작하였다. 단체관광을 통한 대량관광의 서막이 열린 것이다.

1970년대 관광시장이 빠르게 성숙되어 가면서 틈새관광시장이 개발되기도 하였다. 관광객들을 대상으로 계절별(겨울에는 태양을 찾아서), 그룹별(청년층. 장년층), 목적지별, 여행동기별 등의 세분화가 진행되었다. 3S(Sun, Sea, Sands)로 대표되는 해양관광목적지가 급부상하면서 대량관광 오퍼레이터에게 문화는 더 이상 고유한 특별한 관광상품이 아닌 하위시장의 하나로 인식되었다. 그러면서 프랑스의 랑그독 루시옹같은 유럽최대의 지중해 리조트가 조성되었다.

1970년대 후반에는 관광산업이 메가산업으로 성장하면서 각국 정부는 관광개발의 긍정적 부정적 결과에 관심을 가지게 되었고(Mathieson & Wall, 1982), 개발일변도의 관광정책에 신중한 자세를 견지하였다. 대량관광 목적지인 지중해 해변에서의

레저시간을 보내는 데 있어 지친 FIT들이 덜 혼잡한 관광지 탐색을 시작하였다. 이들은 no more sun, no more sands를 의식하면서 새로운 문화관광목적지를 찾아서 여행을 떠났다. 문화관광 오퍼레이터에게는 새로운 기회가 창출되는 계기가 되었다.

　1990년대는 양극체제를 이루었던 이념의 붕괴를 관광시장이 어떻게 흡수하는지를 보여주었다. 1989년 11월 베를린 장벽의 붕괴는 단순히 서독과 동독의 국가 경계가 무너졌다는 의미 보다는 민주주의와 공산주의의 대립 역사에서 공산주의 붕괴의 시작으로 보는 것이 바람직하다.

　관광의 관점에서 보면, 과포화된 유럽의 관광시장이 새로운 관광목적지를 찾고 있는 시점에서 동유럽이 관광마켓으로 등장한 것이다. 동유럽의 출현은 유럽의 타 국가나 지역을 긴장시켰고, 새로운 관광시장에 대항하기 위해 관광객 유치를 위한 '장벽없는 관광전쟁'을 선포하게 하였다. 또한 관광경쟁력 제고를 위해 도시와 국가가 주요 정책으로 관광정책을 채택하게 만들었다. 그러나 동유럽은 문화관광객의 공급적 측면에서 선택의 다양성 제공과 신흥시장의 대두라는 긍정적 측면이 강하였다.

그러나 기존 관광시장은 다시 새로운 관광매력물의 개발과 다양한 문화관광 콘텐츠를 발굴 조성을 통하여 niche market 개발로 새로운 문화관광상품을 시장에 내놓으면서 다시 관광객의 관심을 유발시켰고, 여전히 빅 관광마켓으로 자리를 확고히 하고 있다. 유럽의 새로운 관광개발전략으로는 문화유산의 적극적 홍보, 문화관광매력물 수의 양적 증가를 들 수 있고, 박물관 미술관 등 전통적 문화상품의 관광수입 강화를 위해 기존의 전시 중심에서 교육과 체험을 강조하면서 특정 연령대와 계층이 아닌 전 계층을 흡수 있는 마케팅전략과 운영 및 관리기법을 도입하게 되었다. 또한 새로운 문화관광상품의 관점에서 지속적으로 문화관광매력물을 발굴하면서 홍보를 강화하였다.

6) 문화생태주의적 관광 : 21세기 초반

20세기의 산물인 계급과 계층의 장벽은 사라진 것이 아니라 여전히 존재하며, 단지 그 경계가 엷게 확산되어 뚜렷이 구분되지 않는다는 의미로 해석된다. 여전히 특정 분야, 특정 집단, 특정 지역, 특정 사회, 특정 국가에서는 명백히 존재하고 있다. 20 세기 인류문화 교류의 장애요인이 되었던 민족, 인종, 성별 등이 21세기 들어 그 차이와 차별을 극복하기 위해 모든 국가가 동참하고 있는 것은 사실이다. 또한 중산층의 지속적인 성장으로 대중을 향한 고급문화의 개방이 확대되어가며, 사회 소수 집단의 문화행위참여를 통한 표현의 폐쇄성이 문화인식에 대한 저변확산으로 인해 표현의 기회와 장에 대한 개방속도가 가속화되어간다는 것이다. 또한 일반대중의 문화참여 기회가 확대되면서 다양한 경로를 통해 잠재된 문화욕구를 표출하는 장도 많아지고 있다.

이러한 사회흐름은 레저욕구를 통한 문화관광활동이 인간의 생존권처럼 중요한 인간활동으로 인식하는 전환점이 되고 있다. 또한 관광시장은 다양한 유형의 관광욕구에 대응하기 위해 새로운 문화관광상품을 출시하면 소비를 촉진시키고 있다. 21세기 문화관광산업은 가장 빠르게 성장하는 세계최대의 부가가치산업으로 자리매김하고 있다.

21세기 유럽의 문화관광시장을 예측한다면, 보편적 사회현상으로 문화관광은 중요한 관광정책으로 우선순위의 상위를 점할 것이다. 유럽은 세계문화관광시장에서 그 위상도 크게 변함이 없을 것이다. 한편으로 FIT의 관광욕구를 충족시킬 새로운 관광상품의 출시가 관광매력물로 등장하되, 창조산업과 융합되어질 것이라는 예측을 해본다. 더불어 세계주의(internationalism) 보다는 그 지역의 고유한 문화를 관광상품화하는 지역의 고유성이 진정성과 결합된 형태의 문화관광목적지가 지속적으로 관심을 받을 것이다. 또한 현대문명의 수혜를 추구하는 스마트문화가 가속화되는 반면 한편으로 탈스마트문화를 추구하는 공동체가 환경친화주의 환경생태주의를 기반으로 하여 다양한 탈문명 프로그램과 결합된 형태로 마을이 관광목적지로 부상할 것이다.

한국관광공사(2006), 『관광스토리텔링 그 빛을 발한다』, 한국관광공사.

한국관광학회(2009), 『55인의 관광학 전문인이 집필한 관광학총론』, 백산출판사.

Barbieri, C., & Mahoney, E. (2010). Cultural tourism behaviour and preferences among the live-performing arts audience: an application of the univorous-omnivorous framework. International Journal of Tourism Research, 12(5), 481-496.

Baron, R. (2010). Sins of objectification?: Agency, mediation, and community cultural self-determination in public folklore and cultural tourism programming. Journal of American Folklore, 123(487), 63-91.

Boniface, P. (2013). Managing quality cultural tourism. Routledge.

Boukas, N., Ziakas, V., & Boustras, G. (2013). Olympic legacy and cultural tourism: exploring the facets of Athens' Olympic heritage. International Journal of Heritage Studies, 19(2), 203-228.

Dann(1996), The Sociology of Tourism. Routledge.

Deeke, J., & Walter, M. (2011). Cultural tourism. In The Long Tail of Tourism (pp. 191-199). Gabler.

Dunbar-Hall, P. (2001). Culture, tourism and cultural tourism: boundaries and frontiers in performances of Balinese music and dance. Journal of Intercultural Studies, 22(2), 173-187.

Hawkes, L. (2012). Walking the Coleridge Way: using Cultural Tourism to change perceptions of Somerset after the Foot and Mouth Epidemic of 2001. Social Alternatives, 31(3), 21-24.

Ju-feng, X. U. (2005). Tourist Culture and Cultural Tourism: Some Issues in Theory and Practice [J]. Tourism Tribune, 4, 022.

Kirshenblatt-Gimblett, B. (1998). Destination culture: Tourism, museums, and heritage. Univ of California Press.

Lebe, S. S. (2014). Culture and Society in Tourism Contexts. International Journal of Culture,

Tourism and Hospitality Research, 8(1), 118-120.

Lemelin, R. H., Johnston, M. E., Dawson, J., Stewart, E. S., & Mattina, C. (2012). From hunting and fishing to cultural tourism and ecotourism: examining the transitioning tourism industry in Nunavik. The Polar Journal, 2(1), 39-60.

Lynch, M. F., Duinker, P., Sheehan, L., & Chute, J. (2010). Sustainable Mi'kmaw cultural tourism development in Nova Scotia, Canada: examining cultural tourist and Mi' kmaw perspectives. Journal of Sustainable Tourism, 18(4), 539-556.

Ma, J., Ma, S. Q., & Dehoorne, O. (2014). Hainan Resources and Characteristics of Cultural Tourism. In Ecosystem Assessment and Fuzzy Systems Management (pp. 421-431). Springer International Publishing.

McCarthy, B. (2012). From fishing and factories to cultural tourism: The role of social entrepreneurs in the construction of a new institutional field. Entrepreneurship & Regional Development, 24(3-4), 259-282.

Raj, R., Griffin, K., & Morpeth, N. D. (Eds.). (2013). Cultural tourism. CABI.

Richards, G. (Ed.). (2007). Cultural Tourism: Global and local perspectives. Routledge.

Richards, G., & Munsters, W. (Eds.). (2010). Cultural tourism research methods. CABI.

Salazar, N. B. (2012). Community-based cultural tourism: Issues, threats and opportunities. Journal of Sustainable Tourism, 20(1), 9-22.

Tomaselli, K. (2012). Cultural tourism and identity: rethinking indigeneity. Martinus Nijhoff Publishers.

Zhang, X., & Pinderhughes, E. (2014). Culture Keeping or Cultural Tourism? Cultural Socialization in Transracial Adoptive Families.

http://www.tourism.wa.gov.au/Publications%20Library/Growing%20Your%20Business/ What%20is%20Cultural%20Tourism%20v3%20260706%20(final).pdf

문화관광산업

Cultourism Industry

3 **Chapter**

No one realizes how beautiful it is to travel

until he comes home and rests his head on his old, familiar pillow.

집에 돌아와서 자신의 오래되고 익숙한 베개에 기대기 전까지

아무도 그 여행이 얼마나 아름다웠는지를 깨닫지 못한다.

– Lin Yuyang

Chapter **3** 문화
관광산업

빠르게 변하는 시대에 문화관광이 어떻게 변화해야 하는가는 시대의 요청과 대중들의 요구를 반영하는 문화관광산업의 가장 중요한 나침반이 된다. 글로벌 시대는 문화 산업에 어떤 변화를 요구할 수 있을까. 조나단 쿤츠(Jonathan Koontz), 미국 UCLA 영화학과 교수는 문화야 말로 전 세계 대중들에게 호응을 얻을 수 있는 상품을 만드는 것이라고 한다. 즉, 한 사람, 한 민족, 한 인종뿐만 아니라 모든 사람에게 공감을 얻는 것이라고 하였다.

01 문화관광산업의 이해(understanding cultourism industry)

1. 문화관광산업의 출현

서로 다른 두 개의 물체를 용광로에 집어넣게 되면, 일정한 시간의 과정을 거친 이후에 새로운 형태와 성질을 지닌 하나의 물체로 만들어지게 된다. 문화와 관광이라는 서로 다른 두 분야가 지구라는 그릇에 담겨 인류역사의 시간성과 공간성의 과정을 통과하면서 새로운 용어, 문화관광이라는 현상을 만들어내었다! 이러한 현

46

상에 대해 '융합', '융복합', '창조'라는 단어를 붙일 수 있을 것이다. 창조가 인류 역사에 존재한 적이 없는 전혀 새로운 물질이나 현상으로의 사전적 의미로 한정을 한다면, 본서에서는 오히려 '융합'보다는 '융복합'이라는 단어가 적절할 것 같다.

문화와 관광의 융복합현상은 내적 융복합과 외적 융복합의 형태로 구분할 수 있다. 문화와 관광의 내부 영역 간에 이루어지는 내적 융복합(협의의 범주), 문화와 관광, 타 분야 간에 이루어지는 외적 융복합(광의의 범주)으로 유형화할 수 있다. 문화와 관광의 융복합이 산업과 결합될 때 문화관광산업이 만들어진다. 내적 융복합은 문화와 문화산업이 관광과 융합하는 것을 말하며, 두 영역이 융복합하는 경우, 세 영역이 융합하는 경우처럼 다양한 융합 유형이 도출될 수 있다. 반면, 외적 융복합은 문화·관광 영역과 기술 또는 타 산업 간 융합에서부터 이들 제 분야의 융복합에 이르기까지 다양한 양상으로 전개되어질 수 있다. 다음 표는 문화관광산업에 대한 이해를 도모하는데 도움이 된다.

	유형	양상
내적융복합	문화 + 관광	문화 + 문화산업
		문화 + 관광
		문화산업 + 관광
		문화 + 문화산업 + 관광
외적융복합	문화 · 관광 + 과학기술	문화 + 과학기술
		문화산업 + 과학기술
		관광 + 과학기술
		내적 융복합 양상(문화산업·관광)+과학기술
	문화 · 관광 + 타 산업	문화 + 타 산업
		문화산업 + 타 산업
		관광 + 타 산업
		내적 융복합 양상 + 타 산업
	문화 · 관광 + 과학기술 + 타 산업	문화 + 과학기술 + 타 산업
		문화산업 + 과학기술 + 타 산업
		관광 + 과학기술 + 타 산업
		내적 융복합 양상 + 과학기술 + 타 산업

문화 · 관광 분야 융복합의 유형과 양상

저자 재편집(자료출처 : 문화.관광의 융합 활성화를 위한 정책협력방안 연구(이상열, 이원희, 2013))

내적 융복합의 사례로 정부가 신한류, 교육, 전통문화등 한국의 문화자원을 관광과 융복합하여 한국형 관광만이 제공할 수 있는 차별화된 콘텐츠를 개발해야 한다는 정책대안의 제시가 해당된다. 또한, 경상북도가 추진 중인 새마을아카데미 운영이 그 사례가 될 수 있다. 새마을운동의 성공 노하우를 전수하는 것으로 중국, 네팔, 아프리카 등지의 해외공무원을 관광객으로 유치하는 경우가 된다. 또한 자연과의 조화와 사색을 중요시한 한국의 전통 구조물을 문화콘텐츠로 활용한 예로 세계문화유산으로 등재된 창덕궁 후원의 관람코스 운영을 통한 관광객 유치도 해당되어진다. 모두 문화 또는 문화콘텐츠와 관광의 융복합 형태에 포함된다.

그러므로 문화관광산업은 관광목적지나 관광매력물과 관련된 관광객의 활동과 경험 중 문화와 관련된 역사적 예술적 유산적인 것을 대상으로 하는 산업의 형태이다. 특히, 라이프스타일, 문화유산, 예술, 역사유적지 등을 알고, 배우고자 하는 목적으로 타 문화권에서 이루어지는 인간의 활동과 관련된 산업이기 때문에, 사람 간 교류이며, 문화간 교류를 통해 서로 다른 문화에 대한 이해증진을 도모하여 인류공영에 기여하는 산업이라고 할 수 있다. 또한 문화활동, 문화자원, 타 문화의 습득·경험·이해를 공통주제로 하며, 교육성(Grand Tour 목적, 타문화권에 대한 이해)과 소통성(타 문화권과 커뮤니케이션 네트워킹)을 강조하고, 경험의 질에 대한 신뢰성, 투명성, 진정성을 중시한다.

최근 세계 각국은 문화를 관광산업 육성을 위한 주요 수단으로 활용하고 있다. 영국의 경우, 세계 각국의 공연예술가들에게 자유로운 표현의 장을 제공하는 에딘버러 축제를 문화관광상품화하였고, 일본은 2011년부터 외래관광객 유치를 위해 애니메이션 등 일본의 대중문화를 홍보하는 'Cool Japan'을 통해 해외전개 지원사업을 추진하고 있다. 이와같이 문화관광산업은 세계적 흐름으로 이해를 해야 한다.

2. 문화관광산업의 범위

국가간 문화적 위상이 상이하고 국가 내에서도 문화의 개념이 상이하기 때문에 국가와 지역을 수용하는 보편적인 문화의 개념도, 문화관광의 개념도 부재할 수밖에 없다. 이는 문화관광산업의 개념정의에 대한 한계로 이어진다. 따라서 문화산업의 개념 검토를 통해서 문화관광산업의 개념을 접근하기로 한다.

다국적 전문서비스 네트워크로 세계에서 두 번째로 큰 기업이며, 세계4대 회계 법인인 Pricewaterhouse Coopers(PwC)는 문화산업을 오락&미디어 산업이라고 표현하며, 이 범주에는 영화, 텔레비전, 라디오, 음반, 인터넷, 잡지 출판, 신문 출판, 서적 출판, 정보 서비스, 광고, 놀이공원, 스포츠 등의 산업 군을 포함하고 있다. 주요 국가별로 문화산업의 범위를 보면 다음과 같다.

미국의 경우, 문화산업은 저작권산업(copying industry)으로 분류하며, 인쇄/출판, 음악, 공연, 라디오/텔레비전, 사진, 소프트웨어/DB, 시각/그래픽아트, 광고, 레코드/테이프, 저작권신탁관리업을 포함시키고 있다. 북미(미국,캐나다,멕시코) 산업분류체계(North American Industry Classification System, NAICS)에 따르면, 산업분류상 Information이라는 부문에 포함되어 있다. 이 부문에 들어가는 산업의 주요 영역은 정보와 문화상품(cultural products)의 배포와 관련되는 산업이 해당된다. 즉, 신문 출판, 신문 이외의 정기간행물 출판, 서적 출판, 기타 출판업, 소프트웨어 제조, 영화 및 비디오 프로덕션, 영화 및 비디오 배포, 영화관, 프리프로덕션 및 포스트프로덕션 서비스, 기타 영화 및 비디오 산업, 레코드, 레코드 프로덕션/배포, 사운드 레코딩 스튜디오, 라디오 네트워크, 라디오 방송국, 텔레비전 방송, 케이블 텔레비전 네트워크, 기타 케이블 및 프로그램 배포, 도서관 및 기록보관업(archive), 온라인 서비스, 기타 정보 서비스, 데이터 프로세싱 등이 Information 산업군에 포함된다.

영국의 경우, 디자인, 문학, 연극 등 아이디어를 기반으로 하는 창조산업(creative industry)으로서 문화산업이라는 용어를 대체시켰다. 출판, 음악, 미술·골동품·공예품, 영화/비디오, 라디오/TV, 공연(댄스/연극/서커스/라이브축제), 인터액티브 레저소프트웨어, 소프트웨어 및 컴퓨터서비스, 디자인, 패션, 건축, 건축 등을 포함하고 있다. 프랑스의 경우, 출판(책/신문/잡지/음반 등), 시청각활동(영화/라디오/텔레비전/전시), 기타(출판대행/멀티미디어/광고) 등으로 구분하고 있다. 일본은 문화산업을 콘텐츠산업으로서 영화, 음악, 만화, 애니, 컴퓨터게임, 연극, 문예, 사진 등으로 분류하고 있다(한국방송영상산업진흥원, 2008).

우리나라의 경우, 1992년 2월 제정, 2002년 1월 전문개정 된 '문화산업진흥기본법'에 구체적으로 정의하고 있는데, 문화산업을 문화상품의 개발, 제작, 생산, 유통, 소비 등과 이에 관련된 서비스를 행하는 산업으로 정의하고 있다. 문화상품을 문화적 요소가 구체화되어 경제적 부가가치를 창출하는 유·무형의 재화와 서비스 및 이들의 복합체로 정의하고 있다.

문화산업을 중심으로 국가별 정의를 살펴보았는데, 어느 나라도 문화관광산업이라는 하나의 고유명사 형태로 그 산업이 존재하지는 않았다. 국가별로 정권이나 정부에 따라 그 지역의 고유한 문화적 특성을 반영하여 관광산업과 문화산업 중 어느 부분을 강조하느냐에 따라 그 사회와 국가의 문화적 정서나 동향에 따라 문화관광산업이라는 용어를 사용하고 있었다. 우리나도 역시 예외는 아니다. 한국은행에서 분석하는 산업연관표 부분에도 문화관광산업은 분류체계에 포함되어 있지 않다.

특히, 박근혜정부 출범 이후 문화융성 기조에 맞춰 창조경제 실현의 기치 아래 지역의 고유한 문화유산과 관광자원의 산업화 방안을 집중 모색하면서, 문화관광산업이라는 용어가 유행하고 있는 것과 비슷한 맥락으로 이해할 수 있다.

그러므로 문화관광산업은 문화산업의 토대로 관광산업과 연관시켜 수요를 창출하고, 문화상품의 잠재적 수요자를 발굴하여 관광과 연계시키는 기능과 더불어 그 수요에 대응하기 위해 공급시설이나 체계를 구축하는 것을 포함하기 때문에 다양한 산업군이 포함되는 융복합 산업의 형태를 띠게 된다. 문화관광산업은 시장의 측면에서 인바운드시장을 중요시 여기고 있다. 관광수지 측면에서 문화관광상품을 통해 외래관광객을 해당 관광목적지로 유입시키는 것이 1차 목표가 된다는 것이다. 따라서 관광객을 송출시킬 표적시장에 대한 정확한 목표분석과 그 시장에 맞는 세분화전략은 문화관광상품 마케팅에서 중요한 부분이라고 할 수 있다. 그러나 많은 관심을 가져야 할 부분은 문화관광콘텐츠라고 할 수 있다. 이는 현재 진행되고 있는 문화와 IT, 의료, 타 분야의 융복합을 통한 새로운 관광콘텐츠 발굴이 향후 한국뿐만 아니라 세계관광시장에서 생존의 문제처럼 거대한 파도로 밀려올 것이기 때문이다. 경쟁력있는 콘텐츠의 발굴의 중요성은 시간이 흐를수록 그 무게가 더 해질 것이다.

문화관광상품

뉴욕 마담 튀소(madame Tussauds)에 있는 비틀즈 애비로드

영국정부는 2010년 런던 북부 Abbey Road에 위치한 횡단보도를 2급 국가문화유산으로 지정하였다. 1969년 Beatles가 마지막으로 녹음한 앨범 "Abbey Road"에 멤버 4명이 그 애비로드 횡단보도를 건너는 사진을 사용하면서 이 횡단보도가 영국 팝문화의 상징으로 부각되었기 때문이다. '이곳은 성이나 성당도 아니지만 비틀스의 앨범 사진 때문에 그 어떤 문화유산보다도 강한 매력을 가진 곳이 되었다'고 영국 관광청장이 이야기 하였다. 지금도 많은 관광객들이 이곳을 방문하고 있으며, 횡단보도를 건너는 비틀즈 모습을 그대로 재현하여 마담 튀소 박물관에 밀랍인형으로 재현되어 뉴욕의 관광명소가 되고 있다.

3. 문화관광상품

문화관광상품을 설명하기에 앞서 문화관광산업의 대표적 상품이라고 할 수 있는 민속촌의 경우를 들어서 설명하고자한다.

관광객은 관광목적지의 특정 장소에 고유한 지역의 토착문화에 대한 직간접적 지식이 응축되어져 있기를 바라게 된다. 관광목적지에서 이동시간의 단축과 비용의 절감에 도움이 될 뿐만 아니라 경험의 질과 연관되어지기 때문이다. 또한 이동으로 인한 안전의 문제와 위생상의 문제 등 관광목적지에서 발생할 수 있는 위협요인을 감소시켜주는 데에도 기여하게 된다. 특히, 토착문화에 대한 심리적 저항을 완화시켜주며, 그 문화에 대한 이해의 폭을 제고시키는데에도 도움을 준다. 이는 관광목적지 마다 개별 국가나 지역의 자치정부가 민속촌을 조성하는 이유가 되어진다.

대표적으로 호주 Cairns의 Tjapukai culture center, 호주 Ballarat의 Sovereign hill, 미국 Virginia주의 Colonial Williamsburg, 대만의 Formosan 소재 Aboriginal culture park, 중국 Shenzhen의 Splendid China와 Hangzou의 Song Dynasty village, 일본 Nagasaki의 Huis Ten Bosch 등을 예로 들 수 있다.

사례   호주 Cairns의 Tjapukai culture center

케언즈 북서쪽에 위치한 애보리진 민속촌은 호주의 원주인 문화를 볼 수 있는 곳이다. 애보리진은 4만여년 전 부터 호주에서 정착하여, 지구상에서 가장 오래된 원주인으로 유명하다. 직접 그들의 그림과 음악, 악기 등 지혜로운 문화를 다양하게 볼 수 있는 교육적인 장소로 알려져 있다. 특히, 그들의 음악은 한 마디로 부족사회에서 볼 수 있는 집단적 의식을 보여준다. Complimentary Face Painting, Aboriginal Dance, Spear Throwing(Boomerang Throwing), 디저리두(Didgeridoo) 등을 체험할 수 있다. 디저리두는 흰개미에 의해 구멍이 뚫려진 유칼리나무로 만든 원시악기로 땅, 하늘과 별을 노래하기 위해 창조되었다는 신화적 의미를 담고 있다. 또한 1995년 오픈한 Skyrail Rainforest Cableway을 통해 그 일대의 전경을 한눈에 볼 수있다.

케이블 웨이

디저리두

02 문화관광목적지

관광객에게 있어 관광목적지는 문화적 관점에서 중요한 의미를 지니게 된다. 문화의 구성요소 중 그 지역의 고유한 언어와 상징체계, 인문학적 산물, 지역주민의 삶등 일상권에서 경험하기 어려운 독특한 요소들을 경험할 수 있는 곳이 되기 때문이다. 따라서 관광목적지가 되는 공간의 개념인 장소, 즉, 어떤 지역과 관련된 특정 장소의 경우, 관광경험에서 가장 중요한 의미를 체험하는 곳이 된다. 관광객들은 일상권에서 비일상권을 향해 떠나는 순간부터 그 여행의 모든 방향성은 최종 목적지로 귀착되어진다. 그 목적지가 관광객의 모든 잠재적 행동유형을 결정하고 그 행동을 표출하는 장소로 바뀌기 때문이다. 그런데 그 장소는 그 지역이 지닌 자연환경적 인문학적 시간과 공간의 역사적 산물을 소유하고 있다. 그 장소는 고유한 지역문화의 정체성과 밀접하게 연관되어 전승되어온 문화유산을 가지고 있다. 관광객은 그 독특한 문화유산을 경험하기 위해 그곳으로 이동하여 온 것이다. 상품화된 그 지역의 문화관광상품이 타 지역에 있는 사람을 그 장소로 불러들이게 한 동인이 된 것이다. 세계도처에 있는 어떤 장소가 특정 관광목적지로 자리매김하게 되는 것이다. 그 모든 장소는 그 지역의 역사를 통해 전승되어져온 고유한 그 나름대로의 시간과 공간 그 속에 담겨져 있던 사람들의 이야기를 함유하고 있다. 전통, 관습, 역사 라는 이름 하에서 지금도 세계도처에 있는 장소들이 지역 고유한 정체성의 이름으로 자신만의 독특함을 문화관광상품을 만들어 서비스와 겸하여 문화관광상품으로 홍보되고 있다.

유럽의 경우, 그리스로마 시대의 polis 발달은 유럽문화의 원형을 도시에서 찾는 단서를 제공해준다. 유럽의 관광목적지로 도시가 발달된 이유는 유럽의 문화와 문명의 발달을 통해서도 알 수 있다. 역사문화를 배경으로 하여 발달한 유럽의 도시인 경우, 문화관광은 그 도시의 발달사와 궤를 같이 한다고 할 수 있다. 따라서 유럽도시의 발달사는 유럽의 문화관광사은 같은 배경 하에서 이해를 도모할 수 있을 것이다. 도시의 흥망성쇠의 과정에서 도시재건을 위해 문화가 그 목적달성의 메카니즘의 기능을 하는 경우도 있다. 또는 제조업으로 발달한 도시가 산업구조의 조정으로 인해 제조업이 쇠퇴하게 되고, 도시기능이 떨어진 경우, 그 도심지역을 재생시키는 메카니즘으로 문화를 도입하고, 그 성공으로 인해 관광객을 끌어들이기도 한다. 이와 관련하여 도시가 문화관광목적지가 되는 경우, 다음과 같은 유형이 존재할 수 있다.

1. 역사적 유산(유물)을 소재로 한 관광목적지

서양역사의 기원이 되는 그리스 로마의 문화유산이 문화관광의 출발점이며 종착점이 되는 이유이다. 고대 로마의 모습은 현재에도 그대로 전승되어지고 있다. 조상의 역사적 유산으로 현재에도 그리고 미래에도 지구촌의 많은 사람들이 찾게 될 관광목적지이다.

살아있는 박물관, 역사의 도시, 카톨릭의 성지 등의 여러 가지 수식어가 붙는 로마는 말 그대로 '살아있는 역사 교과서'라 할 수 있다. 로마는 테베레 강을 중심으로 크게 구 시가지와 바티칸 시국으로 나뉘며 유적지는 대부분 구 시가지에 모여있다. 명소의 90%이상이 판테온으로 부터 반경 1.5Km이내에 모여 있다. 콜로세움 외에도 널리 알려진 로마시대의 명소들, 영화의 배경지로도 유명한 '트레비 분수'와 '포로 로마노', 미켈란젤로가 설계한 비밀의 '캄피돌리오 광장'까지 구석구석

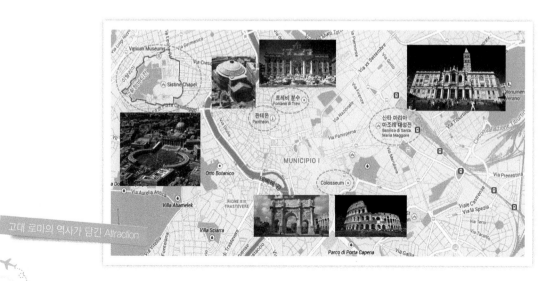
고대 로마의 역사가 담긴 Attraction

볼 것들로 가득하다. 콜로세움 바로 앞 로마 시대 개선문 중 가장 완벽하게 보존된 '콘스탄티누스 개선문'은 규모도 가장 크다. 높이 21m 너비 25m에 달하는 이 개선 문은 밀라노 칙령으로 기독교를 공인한 콘스탄티누스 황제가 312년 밀비안 다리 전투에서 그의 정적 막센티우스를 물리친 기념으로 세운 것이다.

2. 도시기능의 회복과 개발을 통한 관광목적지

(1) 지역의 인구이동

도시팽창(urban sprawl)으로 인한 도시의 확장으로 신도시개발과 구도심의 슬럼화로 도시기능이 비정상적인 상태로 도시화 방향이 진전되는 경우, 구도심 개발과 기반시 설의 이전등을 통하여 이전부지의 도시재개발 프로젝트가 진행되는 경우이다. 부산 의 북항재개발이나 미국의 볼티모어 내항개발이 대표적인 사례가 된다. 특히, 볼티 모어의 경우, 도심 워터프론트 개발에서 'Baltimore syndrome'용어를 낳기도 하였다.

볼티모어 내항은 연평균 약 1,300만 명이 방문하는 국제적 문화워터프론트 공간 으로 가장 성공적인 개발의 모범사례로써 소개되고 있다. 항만기능 이전으로 옛 항구를 재개발한 내항의 역사는 민관 협력과 장기적 계획, 문화를 접목한 마케팅 등 워터프론트 재개발에 대한 가이드라인을 보여주고 있다.

볼티모어시는 항만재개발을 통해 '마약과 범죄의 도시'라는 오명을 벗고 문화와 관광의 도시로 새롭게 탄생했다. 1797년 도시의 역사가 시작된 후, 1800년대 미국 의 경제중심지가 됐지만 제 1차 세계대전 이후 내항이 가진 항만시설등은 컨테이 너 운송방식이 도입되는 등 해상운송방식의 변화에 직면하면서 도심부 내항지구 의 항만기능이 외항으로 이전하게 되었다. 이는 결국 도심부의 활력저하를 초래하 였고, 도시기능도 쇠퇴하기 시작했다.

1954년 가장 큰 O'neal백화점이 문을 닫았고 내항에서 출발하는 체사피크만 (Chesapeake Bay)행 여객선도 사라졌다. 또 주변 많은 부두도 폐쇄되었다. 항만산업과 제조업은 쇠퇴했고, 인구는 교외로 빠져나가기 시작했다. 도시 존립자체에 대한 위기감이 높아지자 1963년 시 관계자, 지역 기업가, 정치인 등이 하나가 돼 볼티모

어 항을 되살리기 위한 대규모 프로젝트에 착수 했다.

민관합동기구인 찰스센터-볼트모어 항만관리법인(Charles Center-Inner Harbor Management Inc.)이 설립됐고, 22만㎡의 버려진 항만공간을 재개발하기로 결정하였다. 볼티모어항구 재개발 사업의 핵심 콘셉트는 'Festive Marketplace'이었다. 문화, 쇼핑, 먹거리, 볼거리, 이벤트를 하나의 패키지로 묶어서 1년 365일 언제라도 축제를 즐길 수 있는 항구를 만드는 것이다. 즉 항구를 '축제의 장'으로 탈바꿈시키는 것이다.

CCIHMI가 주도로 1964년 내항지역 마스터플랜을 수립하고, 1965년 내항 1단계 사업구역 결정 및 세부 실행계획을 세웠다. 1968년 철거가 시작됐고 새로운 도로와 기반시설 등이 건설되기 시작했다. 놀이시설을 포함한 새로운 공원과 산책로가 계획되었고 모든 공공시설의 개선비용은 연방정부의 허가와 시의 지방채 조합으로 이뤄졌다. 1980년 내항 핵심지구에 해당하는 하버플레이스가 문을 열었고 1만 2000㎡ 규모로 각종 상점과 음식점 등이 입지한 하버플레이스는 처음 예상한 기간인 30년보다 이른 20년 만에 완성됐다. 먼저 볼티모어시는 항만시설과 연계하여 수족관, 수상박물관, 해양과학관을 건설하고 도심에는 공원, 식물정원과 함께 박물관, 기념관 등 교육문화시설을 조성했다. 내항의 수변으로 바닷게 전문 음식점을 집중시켜 '필립스(Philips)'를 비롯한 바닷게 전문 음식점 거리를 조성했다. 자동차 및 보행자의 접근을 용이하게 함과 동시에 수변 공간의 이점을 살리기 위하여 수변경관을 최대한으로 제공하는 공간 설계가 이루어졌다. 역사적인 범선(USS Constellation)을 설치하고 이를 개방하여 물과 관련된 심리적·생리적 본질을 자극할 수 있는 시설을 건설했다. 특히, 도시 이미지 혁신을 위해 기존의 낡은 오리올스(Orioles) 홈구장에 1억500만

달러를 투자해 미국의 옛 이미지를 살린 오리올 파크(Oriole Park)를 건립했다.

(2) 산업 구조조정으로 도시 쇠퇴, 새로운 성장동력으로 문화가 도시회생의 메카니즘으로 역할

발바오는 스페인 북부 바스크 지방에 위치하며, 1970년 스페인 제1의 항구도시로써 동시에 철강, 석재, 조선 등의 산업이 발달한 공업도시이었다. 그러나 철강과 조선산업의 몰락으로 경제적 여건이 열악해지면서 도시는 급격히 위축되면서 쇠퇴하기 시작하였다. 빌바오시는 도시재생계획 'RIA 2000' 마스터플랜을 통한 도시 재생프로젝트 가동하면서 문화예술기반의 관광산업활성화로 도시목표를 설정하였다. 첫째, 구겐하임 재단의 미술관 유치를 통한 지역의 랜드마크화. 둘째, 네리

비온강의 워터프론터개발계획으로 시민을 위한 오프스페이스 확보. 셋째, 도심의 산업지역 폐부지 활용한 스포츠 및 레크레이션 산업 활성화로 산업자원의 문화유산화 창출. 이러한 전략의 실행을 통하여 구겐하임 미술관 개관 이후 연간 200만명의 관광객이 찾아오는 스페인의 중요한 관광목적지로 도시브랜딩에 성공하였다. 더불어 도시산업 기반 확대와 인력의 재고용 등 경제적인 부분에서 엄청난 경제적 파급효과를 유발시켰다. 문화적 자산의 폭발적인 증가가 관광산업 발달로 도시재생에 성공한 사례로 소개되고 있다.

도시회생 빌바오
(구겐하임 미술관)

가나자와 21세기 미술관

가나자와는 일본 혼슈 이시카와현에 위치하며, 호쿠쿠(北陸) 지역의 최대도시로 과거 상공업 중심지로 번영하였다. 그러나 근대화에 뒤처지면서 도시기능이 약화되었지만, 오히려 근대화가 진행속도가 느렸기 때문에 도시의 문화와 유물, 도시경관등 옛 도시의 모습이 잘 보존되어 있었다. 이러한 사실에 착안하여 가나자와 주민들의 적극적인 참여를 통해 지역활성화를 도모하였다. 그 대표적인 산물이 '가나자와 시민예술촌'. 폐업한 방적공장의 벽돌창고를 음악, 에코라이프, 아트공방 같은 작업실로 리모델링을 하면서 유명 아티스트 초대와 이벤트를 통하여 시민들에게 문화공간으로 환원. 시민들의 자발적 참여를 통한 도시재생의 성공사례로 소개되고 있다.

(3) '새생명'을 뿌리내리게 하는 마을만들기

일상생활권역내 지역에 위치한 특정 마을을 대상으로 이루어지는 것으로 기존 마을의 환경적 특성과 주민의 참여로 이루어지는 것을 말한다. 엄격한 의미에서 마을만들기 보다는 마을살리기가 부합된다고 할 수 있다. 국내 가장 성공적인 감천문화마을과 영국과 캐나다의 사례를 들어 검토하고자 한다.

❶ 감천문화마을

부산의 새로운 관광목적지로 주목받는 감천문화마을은 2009년에 시행된 마을미술 프로젝트 일명 '꿈을 꾸는 부산의 마추픽추' 문화체육관광부 공모에 의해 산

감천문화마을의 전경

복도로변을 중심으로 10여점의 조형작품들이 설치되었다. 2010년에는 2차 마을미술 프로젝트인 일명 '미로미로 골목길 프로젝트' 문화체육관광부 공모가 이루어지면서 여섯 곳의 '집 프로젝트'와 여섯 곳의 '골목길 프로젝트'가 이루어졌다. 감천2동은 재개발이 아닌 보존과 재생의 관점에서 '문화마을 만들기'가 진행되고 있는 부산의 유일한 마을로 주민과 전문 예술가들과 행정담당자들에 의해 구성된 협의체 방식을 통해 만들어 낸 성공적인 창조도시 만들기의 한 유형이다. 원래 이 마을의 생성과정은 충청도를 비롯한 전국의 태극도 신도들이 한국전쟁으로 인해 부산 보수동에서 피난생활을 하던 중 1955년부터 1960년에 걸쳐 이곳으로 집단이주한 것에서부터 시작되었다. 천마산옥녀봉 해발 300m지점 비탈면에서 판잣집 일 천 여 가구를 지어 생활한 것으로부터 생긴 마을로 태극도 마을이라고도 불려졌다. 마을을 형성할 때 반달고개에서 옥녀봉방향 1간(甘)에서 4간으로 구획하고 태극도본부가 있는 중앙 5간에서 천마산자락 6간에서 9간까지 총 9개 구역으로 나누어 산비탈을 따라 계단으로 주택을 건설하여 질서 정연한 공동주거마을로 형성하였다.

❷ 영국 Hay-on-Wye

1962년 리처드 부스(Richard Booth)라는 학생이 옥스퍼드 대학을 졸업하자마자, 이 마을의 소방서 자리를 사들여 헌책방을 열었다. '이런 작은 시골 마을에서 헌책방이 되겠냐?'는 주위의 만류에도 불구하고 '좋은 책은 반드시 팔린다'는 생각으로 시작했다. 점차 시간이 흘러 입소문이 나면서 런던 등 대도시에서 책을 사랑하는 교수와 학생 등 고서 수집가들이 몰려들기 시작하였다. 사람들에게 "헤이온 와이에 가면 희귀한 책을 구할 수 있어" 라고 회자되었다. 1972년에는 책마을이라는 이름으로 불리게 되었다.[1] 마침내 1977년 4월 1일 만우절날 '헤이 독립 선언문'을 발

헤이온와이 국기와 독립

표함으로 스스로 '서적 왕 리처드'에 즉위하는 해프닝을 벌이면서 헤이온 와이만의 독자적인 화폐와 우표, 여권까지 발행하였다. 신문에서는 이를 '벨파스트(반영 사상이 가득한 북아일랜드 수도)의 암운이 헤이를 덮다' 라고 과대 해석을 하면서 세상의 관심을 끄는 홍보 효과를 거뒀다.[2]

봄부터 가을까지는 13세기 때 처음 모습을 드러낸 고성의 뜰과 마을 광장에서 야외에서 책방이 열린다. 자유롭게 휴식을 취하면서 필요한 책을 살펴볼 수 있도록 꾸며놓은 야외 책방은 책을 사고파는 헌책방이라기보다는 종합 문화공간이라는 말이 더 어울린다. 공연을 감상하며 책을 보거나 잔디밭에 드러누워 독서를 즐

Honestly bookshop

기기도 한다. 어린아이와 부모와 함께 책방과 정원에서 즐거운 시간을 보내는 모습도 종종 볼 수 있다. 그리고 마구잡이로 헌책을 수집하여 전시하지 않고 시집 전문 서점, 추리소설 전문 서점, 어린이책 전문 서점 등 특화된 서점으로 책 마을을 꾸몄다.

❸ 캐나다 Chemainus

마을의 주산업인 목재산업이 쇠태하고 가장 큰 일터인 제재소가 문을 닫으면서 주민들이 일자리를 잃고 마을이 폐허가 되어가고 있었다. 이때 마을 주민들이 정부로부터 보조금 1만 달러를 가지고 벽화를 그려 관광객을 유치 할 계획을 만들고, 마을의 역사가 담

원주민의 얼굴

긴 그림을 벽면에 그리게 되고, 이후 관광객을 유치하는 세계최대의 벽화마을이 탄생하였다. 사미니스(Tsa-mee-nis)라는 인디언 부족의 거주지였던 이 마을은 1800년대 중반엔 채벌된 목재의 기착지로 발전했다. 목재공장이 처음 들어선 것은 1862년 이후 1879년과 1891년, 1923년 등 계속 문을 열었다. 주민수도 4000명 가량 되었고, 주변의 풍부한 산림자원과 천연항구, 온화한 기후로 인해 살기 좋은 마을로 성장한 것이다. 하지만 1980년대 들어 주변의 산림자원은 고갈돼 갔다. 목재산업은 쇠퇴의 길을 걸었고, 결국 목재공장이 문을 닫기 시작했다. 목재공장에서 일하던 주민의 대부분은 해고됐고, 마을을 떠났다. 마을은 활력 잃은 유령도시로 변해가고 있었다. 마을에 남은 주민들은 '존폐'기로에 있는 마을을 살리는 방안에 대해 논의하기 시작했다. 이때 마을의 원로 중 한 사람인 루마니아 출신인 칼 슐츠가 '마을의 역사'를 담은 벽화를 그리자고 제안했다. 당시의 생활상, 주민의 얼굴 등을 당시의 모습을 벽화로 그리자는 것. 주민들은 회의 끝에 슐츠의 의견을 받아들였다. 시청에서 주민들의 의견을 받아들여 지원하게 되고 이렇게 해서 1982년 처음으로 5점의 벽화가 탄생했다. 이후 매년 1~3점의 벽화를 그려 지금까지 38점이 그려졌다. 이렇게 벽화 마을의 탄생으로 많은 관광객이 다녀가고 있다.

3. 기후생태계 변화에 의한 관광목적지

César François Cassini de Thury(1786)의 지도에 나타난 petit bassin du Pilat 표기

기후생태계 변화로 인해 관광목적지로 바뀐 경우는 도시가 갑작스런 기상이변이나 기후생태계의 변화로 인해 도시 전체가 없어지거나 하여 새로운 관광목적지로 바뀐 경우가 해당될 수 있다. 예를 들면 프랑스의 Pilat(Pyla)사구가 해당되어진다.

필라(Pilat)라는 이름은 15세기 가스코뉴(Gascon)지방의 방언 'Pilhar'에서 유래한 것으로 '모래더미'라는 의미이다. 한때 'Les Sabloneys(small beach of the big dune)' 또는 'New Sands'로 불렸으나 1930년 다시 'Dune du Pilat'로 불렸다. 과거 뱃사람들은 필라 언덕을 자신의 위치를 가늠하는 지표로서 이용했지만 현재는 아르카숑을 방문하는 방문객들이 꼭 들러보는 관광목적지로서 더욱 유명하다.[3]

3. 죽기 전에 꼭 봐야 할 자연 절경 1001, 2008, 마로니에북스

1982년 시행된 필라 사구에 대한 연구에 따르면 현재 사구 형태는 18세기 때부터 발견할 수 있었으며, 당시 Claude Masse(1708)와 César François Cassini de Thury(1786)의 지도(p.56)에 나타난 'petit bassin du Pilat, balises du Pilat'표기가 이를 뒷받침한다. 필라 사구의 위치는 현재(2013) 필라 사구보다 해안 쪽에 위치해 있었다. 또한 12~15m의 사구 높이에서 철기시대의 유물로 추측되는 그릇과, 꽃병의 조각이 발견(2013)된 것으로 미루어 볼 때, 고대에 이곳에 마을이 있었던 것을 유추할 수 있다.

기후의 변화로 인해 사구가 이동하면서 1928년에는 필라 사구 남동쪽에 지어진 마을이 모래에 묻혀서 사라졌으며, 1987년에는 북동쪽에 있는 도로도 유실되었다. 1863~1989년의 필라 사구 주변 지도를 살펴보면, 사구가 동쪽 내륙으로 이동함과 동시에 서쪽 해안선도 안으로 들어오면서 지도상 해안선이 동쪽으로 1km이상 변경 되었다고 한다.

개발과정을 살펴보면, 1910년 아르카숑 지방을 여러 토지개발자들이 개발 하려했

으나, 지역 주민들이 토지를 팔려고 하지 않는 어려움이 있었다. 그러나 토지개발자 중 한 명인 다니엘 멜러(Daniel Meller)가 자신이 가진 카죠(Cazaux)지방의 띠스티(La Teste)마을의 463 acre(1,873,695㎡)의 토지와 아르카

2012년 필라 사구 해변

숑의 물로(Moulleau)와 필라 사구의 143 acre(578,700㎡)의 땅을 교환할 것을 제안, 성사되었다.

이 후 약 1930년경 건축가 루이스 곰(Louis Gaume, 1888~1962)에 의하여 필라 해변(The Pilat-Plage)이 조성되었다.[4] 오늘날 유럽의 사막으로 불리는 유럽 최대의 모래언덕, 필라 사구(Dune du Pilat(Pyla), 듄 두 필라)는 프랑스를 대표하는 문화관광목적지로 관심을 집중시키고 있다.

4. 문화관광목적지의 전면과 후면

문화관광의 이상적 목표는 문화관광객이 관광목적지에서 진정한 문화체험을 가능하도록 하는 것이다. 그 결과 '정말 진정한 경험을 했다'고 자부심을 갖도록 하는 것이다. 그러기 위해서는 관광목적지가 문화관광객에게 주어지는 상품이나 장소는 진실과 신뢰를 기초로 제공되어야 하는 것이다.

그러나 MacCannell(1973)은 관광객이 만나는 장소(place)인 관광목적지는 진정성(authenticity)의 관점에서 다양한 정도의 수준이 표현되는 무대로 간주하였다. 대부분의 경우, 지역의 관광산업은 관광수입 증진을 지역의 '전면(front stage)'에 관광매력물을 배치하게 된다. 일반적으로 가이드를 동반한 관광이나 패키지 투어를 위해 의도적으로 기획된 공간으로 민속촌, 박물관, 미술관, 전시관등이 이러한 전면에 해당되는 시설들이다. 반면에 후면(back stage)은 무대 뒤 공간과 같은 곳으로 그 지역주민들의 일상생활이 전개되어지는 일상공간들이 된다. 주민 개인 집, 그들이 주로 찾는 식당, 공장 등 관광객과 대중의 시선에서 벗어나 있는 공간이나 그 공간에 있는 일상생활 시설물이 이에 해당되어진다. 이러한 장소는 SIT나 원주인 투어 등을

4. 1920년 다니엘 멜러가 교환한 땅을 개발하기 위해 현지 건축가였던 루이스 곰을 섭외하고, Château Mouton(샤또무똥, 유명와이너리)의 Henri de Rothschild(해리 로스차일드)와 Philippe Rothschild(필립 로스차일드)로 부터 개발 자금을 마련하였다. 1928년 루이스는 정식으로 디자인 사무실을 만들고 1930년 아르카숑 라 테스트 지역에 길과 시청, 학교 등 주요 시설들을 건설하고 호화 빌라와 카지노 호텔(1932년 폐업) 등을 설립하였다.

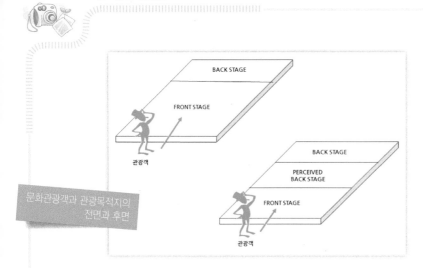

문화관광객과 관광목적지의
전면과 후면

통해서만 가능한 체험장소가 되어 진다.

그러나 앞서 제기한 문화관광의 이상은 관광객의 모순적 관광동기와 직면하게 된다. 관광 갈등구조. 즉, 관광지 전면을 보는 것에서 시작하여 후면까지 경험하고 싶어하고, 또한 그것이 진정 자신이 그렇게 하고 싶어하는 것이라 생각하지만 결국 관광목적지의 후면을 경험하고자 하는 바램은 실제 안전성과 편의성을 따르는 본능이 작동되면서 관광지 전면만 경험하는 것으로 그친다는 것이다. 예를 들면, 호주의 진정한 문화를 경험하기 위해 outback을 가고 싶어하지만 안전성 때문에 Brisbane이나 시드니로 관광을 가는 경우가 이에 해당된다. 또한 호주 이민 개척당시의 모습을 잘 간직하고 있는 Sovereign Hill의 레스토랑의 경우, 초기 문화를 그대로 재현해 놓았지만, 주변의 다른 관광목적지와 경쟁으로 인해 화장실을 현대식으로 개조한 사례도 있다.

그러므로 관광목적지의 전면과 후면의 문제로 인해 오늘날 많은 관광목적지는 이미지 생산과 소비를 통해서 '진짜'처럼 보이도록 상품을 생산하고 또한 문화를 관광상품화하고 있으며, 또한 관광객은 그런 경험을 통해 '진정성'을 체험하고 있다.

결국 이러한 관광산업의 결과로 인해 문화변형 현상이 진행되어가고 있는 것이다.

03 문화관광객

1. 문화관광객 유형

문화관광객이란 예술, 문화상품, 유적 및 역사관광을 포함한 문화자원을 경험하는 것에 초점을 둔 관광객을 일컫는 용어로서 여성의 비중이 높으며, 대체적으로 일반 관광객에 비해 교육수준이 높은 것으로 나타난다.

Bywater(1993)는 문화관광객을 세 유형으로 구분하였다. 문화동기유발형(culture-driven)은 관광시장의 5% 정도로 관광목적이 문화경험이 전부인 집단이다. 다음으로 문화영감형(culture- inspired)은 관광시장의 30%를 차지하고, 문화관광목적지나 문화관광상품의 구매가 일회성 방문으로 제한되어지며, 재방문(no repeat)이 전혀 발생하지 않는다. 이 유형은 대부분 한 관광목적지에서 다양한 활동을 소화하는 특징을 지니고 있으며, 최소한의 시간과 돈을 소비하는 것으로 나타난다. 다음으로 문화흥미형(culture-interested)은 관광객의 60%를 차지하며, 1차 관광목적지 방문 이후 시간과 경비 등의 이유로 주변의 문화관광목적지나 문화관광상품을 구매하는 경우가 해당된다. 일반적인 활동으로 박물관, 유적지, concert, 전시회, 문화이벤트 참가, 문화명소 관광등이 있다. 출발전에는 이러한 문화관광과는 전혀 관련이 없었는데, 상황의 변화로 인해 문화관광을 경험하는 형태가 된다.

그러므로 문화관광 목적지는 문화관광객 유형에 맞게끔 전략수립을 할 필요가 있다. 문화동기유발형의 경우, 관광목적지의 전면 보다는 후면을 선호하는 성향을 보이므로 문화관광경험의 진정성에 기반에 둔 상품개발과 문화관광해설을 수반하는 상품을 개발해야할 것이다. 문화영감형의 경우, 특별한 문화이벤트로 개최하여, 재방문 욕구를 유도할 수 있다. 전면과 후면의 중간에 또한 완충형 공간 조성을 통해 후면의 문화도 부분적으로 체험가능하게 유도하는 것이다. 반면에 문화흥미형의 경우, 다양한 문화관광매력물 조성을 통해 관광목적지에서의 체류시간 증대를 유도하는 것이다. 대부분 전면에 다양한 매력물 배치계획을 하는 것이 바람직할 것이다.

2. 문화관광객과 지역주민의 목적지에서의 행동반응과 대응

관광목적지가 방문한 관광객에게는 비일상권의 영역에 해당되지만 그곳에 거주하고 있는 지역주민에게는 일상권의 장소가 된다. 바꾸어 말하면, 동일한 공간이지만 그곳에서 발생하는 사람과 사람의 '접촉'에 따른 결과는 어느 편에 있는가에 따라 다르게 이해되어진다. 관광객과 지역주민 두 입장에는 그 차이를 설명하는 '간' 즉, '사이'라는 것이 존재하며, 그것을 '보이지 않는 벽(invisible wall)'이 유지된다고 표현한다. Host-guest relationship 관점에서 더 심도 깊은 연구가 필요한 분야이기도 하다.

먼저 게스트인 지역주민이 관광객과의 관계에서 발생하는 대응과 관련하여 Boissevain(1966)의 연구를 중심으로 설명하고자 한다. 이는 지역주민이 관광객으로부터 자신의 일상생활권이 되는 지역사회의 후면(back stage)을 보호하는 방법으로 다음과 같은 6가지 유형의 대응행동을 제시하였다.

첫째, '은밀한' 저항의 행동으로 관광객의 질문이나 반응에 대하여 대답을 회피하거나, 못보고 못들은 것처럼 다소 '멍청한' 척하는 소극적 대응으로부터 외래 관광객을 비하하는 말이나 행동으로 표현되기도 하고, 부적절한 바가지 요금이나 추가 요금을 요구하는 대응을 보이는 유형이다.

둘째, 은닉의 형태로 관광객에게 지역 방언을 구사하며, 지역주민에게 한정해서 특정 상품이나 서비스를 제공하는 경우가 있다. 또한 관광객이 많이 방문하는 시간대나 요일(특히. 공휴일이나 주말)을 피하여 지역의 행사를 계획하는 경우도 이에 해당되어 진다.

셋째, 울타리의 형태로 첫째, 둘째와 달리 실제 장소에 명확하게 영역을 표시하여 공간적으로 구분하는 경우에 해당된다. 특히, 관광객의 출입이나 접촉을 제한하기 위해 '영역성'의 표시로 울타리를 설치하거나, 아니면 이에 준하는 표식을 도입하며, 관광객의 경우, 해당 기관이나 권한을 지닌 사람을 통하여 공식적 비공식적 승인절차를 거친 이후에 접촉이나 출입을 가능하게끔 하는 유형이다.

넷째, 행사의 경우, 해당 목적지역의 고유한 정체성 보호를 위한 행사를 개최하여 그 지역성을 홍보하는 경우가 있다. 이는 관광목적지의 지역고유 문화를 홍보하여 관광객 유치에 도움이 되기도 하며 불확실한 지식이나 편견을 불식시켜 정확한 관광체험을 유도하는 긍정적 측면도 있다. 동시에 관광객의 행동에 대한 책임을 요구하는 측면도 강조되는 양면성이 있는 유형이 된다.

다섯째, 조직된 항의의 형태로 앞선 행사의 유형 보다 다소 적극적으로 '실력'을
행사하는 경우로 캠페인이나 시위를 통해 지역사회의 합의가 도출되지
않았거나 지역사회의 이익을 대변하지 못하는 부적절한 관광개발에 대
해서 강력한 반대의 시위를 하는 유형에 속한다.

여섯째, 침해의 경우다. 이는 앞선 유형과 달리 가장 강력하게 의사를 표현하는
경우로 관광객이나 지역의 관광시설이나 관광자원에 대하여 물리적 공
격형태를 가하며, 폭력을 수반하기도 한다.

3. 문화관광경험과 진정성

다음은 문화관광객이 관광목적지의 문화
관광경험에서 요구되는 중요도 우선순위에
서 최상위를 차지하는 진정성(authenticity)의 문
제를 제기하고자 한다.

진정성은 관광목적지의 고유한 문화적 정체
성을 역사적 관점에서 정확히 재현을 하였는지,
재창조되었는지, 그리고 그것을 정확히 관광

경험으로 이어지게 하고 있는지와 관련되는 것으로 '유무'의 문제와 '정도'가 중요
한 결정요인이 된다. 유무형의 유산은 역사적 결과물로 시간의 흐름에 따라 나타난
과정의 산물이기 때문에 정확한 '과거 재현'에는 한계를 지니게 된다. 단지 고증의
과정을 통하여 원래의 모습이나 사실(fact)에 최대한 가깝게 재현할 수 있다. 그러나
100퍼센트 실제는 아니다라는 것이다. 따라서 관광객의 진정성과 관련된 경험은
노력에 의해 유무의 문제는 극복할 수 있지만 정도의 한계는 지니기 마련이다.

그러므로 진정성과 관련된 태생적 한계는 문화관광목적지의 재현이나 문화관광
상품은 '매우 그럴듯한' 재생산이 최고의 표현이 되어진다.

좋은 사례로는 영국 York시에 있는 요빅 바이킹센터(Jorvik Viking Center)에서 그러
한 노력을 엿볼 수 있다. 1960년대 후반과 1980년대 초반 기간 동안에 York시 고고
학 트러스트가 Jorvik의 바이킹도시의 목재건축물을 발굴하여 재현한 곳으로 현재

York의 Jorvik viking center

York시의 가장 유명한 관광매력물로 자리매김을 하고 있다. 이곳은 바이킹 정착촌을 재현한 곳으로 관광객은 전동 궤도차를 타고 마을을 관람하게끔 되어 있다. 이 궤도차는 마을의 구석구석을 돌며 관광객에게 오디오 안내서비스를 제공한다. 집안 내부까지 들어가는 이 투어는 가옥의 형태와 구조만 보여주는 것이 아니라 소리와 냄새 등 마을 분위기까지 재현하고 있어 '시간 여행'을 하고 있는 듯한 착각이 들게 한다. 또한 발굴 사이트 재현관은 일반인이 보기 어려운 고고학적 발굴 현장과 처리 과정도 경험할 수 있게 한다. 고증을 통하여 소리와 냄새까지 재현한 그들의 진정성이 느껴지지 않는가?

관광객이 관광목적지에서 만나는 지역주민과의 관계에도 '마음이 없는 웃음만 주고받는' 상황으로 치닫지 않도록 관광객과 지역주민이 상호 이해와 노력이 전제되어야 한다. 이를 위해서는 관광객은 문화관광목적지를 출발하기에 앞서 목적지역의 문화에 대한 기본적 정보를 통해 지식을 지닐 필요가 있다. 지역주민은 문화관광상품의 판매와 더불어 진정어린 서비스를 통해 서로 다름에 대한 인정을 바탕으로 인간존중이라는 상호 인격적 예의를 갖추는 것이 필요하다.

진정성의 문제를 세계인의 상품에서 이제는 일상생활의 필수요소처럼 트렌드가 된 커피를 중심으로 그리고 한국의 문화관광상품으로 자리매김한 난타 공연을 통하여 이해해보고자 한다. 특히, 진정성을 4가지 유형의 명제적 관점에서 분석해보았다: 참(true), 거짓(false), 참 같은 거짓(half true) 그리고 거짓 같은 참(half false).

❶ 커피

커피와 관련된 다양한 현상적 관점에서 네가지 명제를 설정하였다.

첫째, 커피는 참이다. 커피와 관련된 의학저널에서 나온 연구결과를 보면, 뇌졸중, 고혈압, 당뇨병의 발생 위험을 줄이며, 심장병 예방과 장수에 효과가 있고, 대장암 세포의 폐 전이를 억제하는 효과가 있다고 한다. 또한 커피는 자신 뿐만 아니라 다른 사람을 이어주는 중요한 매개체 역할을 하므로 커피가 있는 공간(cafe)의 경우, 사람간 소통과 통섭에 있어 장소가 된다. 결과적으로 커피는 육체적으로 정신적으로 건강에 좋다는 것이며, 여유로운 삶의 한 단면을 보여주는 역할을 한다는 것이다. 참이다.

둘째, 커피는 거짓이다. 커피가 건강에 좋은 영향을 미친다는 것이 참이기 때문에 불면증, 소화불량, 중독 현상 등의 부작용이 있다는 것은 거짓이 된다. 건강과 관련해서는 적당량의 커피와 원두커피의 조건이 전제되어 있다. 또한 커피는 여유있는 사람만이 즐긴다는 것도 거짓이다.

셋째, 커피는 참같은 거짓이다. 커피는 건강에 좋은 영향을 미친다고 하였지만, 커피 생산국가인 대부분의 후진국가의 국민들 건강은 크게 나아진 것이 없다는 것이다. 또한 커피 수출국가와 주요 소비국가인 선진국은 문화적 혜택을 누리는 반면 커피 생산 농가에는 문화적 혜택을 가져다주지 못하고 있는 실정이다.

넷째, 커피는 거짓 같은 참이다. 비싼 "커피 원두 가격"의 문제로 공정무역을 전개하면서 정당한 가격에 커피를 구매하자는 운동을 하고 있다는 것이다. 원두가 비싼 것이 아니고 물류구조의 문제로 비싼 원두가 되어 버렸고, 공정무역을 통해 그 문제를 해결하자고 하는 것이다. 이러한 운동은 판매 수익금이 생산 농가에 직접 환원되도록 그리하여 그들의 삶의 질이 개선되어 문화적 혜택의 수혜자가 되도록 하자는 것이다. 이를 통해서 커피생산에 참여하는 대부분의 미성년 아동에게 교육의 기회제공과 해당 지역의 교육환경개선을 도모하는 것을 목표로 하고 있다.

커피한잔의 진실

EBS 지식채널에서 방송된 '커피한잔의 진실'에 보면 다음과 같은 정보가 나온다.

커피한잔을 만들기 위해 필요한 커피원두는 100개. 1파운드의 커피콩(커피 45잔 분량)을 팔고 농부가 받는 돈 480원. 커피한잔을 10원에 파는 농부들.

100ml 커피한잔에는 99퍼센트와 1 퍼센트가 존재. 이윤의 1 퍼센트는 소규모 커피재배농가로, 나머지 99 퍼센트는 미국의 거대 커피회사, 소매업자, 수출입업자, 중간거래상에게로 돌아간다는 것이다.

전 세계 커피 재배농업에 종사하는 50여개국가 약 2000만명의 커피재배농과 연관된 사람들은 대부분 빈곤상태에 처해 있으며, 그들의 상당수는 어린이라는 것이다. 커피한잔... Think about IT〉

❷ 난타공연(http://nanta.i-pmc.co.kr)

공연기획사측은 난타(亂打)를 한국의 전통가락인 사물놀이 리듬을 소재로 주방에서 일어나는 일들이 코믹하게 드라마화되어, 남녀노소 누구나 쉽게 즐길 수 있는 한국최초의 비언어극 공연 (non-verbal performance)이라고 주장한다. 국어사전에는 마구 때림/(운동)테니스 · 배구 · 탁구 따위에서, 카운트나 서브 없이 연습하는 일로 정의되어 있다. 한국적이라는 것은 한국에 알맞고 한국의 특징을 보여 주는, 또는 그런 것으로 정의되어 있다. 여기에서는 '난타는 한국적인 대표 문화상품이다'라는 명제를 전제로 분석해보고자 하였다.

첫째, 난타공연은 참이다. 우리나라 전통 가락인 사물놀이 리듬을 소재로 하고 있으며, 제작 목표는 '가장 한국적인 것이 가장 세계적인 것이다'라는 모토로 기획되었다는 것이다. 지난 17년 동안 전 세계 48개국, 285여개 도시에서 총 4만여 회를 넘는 공연기록을 가지고 있다. 2009년 10,000회 공연 돌파를 하면서, 한국적인 대표성을 관객들로부터 인정받았다고 할 수 있다. 한국 최초의 비언어극(non-verbal performance)에 해당된다. 이것은 난타공연이 한국적인 대표 문화상품임을 보여주는 것이 사실임을 알 수 있다.

둘째, 난타공연은 처음부터 국내보다는 세계 공연을 목표로 기획되었다. 한국적인 요소들을 서양적인 것으로 특히, 소품에 있어 전통적인 요소를 부분적으로 배제하고 의도적으로 대체를 하였다는 것이다. 연주도구나 출연자의 복장은 한국적이 아닌 것일 뿐만 아니라 비트 또한 지나치게 작위적인 것은 한국적인 것과는 다소 차이가 있다는 것이다. 즉, 김치, 고려인삼, 탈춤, 판소리와 같은 전통성과 역사성을 지닌 문화상품과는 차이가 난다는 것이다. 난타가 한국적인 대표 문화상품이라고 하는 것은 거짓에 해당된다는 것이다.

cf) 한국적인 문화상품 : 한류, 김치, 고려인삼, 탈춤, 판소리

셋째, 난타는 참 같은 거짓이다. 난타공연은 창작품이지만 영국의 유명한 〈STOMP〉[5]팀의 컨셉에서 아이디어를 도출하여 발전시켰다는 것이다.

난타공연은 2012년 11월 기준, 국내외 총 관람객 700만 관객을 돌파하였지만, 평가를 보면 외국인들은 난타를 한국적인 것이라기보다는 동양의 비트가 주는 차이, 신기함 등에 관심을 가진다는 것이다. 이는 기획 아이디어에서부터 비평가의 평론을 보면 난타가 한국적인 대표 문화관광상품 같지만 사실 그렇지 않다는 명제가 성립되는 것이다.

넷째, 난타는 거짓 같은 참이다. 관객이 직접 무대에서 전통혼례 참여하는 등 높은 관객 참여도를 보여주는 강점이 있다. 또한 해외에서 '쿠킨(COOKIN)'이라는 타이틀로 공연하고 있으며, 2004년 3월 오프브로드웨이 아시아 최초로 전용관 개관하였다는 것은 난타가 한국적인 대표 문화상품이 아닌 것 같아 보이지만 사실이다는 것이다.

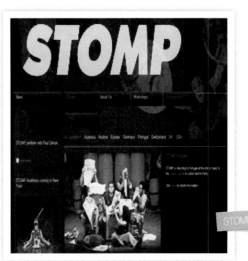

5. STOMP : 영국 유명 논버벌 뮤지컬 공연팀으로 웨스트엔드나 브로드웨이 등에서 인정받은 팀. 신문, 빗자루, 의자, 쓰레기통, 지포라이터 등을 활용하여 힘 있고 신나는 비트와 리듬을 이미 만들어 냄.

한국방송영상산업진흥원 (2008). 한류의 지속적 발전을 위한 종합조사 연구. p.14.

Boniface, P. (2013). Managing quality cultural tourism. Routledge.

Cooke, P., & De Propris, L. (2011). A policy agenda for EU smart growth: the role of creative and cultural industries. Policy Studies, 32(4), 365-375.

Crang, M. (2014). Cultural geographies of tourism. The Wiley Blackwell Companion to Tourism, 66-77.

Goodall, B., & Ashworth, G. (Eds.). (2012). Marketing in the tourism industry: The promotion of destination regions (Vol. 1). Routledge.

Tsang, N. K. (2011). Dimensions of Chinese culture values in relation to service provision in hospitality and tourism industry. International Journal of Hospitality Management, 30(3), 670-679.

Zhang, H. Y., & Wang, Z. Y. (2010). Research on Industrial Convergence Development of Tourism Industry and Cultural Industry [J]. Resource Development & Market, 4, 012

동양문화와 서양문화

4 Chapter

여행은 일상에서 영원히 탈출하는 것이 아니다.
좀 더 새로워진 나를 만나는 통로이며,
넓어진 시야와 마인드 그리고 가득 충전된 에너지를 가지고
일상으로 돌아오게 하는 것이다.

– 아네스 안〈여행길에서 찾은 지혜의 열쇠 프린세스 심플 라이프〉 중

●● 문화의 차이는 타문화권으로의 이동을 부른다! ●●

'이타적'이라는 말을 할 때 여자는 주로 남을 대신해 고생하는 것을 뜻하며, 남자는 남에게 고통을 주지 않는 것을 뜻한다. 그렇기 때문에 서로 근본적으로 이기적이라 생각한다.

George Bernard Shaw(조지 버나드 쇼)

A woman means by unselfishness chiefly taking trouble for others; a man means not giving trouble to others. Thus each sex regards the other as basically selfish

남자와 여자가 다른 것처럼 동양과 서양은 다르다. 문화는 서로 다름을 인식하고 인정하는 것으로부터 타문화를 바로 보게 된다.

관광은 즐거움(pleasure)를 찾아 여행하는 것(travelling for pleasure)이라는 일반적인 현상으로 설명할 수 있다. 여기에서 여행이라는 단어가 함축하고 있는 '회귀'의 의미에 주목하고자 한다. 회귀(回歸)란 본래의 자리로 돌아오거나 돌아감이라는 주요한 뜻을 지니고 있다. 즉, 관광은 회귀를 전제로 일상권에서 비일상권으로의 이동의 개념을 전제로 하고 있음을 알 수 있다. 이러한 이동의 행동이 발생하는 장소가 동일한 문화권에서 동일한 문화권으로의 이동은 상대적으로 일상성을 유지할 수 있지만, 동일 문화권에서 타 문화권으로의 이동은 상대적으로 비일상성을 지닌 상이한 문화접촉으로 인해 다양한 다른 반응을 예상할 수 있다. 이러한 반응은 눈에 보이는 물리적 반응에서부터 눈에 보이지 않는 정신적 심리적 반응에 이르기 까지 다양하게 표현된다. 문화충돌 이나 문화융합은 이러한 많은 부분을 이해하는데 도움이 된다.

본 장에서는 관광객의 이러한 다양한 반응을 이해하고 또 예기치 않는 행동결과에 대한 해결책을 제시하기 위해서는 근원적인 문제인 인간의 이해가 선행되어야 한다. 그러기 위해서는 요람에서 무덤에 이르는 일생의 전과정과 밀접하게 연관된 인생관, 세계관, 종교관에 직간접으로 영향을 미치게 되는 우주관과 물질관을 통하여 문화차이를 이해해야 한다고 생각된다. 이는 향후, 관광목적지를 방문하는 관광객과 지역주민, 관광객과 관광객, 관광객과 지역종사원(contact person)과 진정한 상호이해를 형성하여 올바른 관광문화를 정착시켜 나가는데 도움이 될 것이다.

본고에서는 이러한 문화차이를 동양과 서양이라는 이분법적 사고로 접근해보고자 한다. 물론 동양과 서양의 경계는 모호하다. 여기에서 동양은 한국-중국-일본을, 서양은 미국-캐나다-유럽이라는 대표성을 부과한다. 연구의 한계로 인해 이러한 접근은 문화에 대한 차별성과 우월성을 내포하고 있다고 생각한다. 또한 본 장은 동과 서 그리고 EBS 다큐멘터리 동과 서[1]의 내용을 전제로 문화관광학적 관점에서 현상을 재해석하고 제언을 담고 있음을 밝힌다.

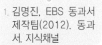

1. 김명진, EBS 동과서 제작팀(2012). 동과 서. 지식채널

동서양의 문화차이는 우주관에서 명확히 볼 수 있다. 우주관의 경우, 서양인들은 예로부터 우주공간이 텅 비었으며, 우주(宇宙)란 텅 빈 공간에 별(星)들이 떠있는 것이라고 생각하였다. 따라서 별은 주변과 관계없이 독립적인 개체로 존재한다고 믿었다. 반면 동양인들은 이 우주공간이 기(氣)로 가득 찼다고 믿고, 기가 모여서 사물을 이루고, 사물과 사물은 주변의 기와 항상 연결된 상태로 존재라고 생각하였다. 즉, 우주는 모두 변화하는 존재라고 보고, 상호작용으로 나타나는 결과물이라고 생각하였다.

이러한 우주관은 물질과 물체에 관한 동질성에 대한 기준이 전혀 다름을 말하며, 물체를 인식할 때에도 이러한 차이가 명백히 드러난다.

문화 차이의 실험

사진과 같이 동일한 높이의 물체 3개(파란색 플라스틱 원기둥 1개, 목재 색채의 원기둥 1개, 목재 색채의 네모난 기둥 1개)를 동양인과 서양인을 대상으로 보여 주면서 '어떤 것이 목재 원기둥과 유사하느냐'는 질문을 하는 실험을 실시하였다. 그 결과 서양인은 모양이 유사한 파란색 원기둥을, 동양인의 경우는 네모난 기둥을 선택하였다. 이러한 실험결과는 물체를 중심으로 생각하는 서양인은 물체를 중요시 하고, 동양인은 물질을 중요시 한다는 것을 볼 수 있다.

일상생활에서도 서양의 언어는 대부분 단수와 복수에 대한 구별이 잘 발달되어 있다고 한다. 영어의 경우, 명확하게 특정 사과를 지칭하면서 '이 사과를 먹어라' 하는 식으로 말해야지 그냥 '사과 먹어라'고 한다면, 소통의 장애가 예상된다는 것이다. 따라서 영어식 표현에서는 이것을 분명하게 말해주지 않으면 안 된다. 서양인은 사물의 개체성을 강조하기 때문이다. 따라서 전체(全體)라는 개념도 낱개의 개체들이 하나하나 모여서 이루어진 집합으로 간주하기에 collection이라는 용어를 사용하는 것과 같다.

반면, 동양의 언어에서는 단수와 복수를 일일이 구분하지 않는다. 예를 들면, 중국어에서는 굳이 영어식처럼 '하나의 오렌지를 먹어라'라고 말하지 않는다. 중국어에서는 문맥을 통해서 추론하도록 습관이 되었기 때문에 특별히 강조할 필요가 없다. 따라서 동양인에게 전체란 개체성이 없는 하나의 덩어리와 같은 상태, 즉 일체의 상태인 oneness를 의미한다.

모든 물체를 상호작용의 결과로 보는 동양인과 물체가 개별적으로 존재하는 고정적인 의미로 바라보는 서양인의 상이한 우주관은 일상생활에서도 다양하게 관찰되어진다. 예를 들면, 미술관에 걸려 있는 어떤 그림이 초원에 있는 풀을 뜯고 있는 코끼리가 그려진 작품이라고 가정하면, 동양인은 초원과 코끼리를 함께 즉, 전체를 하나의 그림으로 바라보게 되지만, 서양인은 코끼리, 초원, 사물 등 각각 분리하여 개별적으로 본다는 것이다.

또한 카페에서 커피를 마시게 되는 경우, 커피를 더 마실 것인가를 묻는 상황에서도 서양인은 "more coffee?"라고 물어보는 반면, 동양인은 "더 마실래?"라고 묻는다. 개체성을 중시하는 서양에서는 명사를 사용하고 관계성을 중시하는 동양에서는 동사를 사용하게 된다.

우주관처럼 인간관에서도 동양인과 서양인의 차이를 볼 수 있다. 동양인은 모든일(사건)이 생기는 이유는 수많은 원인과 결과가 복잡하게 얽혀있기 때문이라고 생각한다. 따라서 동양인은 어떤 사건이 발생했을 때 서양인보다 훨씬 더 많은 양의 인과관계를 고려한다. 즉, 동양인들은 한 개인은 사회의 전체적인 맥락에 속해있기 때문에 그 맥락 속에서 일어나는 조그만 원인(변화)이 행동에 영향을 미쳐 그 결과, 일이 생긴다고 생각하며, 그렇기 때문에 다양한 요인들을 고려해야 한다고 생각한다. 반면에 서양인들은 한 개인은 전체적인 맥락과는 독립적인 완결된 주체로 보기 때문에 그 사람에 한정하여 인과관계를 분석하는 것만으로도 충분한 설명이 가능하다고 본다.

판단의 기준에 대한 관점에서 볼 때, 서양인은 그 기준을 자신의 내면에서 찾는다. 자신에 대해 평가할 때에도 다른 사람의 생각과 관계없이 자신의 경험과 지식을 종합하여 결정을 한다. 즉, 서양인들은 자신의 행위기준이 자기 내부에 있으며, 특히 자신의 감정에 충실하는 것이 중요하다고 생각한다. 그래서 자신이 기분이 좋고, 어떤 대상에 끌리면 그렇게 행동을 하게 된다. 반면에 동양인은 자기 자신을 사회로부터 독립된 존재로 인식하지 않기 때문에 내가 처해있는 사회의 관습이나 규범, 역할 이런 것들로부터 자기행위의 정당성이 온다고 믿는다. 따라서 끊임없이 내가 속해 있는 사회에 포함된 다른 구성원들, 어른들, 상사들, 동료들이 어떻게 보는가가 내 행위의 정당성을 담보해준다고 보기 때문에 끊임없이 자신을 주변 사람들과 비교하려고 한다. 자신의 개인적 감정보다는 자기가 속해 있는 사회의 집단적 가치를 중요시 생각하게 된다.

관광목적지는 비일상권이며 일탈성을 보이는 공간이기에 동양인과 서양인의 행동이 어떻게 표출되느냐를 관찰할 수 있는 중요한 장소가 된다. 대부분의 경우, 서양인은 자신의 감정표현을 자유롭게 하는 반면, 동양인은 주변의 시선을 끊임없이 의식하면서 감정표현을 자제하며, 절제하는 모습을 보이게 된다.

또한 동양과 서양의 차이는 물질관에서도 분명히 드러난다. 서양인은 어떤 사물의 원인이 그 사물의 내부에 내재되어 있다고 믿는 경향이 있다. 사물을 쪼개고 또 쪼갰을 때 더 이상 쪼갤 수 없는 물질을 원자라고 불렀는데, 영어의 'atom'이라는 단어의 어원이 'uncut' 즉, '더 이상 쪼갤 수 없다'는 의미를 지니고 있다. 이처럼 서양에서는 모든 현상의 원인이 사물의 내적인 속성에서 비롯되었다고 생각해왔다. 아리스토텔레스의 물리학에서도 사물의 움직임은 순전히 사물 자체의 속성으로 설명하고 있다. 예를 들면, 돌을 물에 떨어뜨리면 가라앉게 되는데 이것은 원래 돌 자체에 가라앉으려는 힘이 내재되어 있기 때문이라고 하였다. 그런데 나무를 물에 떨어뜨렸더니 그 나무가 물에 뜨자 원래 나무가 물에 뜨는 힘을 내재하고 있었기 때문이라고 설명했다. 물론 이런 설명은 현대 물리학에서는 완전히 오류로 증명되었다. 중력의 현상으로 설명되어지며, 중력은 물체에 내재된 힘이 아니라 물체 간의 관계 속에서 발생하는 힘이기 때문이다.

따라서 서양인은 현상의 원인이 사물의 개체 속성에 내재되어 있다고 생각을 하는 반면, 동양인은 맥락을 중시해 주변의 상황에 현상의 원인이 있다고 본다. 이처럼 서양인은 개체성을 중요시 하며, 동양인은 주변상황과의 관계성을 중시한다.

원인과 결과로 인해서 생긴다는 뜻으로 불교에서는 '연기(緣起)'라는 단어를 사용하고 있다. 그런데 번역하면서 동양인은 동사적 의미가 강한 'arising'이라고 하는 번역한 반면, 서양인은 고전적 의미의 존재한다는 뜻인 'being'으로 인식한다는 것이다.

동양인들의 행동은 맥락 속에 영향을 받아 일어난다고 한 반면, 서양인들은 어떤 현상의 원인이 그 사물에 존재해있다고 믿었다는 것이다. 예를 들어, 관광목적지에서 주민을 만나 목적지로 어떻게 가는지 물었을 때, 친절한 답변을 하면 관광객은 '그 사람은 참 친절하다'하는데, 이는 서양인들은 '친절함(kindness)'이 그 사람 속에 내재되어 있었기 때문이라고 생각하는 반면, 동양인은 관광객-주민 그리고 주변 환경과의 관계에서 친절한 행

사진찍는 다양한 모습

위가 일어난다고 보는 것이다.

관광객이 관광지를 방문하면 기념을 위해 어김없이 사진을 남기게 된다. 카메라로 찍든 휴대폰으로 찍든, 직접 찍든, 다른 사람에게 부탁을 하든, 그 결과물이 경관을 담은 풍경사진이 든, 사람이 주가 되는 인물 사진이든 그 사진을 통하여 재미있는 문화적 차이점을 찾을 수 있다. 사진을 유심히 관찰하면 동양인과 서양인의 문화적 차이가 명백히 드러나는 것을 볼 수 있다. 즉, 서양인은 배경보다는 중심인물에 초점을 맞춰 사진을 찍는 경향을 보이는 것이다. 배경에 동행이 있든, 독특한 관광매력물이

사진을 누가 찍었을까?

사진을 찍은 사람은 서양인 동양인?

있든 별로 신경을 쓰지 않고, 주인공의 표정을 중심으로 담아내는 사진이 대부분을 차지한다는 것이다. 반면에, 동양인은 중심인물과 주변 환경을 고려하여 주인공과 동행인, 또는 다른 매력물과의 관계를 고려하여, 사진에 담으려고 한다는 것이다.

이러한 특징은 문화관광목적지의 대표적인 매력물인 미술관. 그곳에 소장된 서양과 동양의 인물화를 통해서도 그 차이를 확연히 볼 수 있다. 동양은 인물과 배경을 고려하여 중심인물의 머리부터 발까지 그리고 배경을 고려하여 인물

남명 조식선생

미켈란젤로

을 묘사하지만 서양은 얼굴에 집중하여 인물화를 그린다는 것이다.

관광목적지의 아름다운 경관을 담은 경관사진을 통해서도 서양과 동양의 차이를 볼 수 있다. 사진을 찍을 때에도 서양인은 눈높이에서 동양인은 조감도와 같이 공중에서 내려 보는듯한 사진을 찍는다. 즉, 서양은 인사이더(insider)시점을 취해서 자기 자신이 세상의 중심이라고 생각하며, 내 생각이 다른 사람과 동일하다고 인식을 하게 된다. 반면 동양인은 아웃사이더(outsider)시점을 취해 자신마저도 배경의 일부로 생각한다. 즉, 관계적 투사로 타인의 관점에서 바라보므로 주변을 배려한다는 인식을 가진다고 할 수 있다.

구체적으로 설명을 하면, 동양인은 상대방을 중심으로 바라본다는 것으로 내가 상대방의 입장이 된 다음 상대방의 관점에서 대상을 바라보는 것을 의미한다. 이렇게 상대방이 중심이 된 시각을 '아웃사이더 관점' 또는 '3인칭 시점'이라고 부른다. 아웃사이더 관점을 가진 동양인들은 상대방의 생각과 감정에 집중한다. 그래서 상대방의 생각과 감정을 내가 잘 파악하고 느낄 수 있다. 이를 관계적 투사라고 한다.

반면에 서양인은 자신의 입장에서 대상을 바라본다. 이렇게 자기가 중심이 된 시각을 '인사이더 관점' 또는 '1인칭 시점'이라고 한다. 이것은 내가 생각하고 느끼고 원하는 대로 세상을 보는 방식을 말한다. 인사이더 관점을 가진 서양인들은 자기 자신의 생각과 감정에 집중한다. 그래서 다른 사람도 자기처럼 생각하고 느

insider 사진

사진을 누가 찍었을까?

낀다고 믿는다. 이를 자기중심적 투사라고 한다.

지금까지 동양과 서양이라는 이분법적 관점에서 문화의 차이가 존재함을 이야기하였다. 그러나 앞서 언급한 것처럼 이러한 관점의 한계를 명확히 언급하였다. 첫째, 지구촌의 전체 문화를 동양과 서양으로 구분할 수 없다는 것과, 둘째, 그 문화권에 있는 모든 사람이 전부 그렇다는 아니다는 것이다. 예를 들면, 아프리카와 아랍의 문화는 어디에 속할 것인가 등이다.

최근 우리 사회에서 증가하고 있는 국제결혼은 이러한 문화차이가 있음에도 불구하고, 새롭게 융합된 문화를 보여주는 사례가 되고 있다. 서로의 문화차이를 인정하고, 그 문화의 장점을 취하고, 단점은 극복하면서 '새로운' 문화를 만들어가고자 하는 노력등을 볼 수 있다. 다문화가정은 우리사회가 타 문화를 어떻게 받아들이고 대응하는가를 보여주는 가장 기본적인 단위임을 인식해야 한다. 다문화에 대한 우리의 올바른 인식공유를 통해 우리나라의 문화경쟁력을 제고시킬 것이라고 생각한다. 서로 다른 문화에 대한 이해는 우리 주변에 있는 다문화에 대한 관심을 기울이는 것부터 시작하는 것이 바람직하다.

시간과 공간은 그러한 차이로 인해 목적지에 고유한 역사를 만들었고, 그 지역사람의 독특한 흔적들을 만들어 내었다. 그 환경 속에서 그들만의 문화가 탄생하였고, 고유한 정체성을 지니면서 타 문화와 구별을 가능하게 하였다. 관광은 그러한 타 문화권으로의 이동을 전제로 하고 있다.

관광은 서로 다른 문화를 찾아 떠나는 여행이지만, 또한 사전에 문화충격을 예상하고 떠나는 여행이기도 하다. 관광을 통해서 상이한 문화의 접촉지역이 되는 관광목적지는 현지의 지역주민과 관광객의 수없이 많은 접촉의 순간들(moments of contacts)을 통해서 언어적 비언어적 소통으로 이어지게 되며, 이러한 '접점'은 지역과 국가라는 물리적 경계를 뛰어넘어 다양한 문화전파의 기회를 제공하는 장이 되어진다. 관광은 이러한 문화교류를 활성화시키는 중요한 메카니즘이 된다.

관광의 한자어인 '觀光'은 '빛(光)을 본다(觀)'는 문자적 의미를 지니고 있음을 알 수 있고, 여기에서 '빛(光)'의 뜻이 타문화권의 문물을 나타내고 있음을 볼 때, 관광은 기본적으로 타 문화체험이 내재되어 있음을 볼 수 있다.

글로벌문화관광은 지구촌의 타 문화권으로의 여행을 통해서 지구촌에서의 인간과 자연, 인간과 인간 간의 일상의 삶의 궤적을 경험하면서, 상호이해를 통한 인류애의 구현임을 알 수 있다. 관광은 결국 현재의 이동을 제한하는 국경(border)의 한계를 너머, 관광객이 어느 나라 어느 목적지로던지 이동할 수 있는 자유를 얻는 것이 궁극적으로 관광객의 이상이 실현되는 것이 아닐까.

알아보기

목적지의 문화를 체험할 수 있는 좋은 기회! 홈스테이.
글로벌문화를 경험하고 싶다면 이번 여행은 그 목적지에 있는 홈스테이를 해보는 것은 어떨까?

홈스테이

Aknin, L. B., Barrington-Leigh, C. P., Dunn, E. W., Helliwell, J. F., Burns, J., Biswas-Diener, R. & Norton, M. I. (2013). Prosocial spending and well-being: Cross-cultural evidence for a psychological universal. Journal of Personality and Social Psychology, 104(4), 635.

Betancourt, H., & Lopez, S. R. (1993). The study of culture, ethnicity, and race in American psychology. American Psychologist, 48(6), 629.

Brah, A., & Minhas, R. (1985). Structural racism or cultural difference: schooling for Asian girls. Just a bunch of girls, 16.

Durgunoglu, A. Y., & Verhoeven, L. (Eds.). (2013). Literacy development in a multilingual context: Cross-cultural perspectives. Routledge.

Espinoza, M. M. (1999). Assessing the cross-cultural applicability of a service quality measure a comparative study between Quebec and Peru. International Journal of Service Industry Management, 10(5), 449-468.

Giroux, H. A., & McLaren, P. (Eds.). (2014). Between borders: Pedagogy and the politics of cultural studies. Routledge.

Gold, N., Colman, A. M., & Pulford, B. D. (2014). Cultural differences in responses to real-life and hypothetical trolley problems. Judgm. Decis. Mak, 9, 65-76.

Greenfield, P. M., & Cocking, R. R. (Eds.). (2014). Cross-cultural roots of minority child development. Psychology Press.

Hu, J. B., Zhou, W. H., Hu, S. H., Huang, M. L., Wei, N., Qi, H. L., ... & Xu, Y. (2013). Cross-cultural difference and validation of the Chinese version of Montreal Cognitive Assessment in older adults residing in Eastern China: preliminary findings. Archives of gerontology and geriatrics, 56(1), 38-43.

Kim, Y., Sohn, D., & Choi, S. M. (2011). Cultural difference in motivations for using social network sites: A comparative study of American and Korean college students. Computers in Human Behavior, 27(1), 365-372.

Kitayama, S., King, A., Yoon, C., Tompson, S., Huff, S., & Liberzon, I. (2014). The Dopamine D4 Receptor Gene (DRD4) Moderates Cultural Difference in Independent Versus Interdependent Social Orientation. Psychological science, 25(6), 1169-1177.

Koenig, B. A., & Gates-Williams, J. (1995). Understanding cultural difference in caring for dying patients. Western Journal of Medicine, 163(3), 244.

Lai, L. C., Cummins, R. A., & Lau, A. L. (2013). Cross-Cultural Difference in Subjective Wellbeing: Cultural Response Bias as an Explanation. Social indicators research, 114(2), 607-619.

Lamb, M. E. (Ed.). (2013). The father's role: Cross cultural perspectives. Routledge.

May, S. (1999). Critical multiculturalism and cultural difference: Avoiding essentialism. Critical multiculturalism: Rethinking multicultural and antiracist education, 11-41.

Pennycook, A. (2014). The cultural politics of English as an international language. Routledge.

Posner, D. N. (2004). The political salience of cultural difference: Why Chewas and Tumbukas are allies in Zambia and adversaries in Malawi. American Political Science Review, 98(4), 529-545.

Reisinger, Y., & Turner, L. W. (2003). Cross-cultural behaviour in tourism: Concepts and analysis. Elsevier.

Saunders, L. (1954). Cultural difference and medical care: the case of the Spanish speaking people of the Southwest.

Wan, X., Velasco, C., Michel, C., Mu, B., Woods, A. T., & Spence, C. (2014). Does the type of receptacle influence the crossmodal association between colour and flavour? A cross-cultural comparison. Flavour, 3(1), 3.

Ward, C., & Kennedy, A. (1993). Where's the" culture" in cross-cultural transition? Comparative studies of sojourner adjustment. Journal of Cross-Cultural Psychology, 24(2), 221-249.

Wu, M. S., Schmitt, M., Zhou, C., Nartova-Bochaver, S., Astanina, N., Khachatryan, N., & Han, B. (2014). Examining Self-Advantage in the Suffering of Others: Cross-Cultural Differences in Beneficiary and Observer Justice Sensitivity Among Chinese, Germans, and Russians. Social Justice Research, 27(2), 231-242.

http://blog.naver.com/johwong1129?Redirect=Log&logNo=110137797327

http://book.interpark.com/product/BookDisplay.do?_method=detail&sc.prdNo=211360161

javascript:goPermalink('','daojun','permalink','blog','_top','150077974009')

문화·문화관광 접촉:
공존과 충돌

5 Chapter

Like all great travellers, I have seen more that I remember,
and remember more than I have seen.

모든 위대한 여행자들이 그러했듯이, 나는 내가 기억하는 것보다 많은 것을 봤으며,
내가 본 것 보다 많은 것을 기억한다.

– 벤자민

우리는 왜 이 주제에 관하여 관심을 가져야 할까?

관광은 비일상권으로의 이동을 포함한다. 즉, 관광객은 자신이 생활하는 일상의 친숙함(familiarity)과 다른 환경으로 이동하여 그곳에서 다양한 직간접적 문화접촉을 경험하게 된다. 관광목적지와의 접점의 순간, 자신에게 익숙하지 않은 문화와 환경이 주는 물리적 인문사회적 영향을 받아들이면서 관광객의 마음은 일순간 혼란을 겪게 된다. 자신을 둘러싸고 있는 다양한 자극에 대하여 내면의 복잡한 지각-인지의 과정을 거치면서 수용과 저항의 행동적 반응을 나타내게 된다. 문화충돌은 그 행동반응의 과정에 해당된다.

그럼에도 불구하고, 우리는 비일상권으로 관광을 간다. 왜? 이동의 욕구가 본능적인 욕망이기 때문인가? 아니면 TV나 인터넷 등 미디어나 매체를 통해 보던 것을

바티칸의 시스티나 예배당 천정 벽화

자신의 눈으로 직접 확인하고 싶어하는 호기심의 발동인가? 그렇다면 결국 관광은 문화충돌에 대한 욕구가 되지 않겠는가?

01 문화의 만남

1. 문화접촉

문화접촉이란 외래문화의 직 · 간접적 접촉을 통해 문화의 내용이 변동하는 것을 말한다. 대부분 우연적이거나 일회적이며, 혹은 오랜 단절 후에 다시 맺어지는 불규칙성을 띠기도 한다. 종종 미지 세계로의 탐험, 항해 등을 통해 형성되는 문화접촉은 초기에는 상호우호적인 접근 양상을 보인다. 개인적 접촉과 관련하여 관광, 유학, 이주, 혼인 등이 있으며, 국가 단위의 접촉으로는 전쟁, 군사적 점령, 식민정책 등이 있다. 또한 지식전파, 외교 · 대중커뮤니케이션, 집단이주, 선교 등도 문화접촉에 해당되어진다. 이러한 '문화접촉'과 관련하여 문화적 관계를 그 성격에 따라 '문화충돌'과 '문화공존'으로 구분하고자 한다.

문화충돌은 대부분 초기에는 상호우호적인 문화접촉으로 시작되다가 시간이 경과하면서 상호 이해관계의 결렬로 인해 무력충돌이나 적대적 관계로 비약되는 경우를 말한다. 반면에 문화공존은 상이한 문화 특성을 지닌 양자 간 서로의 고유한 정체성을 인정하면서 적절한 균형을 유지하고 상호 이해관계를 바탕으로 상호 교류를 통하여 지속적인 접촉을 하면서 보다 나은 단계로 발전하는 경우에 해당된다.

2. 문화전파

문화접촉을 하지 않아도 외래문화의 내용이 전파되어 문화변동을 유발하는 경우가 있는데 이를 문화전파라고 한다. 신화와 설화의 전파, 책이나 선물 등의 방법으로 전파되는 경우가 많다. 또한 문화전파는 속성에 따라 다음과 같이 구분할 수 있다.

문화전파의 종류

직접전파
- 두 문화 체계 사이의 직접적인 접촉에 의한 전파로, 교역으로 새 물질이나 새로운 지식을 전하거나 부족 간의 통혼으로 풍속이나 제도를 수용하는 것, 부족 간의 의례적인 방문으로 노래와 춤 등을 전파하는 것

직접 전파
인적 요소에 의해
두 문화의 직접적 접촉이 이루어지는 사례이다.

- 예 인도네시아가 힌두교를 받아들였고 그 뒤에 이슬람교를 받아들인 것, 에스파냐에 정복당한 멕시코 인디언들이 가톨릭을 받아들인 것

간접전파
- 대중매체를 통한 정보 · 사상 · 관념 등의 전파로, 선교사 · 무역중개인 · 교육자 · 여행자 등에 의해서 받아들여짐

간접 전파
인쇄물이나 대중 매체 등 매개체를 통해
문화 간 접촉이 이루어지는 사례이다.

- 예 페니키아 무역인들인 셈족으로부터 알파벳을 희랍에 전한 것, 십자군이 서구문화를 이슬람 사회에, 그리고 아랍 문화를 서구에 가져온 것, 현대의 선교사가 서구문화를 비서구문화지역에 전한 것

자극전파
- 문화요소의 전파가 발명을 자극한 것으로, 문화의 구체적인 내용이 전해지지 않고 일반적인 개념만 전파되어 발명을 자극하는 것

자극 전파
다른 사회의 문화 요소로부터
아이디어를 얻어 새로운 발명이 일어나는 사례이다.

- 예 남의 나라 문자를 빌어서 자기 나라의 말을 표현하는 차자법, 훈민정음 이전의 문자로 한문을 빌려 우리말로 표기한 이두

계층 팽창 전파
- 지리적 접근성과 상관없이 일련의 순서나 위계질서, 계층성을 통해 문화가 확산되는 것
- 상류층에서 하류층으로, 수도에서 지방으로, 고차 중심지에서 저차 중심지로 확산되는 과정이 해당
- 예 영국에 홍차가 수입되었을 때 선택적으로 런던의 귀족들이 먼저 수용한 뒤 점차 서민들에게로 보편화된 것

재위치 전파
- 인간 집단이 거주지를 이동할 때 자신들이 가진 문화를 새로운 거주지에 이식하는 유형
- 예 에이즈(AIDS, 후천 면역 결핍증)는 원숭이의 피를 최음제로 이용하는 문화적 관습으로 사람에게 전염되면서 아프리카 대륙 전체로 퍼져 나감, 중남부 아프리카를 방문한 유럽인과 콩고에 파견 나온 아이티의 선원들이 에이즈에 감염되어 자국으로 돌아간 뒤부터 이 병은 여러 대륙으로 퍼지기 시작

출처: http://100.naver.com/100.nhn?docid=750754

직접전파의 대표적인 사례로는 K-pop과 드라마, 온돌 등의 한류열풍을 들 수 있다. 한류 열풍은 초기 일본, 중국을 시작으로 동남아를 넘어 유럽을 거쳐 북미와 남미 전역에 '한류 열풍'을 일으키고 있다. 한국 문화에 대한 선호 현상을 포괄적으로 나타낸 말인데, 1996년 중국으로 수출한 한국드라마가 인기를 얻으며 쓰이기 시작한 말로써 세계인들의 한국에 대한 관심을 제고시켜 우리의 문화를 전파하는데 아주 중요한 역할을 하고 있다.

직접전파 간접전파 자극전파는 외재적 요인에 의한 문화변동을 말한다. 외재적 요인이란 다른 사회의 문화체계와 접촉 또는 교류 과정에서 문화변동을 초래하는 요인이 전달된다는 것이다.

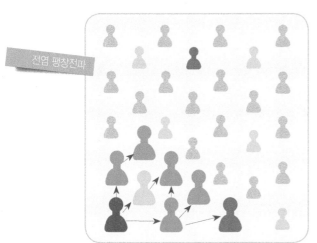

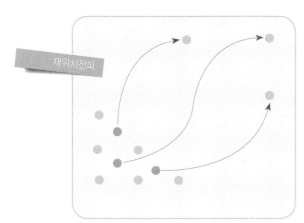

출처 : 전국지리교사연합회(2011), 살아있는 지리 교과서, 휴머니스트

문화접촉이나 문화전파는 결국 문화변동을 유발하게 된다. 시간과 공간이 그러한 변동의 제약요인이 되기도 하고, 변동의 발전 계기를 마련하기도 한다. 또한 최초 맞이한 한 개인에 한정된 현상으로 그치기도 하고, 집단 전체에 영향을 미치기도 한다. 때로는 어떤 사회에서 지역으로 더 나아가 국가로 확산되기도 한다. 시간과 공간을 넘나드는 문화간 접촉이 활발한 현대 사회에는 문화변동의 양상이 더욱 다양화되고 그 속도도 더 빨라지고 있다.

문화변동의 사례로 발명과 발견을 생각할 수 있다. 발명은 기존의 물질적 또는 비물질적 요소들을 조합하거나 변형하여 새로운 것을 만들어낸다. 반면 발견은 이미 존재하고 있지만 아직 세상에 알려지지 않았던 사실을 알아내는 것이다. 따라서 발명과 발견은 내재적 요인에 의한 문화변동 현상에 해당된다. 여기에서 내재적 요인은 한 사회의 문화체계 내부로부터 문화변동을 초래하는 요인이 발생한다는 것이다. 그러므로 발명과 발견은 문화의 발전이 새로운 요소를 허용할만한 단계에 도달하기 전에는 일어나지 않는다. 즉, 일정한 수준에 도달하면 즉, 동 시대 사람들의 욕망과는 관계없이 누군가에 의해 새로운 요소가 발생할 것이다. 그래서 우리는 우리 시대와 다음 시대에 나타날 발명과 발견을 기대하게 된다.

다가가기

문화교섭학은 문화현상을 이해하는데 많은 도움을 줄 것이다. 일본 간사이대학의 문부과학성 글로벌 COE프로그램의 일환으로 만든 전공으로 동아시아 문화교섭학 교육연구거점 형성을 목표로 하고 있다. 간략히 소개하고자 한다.

"문화교섭학(文化交涉學)이란 국가·민족이라는 분석단위를 넘어, 동아시아라는 일정한 범주 안에 있는 문화복합체를 상정하고, 그 내부의 문화생성·전파·접촉·변용 등의 총체적인 문화교섭 양상을 다각적이고 종합적인 입장에서 해명하고자 하는 새로운 학문연구 분야라고 정의하고 있다.

기존의 문화교류연구에서는 국가 단위가 연구의 범위로 전제되어, 예컨대 일중교류사와 같이 두나라 간의 문화교류라는 틀 안에서 연구가 진행되고 있는 실정이다. 앞에서 비록 두 나라라고는 하였으나, 개별적인 연구는 각각 일본과 중국이라는 국가적인 틀에 얽매여, 경계를 초월한 종합적인 연구 조직·연구 영역으로는 아직 형성되기 어려운 실정이다. 동아시아 세계에 대해서는 국가적인 틀을 초월한 시각으로서 동아시아 문명·동아시아 문화권이라는 개념이 이미 존재하고 있지만 이러한 문명론 · 문화권이라는 전제를 무비판적으로 받아들인 연구는 문명 · 문화의 중심이 되는 고도의 문명을 안이하게 설정하고 있다는 점에서 '문명−미개' · '중심−주변'이라는 도식에서 벗어나지 못하고 있다. 그러므로 쌍방향적인 문화교섭의 본질이 파악되지 못하고, 물이 높은 곳에서 낮은 곳으로 흐르는 것처럼 '중국에서 주변 각국으로의 문화전파'라는 일방통행적인 이해에서 벗어나지 못한 채, 문화접촉의 다양한 모습을 평면적으로 파악하는데 그치고 있다.

문화교섭학은 이와 같은 동아시아 문화 연구에 대해 기존의 문화교류 연구 성과를 발판으로 삼아 더 높은 학문연구 단계로 비약시키기 위해 준비된 곳이다. 이를 실현하기 위해서는 국가를 단위로 한 연구의 틀, 그리고 각 학문분야별 경계를 의식적으로 뛰어넘을 필요가 있다. 물론 문화교섭 연구에 포함되는 주제가 다종다양하지만, 포괄적인 연구의 축으로서 우리는 '매개를 통해 본 문화교섭의 제양상' · '문화접촉과 그 영향의 지역성' · '타자가 본 문화상과 정체성'등을 상정하고 있다.

또한 동아시아를 대상으로 하는 이번 연구 프로젝트에서는 문화의 중심을 고정적으로 설정하지는 않을 것이다. 그리고 한 나라, 한 지역의 문화를 타자로부터 분리시켜 고립적으로 탐구하는 방법 역시 취하지 않을 것이다. 한 나라의 문화연구, 또는 한 나라 대 한 나라에 한정된 문화연구의 지평을 넘기 위해서는 동아시아를 끊임없는 문화접촉의 연쇄를 통해 구축된 문화적 복합체로서 설정하고, 인문학의 다양한 관점에서 그것을 파악해야 할 것이다. 이로소 동아시아에서 일어난 문화교섭의 다양한 모습을 충분히 이해할 수 있을 것이며, 이는 기존과 다른 일신(一新)된 동아시아 세계 문화상으로 귀결될 것이다. 그리고 이와 같은 시도야말로 현대 동아시아에 가장 필요한 문화연구임이 틀림없을 것이다."

주목할 것은 문화교섭의 개념을 광의적으로 문화접촉, 문화충돌, 문화변용, 문화변형, 문화융합을 포괄하는 문화현상으로 이해하고 있다는 것이다. 또한 문화의 고전적 정의를 이동 즉, 교류를 전제로 하여 현대의 문화현상을 다양한 각도에서 특히 고정된 현상이 아니라 역동적 현상으로 문화현상을 이해하고 해석하려는 노력을 엿볼 수 있다. 물론 동아시아를 연구

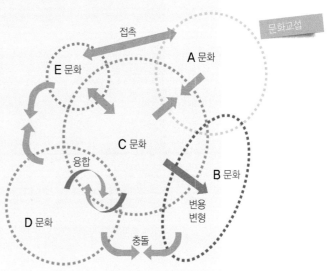

범위로 한정하고 있으나, 향후 우리나라에서도 문화교섭에 대한 관심을 제고시켜 이에 대한 적극적인 대응과 추후 연구가 필요할 것이다.

출처 : http://www.icis.kansai-u.ac.jp/kr/institute.html

 읽어보기

2011년 유튜브에서 K-POP 동영상을 조회한 횟수가 약 23억 회에 달했던 것으로 조사됐다. 중앙일보 기사에 따르면, 2011년 유튜브의 K-POP 동영상 조회수 자료(SM · YG · JYP 엔터테인먼트 기준)에 따르면, 유튜브에 올려진 K-POP 가수들의 뮤직비디오 등 각종 동영상은 지난해 1월 1일부터 12월 5일까지 전세계 235개국에서 22억 8665만여 번 조회된 것으로 나타났다.

출처 : http://article.joins.com

3. 문화접변

문화접변은 문화접촉과 문화전파에 상관없이 둘 이상의 상이한 문화가 오랜기간 동안 지속적인 접촉이 일어나면 일방 또는 쌍방의 문화에 변화를 초래하는 것을 말한다. 때로는 문화접촉과 문화이입 등과 유사용어로 사용되기도 한다. 문화접변에서는 세가지 형태가 나타날 수 있는데 문화수용, 문화동화, 문화변형이다.

문화수용(convergence)은 둘 이상의 이질적 문화가 접촉을 하면서도 각각 자체 문화의 가치관과 특성을 그대로 유지하면서 한 사회 내 공존하는 문화현상을 말한다. 문화수용의 사례로 Valentine's Day와 결혼예식문화를 들어 설명해보자.

전자는 로마의 성인 밸런타인 주교가 순교한 날을 기념하는 데서 유래하여 세계 각지에서 남녀가 서로 사랑을 맹세하는 날로써의 의미를 지니고 있다. 우리나라에서는 '여자가 남자에게 초콜릿을 주는 날'로 인식하는데, 일본에서 전해진 문화를 잘못 수용한 예가 된다. 1936년 일본의 한 제과업체의 밸런타인 초콜릿 광고를 시작으로 "밸런타인데이=초콜릿을 선물하는 날"이라는 이미지가 일본에서 정착되기 시작했으며, 1960년 일본의 한 제과점이 여성들에게 초콜릿을 통한 사랑고백 캠페인이 계기가 되어 일본식 밸런타인데이가 정착되어 우리 사회에 공존하고 있다.

후자의 경우, 우리나라의 웨딩문화는 일제 강점기 때 수용된 문화로써 일본이 우리나라를 통치하면서 현재의 예식문화가 생겼다고 한다. 일본이 우리나라 사람

예식장과 예식문화

밸런타인데이와 초콜릿

들을 관리대상으로 인식하여 주례도 일본순사가 보았다고 한다. 또한 예식장에서의 결혼식과 그에 앞서 간혹 행해지는 약혼식 뿐만 아니라 신혼여행 또한 개화기 이후 일본문화와 서구문화가 유입되면서 정착된 근대적 특성이다. 그러나 결혼예식 가운데 함들이, 폐백, 이바지 등은 전통적인 혼례문화를 병행해서 이루어지므로 현재의 결혼예식은 문화접변의 대표적 산물이라고 할 수 있다.

문화동화(assimilation)는 여러가지 독특한 하위문화를 가진 집단이 그 사회의 지배문화로 통합되는 현상을 의미한다. 예를 들면 미국문화의 이민자 집단을 이야기할 수 있다. 문화동화에는 3가지 유형이 있다.

문화동화의 유형	
일방적 동화	지배적 문화가 타문화를 자신의 문화로 편입시키고자 할 때 나타나며, 다소 강압성을 띄기에 피지배 문화의 저항이나 반발이 발생할 가능성이 높음 예 일제시대의 식민지 정책 : 일명 '한민족 말살정책'으로서, 문화 말살 정책을 통해 한민족의 존재 자체를 왜곡하고 일본 역사에 편입하려는 정책
자발적 동화	일방적 동화와 달리 하위문화가 지배문화 속에서 적응하고자 할 때 나타남 사회에 적응하기 위해 교육을 받고 소통을 하는 과정에서 자연히 지배문화로 편입하여 저항, 반발이 적음 예 미국 이민자들이 영어를 배우고 미국사회에서의 예절과 관습을 익히며 적응하는 것, 우리나라에 온 이주 외국인들이 한국어를 배우거나 한국인과 결혼하여 가정을 꾸리는 것
문화탈락 (deculturation)	문화동화를 통해 일부 하위문화는 고유한 특성을 잃고 지배문화에 완전히 통합되는 현상 호주나 중국에서의 동화 정책으로 인한 원주민/소수민족 언어 멸종 사례들이 문화탈락에 포함 예 호주에서는 1970년대 강력한 동화정책의 여파로 400여 가지의 원주민 언어가 사라져 현재 25가지만 사용되고 있으며, 중국에서는 소수민족 동화정책으로 수많은 토속어가 사라지는데 반해 표준 중국어는 더욱 더 늘고 있음

강제적 문화동화의 사례로 미국의 개척역사 초기 백인들은 인디언 침략 후 자신들의 문화가 인디언의 문화보다 우월하다고 믿고 인디언들을 미국 문화에 동화시키는 일을 당연한 것이라 여겼다. 미국인으로서 자격을 부여하는 정책을 통해 인디언을 흡수, 동화시키려 하였다. 이러한 현상은 호주 원주민인 애버리진과 백인들과의 관계에서도 발생하였다.

또 다른 사례로 한국에 오랫동안 지낸 외국인들로 국제결혼증가, 한국에 대한 호기심으로 인해 한국으로 온 외국인들이 한국음식에 동화되어 자국의 음식보다 선호하게 되는 것들도 문화동화의 긍정적 영향이라고 할 수 있다.

문화변형(transculturation)은 두개의 이질문화가 오래 접촉하는 동안 각각 본래의 원형을 잃고 새로운 문화를 창조하는 현상이다. 필리핀(The Philippines) 영어가 문화변형의 사례가 될 수 있다. 필리핀에는 원래 따갈로그어 라는 언어가 있었지만, 19세기 미국의 식민지배를 받으면서 영어를 사용하기 시작하면서 필리핀 영어가 만들어졌다. 지금은 전체적인 큰 틀에서는 영어이지만 또 영어와는 다른 새로운 필리핀식 영어가 된다.

4. 문화지체

문화지체는 문화변동시 문화내용의 모든 측면이 같은 속도로 변하지 않고 한 측면은 빠르게 다른 측면은 느리게 변하기 때문에 생기는 문화의 부조화현상이다. 가치관의 변화가 일어난다고 해도 그 변화가 기술의 속도를 따르지 못하는 것을 말한다. 현대 교통수단의 필수품이 된 자가용, 그러나 차량의 수는 갈수록 증가하지만 교통질서의식이나 건전한 교통문화가 정착되지 않는 것이 그 사례가 된다. 또한 에너지소비량은 증가하지만 과도한 에너지소비에 따른 환경의 영향 즉, 지속가능한 환경의 유지가 미래세대를 위해서도 필요하다는 인식의 확산은 빠르게 이루어지지 않는다. 한편, 과학기술의 발달로 인해 서양의학과의 접촉이 일상화되어 있지만 여전히 전통적인 민간치료요법이나 대체요법 등이 공존하는 것도 그 예가 된다. 그리고 인터넷환경은 하루가 다르게 빠른 속도로 발전하는데 반해 익명성을 무기로 하는 저급한 욕설이나 사이버테러가 만연하는 등의 현상도 문화지체에 속한다고 할 수 있다.

IT 업체에서 일하는 평범한 직장인이자 가장인 이모(31)씨. 그에겐 생후 50일 된 딸이 있다. 지난달 24일 오후 6시. 서울역은 하루를 마감하는 사람들로 복잡했다. 이씨는 지상 역사로 올라가는 에스컬레이터 앞에서 서성대고 있었다. 주변을 두리번거리던 그는 자신의 손가방 지퍼 사이에 스마트폰을 끼웠다. 카메라 렌즈를 하늘로 향한 채였다. 그의 앞으로 보라색 미니스커트 차림의 20대 여성이 지나갔다. 이씨는 이 여성을 따라 에스컬레이터에 몸을 실었다. 그는 스마트폰을 숨긴 가방을 여성의 치마 쪽으로 슬그머니 집어넣었다. 스마트폰에서 불빛이 반짝였다. 동영상이 촬영되고 있다는 신호였다.

같은 시각 서울역에선 서울지하철경찰대 소속 경찰관 3명이 잠복근무 중이었다. 이들은 이씨의 수상한 행동을 지켜보고 있었다. 정 경사가 스마트폰 앨범을 내밀었다. 보라색 스커트를 입은 여성의 치마 속이 찍힌 동영상이 재생됐다.

지난달 24일부터 27일까지 나흘간 몰카를 전문적으로 단속하는 지하철경찰대를 동행 취재했다. 취재 결과 다른 사람의 신체를 몰래 찍는 몰카(몰래카메라) 범죄는 매일 곳곳에서 벌어지고 있었다. 경찰청이 민주당 유대운 의원에게 제출한 국정감사 자료에 따르면, 올 상반기에만 전국적으로 2132건(피해 여성 수 기준). 하루 평균 12명의 여성이 몰카 범죄에 당하고 있다. 몰카 범죄는 2008년 953건에서 지난해 3314건으로 3.5배 늘어났다.

중앙일보 2013년 10월 10일자 기사.

02 문명 충돌과 문명공존

일상생활에서 우리는 직접 또는 간접적으로 다양한 유형의 충돌을 경험하게 된다. 이러한 충돌의 가장 기본적인 이유는 서로 다름에 대한 인식의 부재와 인정의 여부에 따른다고 한다. 인정의 여부는 또한 문화권 보다 나이에 따라, 남녀에 따라, 또 여러 가지 개인적 특성이나 개인이 소속한 집단의 여러 가지 문화적 영향에 따라 다를 수 밖에 없다. 본 장에서는 인정여부에 대한 것 보다는 인식의 부재에 초점을 맞추며 이에 대한 해결책을 모색하고자 한다.

많은 경우, 문화와 문명을 잘못 이해하고 있는 경우가 많다. 이러한 오해는 예기

치 않는 충돌을 만나기도 한다. 일반적으로 문화는 내부적인 것을 의미하며, 문명은 외부적인 것을 의미한다고 하나 그 경계는 명확하지 않다. 문명의 정의가 초기에는 고도로 발달한 인간의 문화와 사회를 지칭하기도 하였다. 즉, 문명(civilization)은 라틴어 키비스(civis:시민)나 키빌리타스(civilitas:도시)에서 유래되었고, 현재 주로 사용되는 문명이란 뜻은 18세기쯤에 사용되기 시작한 어휘로서 유럽의 국가 형성과정과 관련된다고 할 수 있다. 특히, 프랑스에서 식민지 개척 과정 중 유럽과 비유럽의 차별성을 강조하고, 제국주의 논리를 확산시키기 위해 '문명'이란 단어를 식민국가

를 대상으로 비문명과 반대논리로 야만성을 부각시키기 사용한 것으로 추정되어진다. 즉, 문명이란 국가와 사회가 물질적 발전과정에서 변화된 모습에 근거하며, 일상생활에서 자연성 보다는 인공성에 더 많이 노출된 것을 의미하는 단어로 이해되어졌다. 현재에는 문명이란 인류가 이룩한 인문학적 물질적 발전으로 형성된 사회현상으로 개념화된다.

문명에 대한 관심에 재점화를 위한 도화선이 된 것은 2001년 9월11일, 일명 911 테러. 아랍무장단체에 의한 미국민과 미국토에 대한 보복성 테러로서 알려져 있으며, 뉴욕과 워싱턴 DC등 주요 도시에서 무수한 인명피해와 도시의 기간시설과 구조를 파괴시켰다. 이 사건은 Samuel Huntington[3]이라는 정치학자의 저서, The Clash of the Civilizations and the Remaking of World Order에 대한 관심을 다시 불러일으켰다. 이 책은 1989년 베를린 장벽의 붕괴와 더불어 진행된 동서유럽간 냉전체제의 종식 이후 세계가 8개의 문명권으로 분열될 것으로 규정하면서 문화와 종교 차이가 냉전시대 이데올로기를 대신해 국제분쟁의 주요 원인으로 부상할 것이라고 주장한 내용이다. 즉, 문명을 서구문명과 비서구문명으로 구분지으며, 문명의 차이가 분열과 갈등의 지배적 원인으로 단정지었다. 그러나 이것은 서구 문명에 의한 지배를 정당화하여 21세기 까지 유지하려 한다는 비판과 더불어, 이슬람 대 비이슬람의 위험이라는 극단적 흑백논리와 더불어 급부상하는 중국을 견제하려는 의도가 있다고 비판받는다.

3. '문명의 충돌' 저자로 유명한 미국 정치학자 새뮤얼 헌팅턴 하버드대 교수는 81세인 2010년3월24일 타계. 고 헌팅턴 교수는 문화와 종교 차이가 탈냉전시대 이데올로기를 대신해 국제 분쟁의 주요 원인으로 떠오를 것이라고 주장한 것으로 유명. 1993년 학술지 'Foreign Affair'에 발표한 글에서 탈냉전시대 세계는 서구와 라틴아메리카, 이슬람과 유교권 등 7~8개의 문명권으로 분열될 것이며, 이들 문명권 간의 경쟁과 충돌은 불가피하다고 주장. 1996년 저서 '문명의 충돌(원제: The Clash of Civilizations and the Remaking of World Order)'은 2001년 '9·11 테러' 직후 서구와 이슬람 세계의 충돌을 예언한 것으로 크게 주목받았다. 당시 전 세계 39개 언어로 번역돼 출간.
또한 2004년 발간한 저서 '우리는 누구인가? 미국 정체성의 도전'을 통해 멕시칸 이주민들의 대거 유입으로 미국의 전통적 정체성이 위협받고 있다고 주장해 논란을 야기. 그는 하버드대에서 2007년 은퇴할 때까지 58년간 강의했고, 미국 정부와 민주주의·정치 발전 등과 관련된 저서를 단독 혹은 공동으로 17권이나 집필.
18세에 예일대를 졸업하고 시카고대와 하버드대에서 각각 석·박사 학위를 취득해 이후 미국을 대표하는 정치학자 겸 교수로 활동했다. 또 하버드대 국제관계연구소장과 존올린전략연구소장, 미국정치학회장 등을 역임했고, 지미 카터 행정부 시절에는 백악관 국가안보회의(NSC) 안보기획조정관을 지냄.
출처: http://biz.heraldcorp.com/view.php?ud=20081229000344

그러나 911테러 이후 〈미국 · 유럽 vs. 이슬람 국가〉의 충돌을 예견하여 새롭게 조명을 받으면서, 마치 예언서처럼 미디어에 노출되므로 인해 문명충돌이라는 용어가 일상생활에 빈번하게 등장하게 되었다.

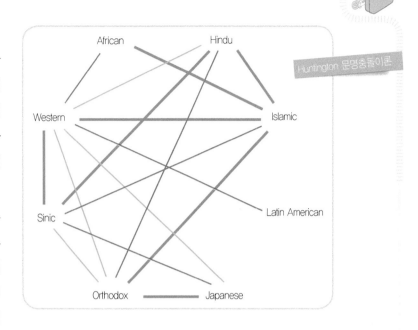

Huntington 문명충돌이론

그러나 이에 대한 반론으로 인류의 종교사를 자세히 살펴보면, 문명충돌을 통한 대립의 시기보다 교류를 통한 공존의 기간이 명확히 존재하였고, 또 더

길었다는 것이다. Ian Almond의 Two Faiths, One Banner(십자가 초승달 동맹 번역)는 유럽 역사를 통해 무슬림과 기독교의 군사적 제휴에 대한 사례를 담고 있다. 스페인, 이태리, 그리스, 헝가리 등 국가들이 공동의 적을 대적하기 위해 어떻게 무슬림과 크리스챤들이 함께 전쟁을 했는지를 보여준다. 이는 이슬람과 기독교가 문명충돌이 역사적으로 지속되어온 문명간 충돌이라는 Huntington의 주장이 허구임을 보여줌

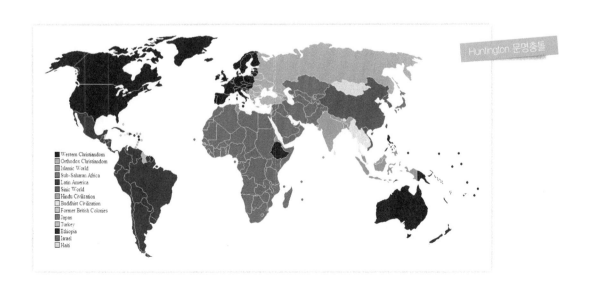

Huntington 문명충돌

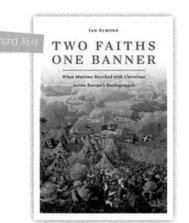

Almond 저서

과 아울러 유럽문명이 기독교 문명으로 대표되는 유럽문명에 무슬림 또한 그 유럽문명의 본질에 있었고, 상호 교류관계가 존재하였음을 보여주고 있다.

　Noam Chomsky 또한 문명충돌론을 비판하였다. Huntington에 따르면, 모든 각각의 개인은 사람들을 통제할 때 사용하는 어떤 패러다임이나 어떤 '큰 것들 (big things)'에 의해서 서로 뭉치게 되며, 궁극적으로 그것이 문명의 충돌을 야기한다고 주장했다. 그래서 이슬람이나 미국이나 서로 다른 모든 것들로 인해 세계가 무질서하며, 세계에는 다양한 인종들이 있고 그 다른 인종들이 서로 전쟁을 하고 죽이기 때문에 충돌한다고 생각했다.

　Chomsky는 이러한 주장에 대해 이렇게 질문을 던지면서 반론을 시작한다. 평소와 마찬가지로 누군가 아주 확실하다고 주장하는 것('진실')에 대해 질문을 던지면서, 문제를 찾는 것도 좋은 방법이 될 수 있다고 전제한다. 첫 번째는 "과연 저 말이 사실인가?"라는 의문 이다. 정말 Hungtington의 말이 사실일까? 지금 현재의 세계가 20년 전보다 훨씬 많은 인종간의 충돌이 일어나고 있는가? 한번 들여다보자.

　Chomsky는 세계에서 일어나고 있는 가장 큰 충돌 중의 하나로 "냉전 cold war"을 원인으로 돌린다. 실례로 르완다에서는 1970년대 초에 이 "냉전"으로 인한 대량학살도 있었다. 그러나 그 당시에는 어느 누구도 문제에 대해 이야기 하지 않았다. 왜냐하면 사람들의 관심이 없었기 때문이다. 하지만 분명히 일어난 일이었다. 현재 일어나는 새로운 충돌들도 "냉전"에 의한 산물들은 많이 있다고 본다. 예를 들면 구 소련의 공산주의 시스템의 산물인 유고슬라비아 내전과 체첸전쟁, 아제르바이젠, 알마니아, 타자키스탄전 같은 것은 전부 새로 일어난 전쟁들이다.

　공통적인 현상은 오랫동안 검증된 국가통제시스템이 붕괴가 되면, 언제나 그 내부에서 충돌이 일어날 수 밖에 없다는 결과의 산물이다라는 것이다. 유럽제국의 흥망사도 동일한 결과였다. 이 모든 붕괴의 구조는 현 시대 일어나는 이슬람 국가들도 동일한 궤를 그리고 있다. 대부분의 예는 오히려 붕괴의 상황이 더 악화되어 있다. 위의 사례들을 비교해보면, 결론적으로 Huntington 주장의 사실적 근거는 매우 희박하다는 것을 알 수 있다.

　문명충돌론에 대한 비판을 하면서 문명의 공존을 주장하는 Harald Muller가 있다. 문화적 요소보다 인종적 요소가 더 많은 영향을 끼치고 있으며 이는 문명의 충돌이 아니라 국가의 충돌이라고 주장한다. 그는 Hungtington의 세계관은 너무 종교적이며 모든 갈등의 문제가 종교적 원인이라고 보기에는 한계가 있다고 지적하면서, 민족대립, 영토문제 등 다양한 요소가 내재되어 있어 충돌을 야기시키는 것으로 보고 있다. 그리고 향후 인권문제와 환경문제가 새로운 화두로 떠오를 것이지만, 이러한 갈등은 문명의 공존을 통해서 해결될 것으로 보고 있다. 국가간의 경제는 점점 긴밀히 연결되고 국가는 경제로써 묶여갈 것이라고 전망하였으며, 특히, 관용과 여성의 권익 증가를 강조하였다. 앞으로는 초국가적인 NGO의 활동이 문명의 대화와 공존을 이끌어내는데 큰 비중 차지할 것으로 주장하면서, 동시에 경제증가, 커뮤니케이션 발달, 인구이동은 이러한 문명공존을 가능케 할 것이라고 하였다. 그리고 Huntington의 종교성 보다는 종교를 초월한 보편적 가치가 있다고 하였다. 그러나 그의 이러한 주장은 분명 문명의 공존을 설명해주지만, 자국의 안보와 관련하여 딜레마를 안고 있는 한계점을 보이고 있다. 즉, 어떤 국가가 안보상의 위험에 직면할 때, 국제사회에서 강력하게 제재 등 심판할 기구가 없다는 것이다(이라크전쟁의 경우, UN – 미국의 전쟁 정당화에 이용). 즉, 자국의 방위는 자극이 해야한다는 것이다.

03 　문화충돌과 문화공존

　문명과 문화의 차이점을 외부와 내부적인 것으로 영역과 그 영역의 경계를 중심으로 구분하여 서술하였다. 전술한 내용이 문명에 관한 것이었다면, 본 장은 문화에 관한 충돌과 공존에 관하여 기술하고자 한다.

먼저, 문화충돌과 관련하여 개인이 속한 사회에서 일상생활 가운데 나타나는 현상과 관련하여 이해하고자 하였다. 그 사례로 유럽에서의 Hijab에 대한 금지법안 추진과 Hollywood에서 만든 영화를 통해서 그 단면을 비추었다.

1. 문화충돌

유럽은 다양한 인종과 다양한 문화, 그리고 다양한 종교가 집합을 이루고 있는 각각 다른 나라이지만 EC라는 하나의 거대한 공동체로 이루어져 있다. 화폐로 통일된 공동체이지만 화학적 통합은 이루어지지 않고, 각 국가가 자신의 고유한 정치 시스템을 유지하면서 역사적인 바탕 위에 독특한 문화를 유지하고 있다. 그러나 단일 공동체 내에서 끊임없이 발생하는 문화충돌은 사회의 갈등요인을 유발시키고 있다. 특히, 프랑스가 그 중심에 있다. 다음은 프랑스내에서 일어나고 있는 최근의 심각한 충돌을 사례로 들면서 그 해결책을 모색해보고자 한다.

첫째, 911테러로 인한 기독교와 이슬람의 문명충돌에서 시작된 불편한 관계는

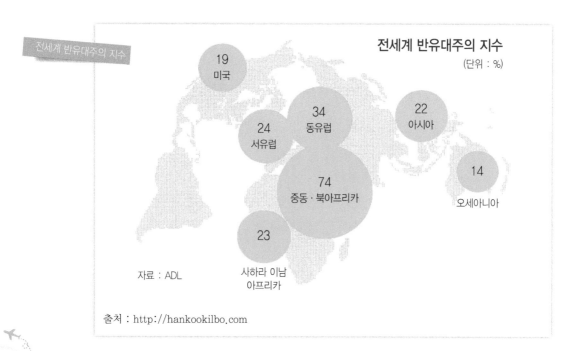

전세계 반유대주의 지수

전세계 반유대주의 지수
(단위 : %)

19
미국

34
동유럽

22
아시아

24
서유럽

74
중동 · 북아프리카

14
오세아니아

23
사하라 이남
아프리카

자료 : ADL

출처 : http://hankookilbo.com

유럽의 무슬림 문화에 대한 경각심으로 새로운 라운드를 맞이하였다. 2010년도 초부터 유럽 전역에서 무슬림에 대한 경각심이 일어나기 시작하였다. 특히 무슬림 여성들의 전통복식인 Hijab 착용에 대한 금지법안이 각국으로 확산되고 있다. 2010년 4월 프랑스 정부가 이슬람 여성의 전통 복장인 부르카를 공공장소에서 입지 못하게 하는 법안을 추진하기로 했다. 여성의 존엄성을 해치는 것이기 때문에 공공장소에서 베일 착용을 금지해야 한다는 취지로 관련 법안을 6월쯤 의회에 제출될 예정이라고 하였다. 위법시 150유로(23만원정도) 유로의 벌금형이 내려지거나 시민교육을 받게 한다는 것이다. 법안 지지자들은 니캅과 부르카가 여성에 대한 억압의 상징이며, 테러 방지 등 공공안전을 위해 필요하다는 입장인 반면, 국제 앰네스티 등 인권단체들과 무슬림 단체들은 부르카 착용금지가 무슬림에 대한 차별적 처사일 뿐만 아니라 이슬람 사회 전체에 대한 낙인효과가 있다고 반발하고 있다. 또한 벨기에서도 부르카 착용 금지 법안이 의회 표결에 부쳐질 예정이었지만, 연립 정권이 붕괴하면서 일단 표결은 미뤄졌다. 2011년 스위스는 부르카 착용 금지 법안을 가결시키기도 하였다. 이처럼 유럽 각국이 부르카를 금지하려는 이유로 여성의 인권을 내세우고 있지만, '반이슬람 정서'가 깔려 있다는 분석이 많다.

둘째, 유럽에서 유대인들이 가장 많이 거주하는 프랑스에 '반유대주의' 바람이 불고 있다고 한다. 2014년 6월 19일(현지시간) 미국 워싱턴포스트(WP)는 "프랑스에 반유대주의가 새롭게 뜨고 있다"며 "코미디언인 디외도네가 만들어 유행시킨 인사법이 전역에 퍼지고 있다"고 전했다. 이 인사법은 독일 나치 경례의 손 방향을 바꾼 동작으로, 반유대주의를 상징한다. 아프리카계 프랑스인인 디외도네는 자신의 공연에서 "오늘날 가스실이 없는 게 슬프다"는 식의 농담을 해 유명세를 탄 인물이다. 반유대주의 발언을 일삼아 인종차별금지법 위반 등으로 벌금 6만5290유로(약 9500만원)가 부과됐으며 그의 공연이 물의를 빚자 프랑스 당국은 지난 1월 "유대인에 대한 혐오를 조장한다"며 공연을 금지하기도 했다.

프랑스사회의 반유대주의는 통계 수치로도 확인된다. 2014년 1~3월 프랑스에서 일어난 반유대주의 관련 폭력 사건은 140건으로, 2013년 같은 기간보다 40% 증가했으며 유대인 차별 반대 단체인 ADL(Anti-Defamation League)의 설문 조사 결과, 프랑스인 37%가 반유대주의적인 것으로 확인됐다.

이에 대해 WP는 "프랑스에서 반유대주의가 점점 사회적으로 용인되고 있다"며 "무슬림 인구 증가로 인한 갈등 심화와 국민전선 같은 극우 정당의 득세, 이스라엘의 대팔레스타인 정책에 대한 분노 등이 주된 원인"이라고 분석했다. 이어 "올해 프랑스를 떠나는 유대인은 적어도 5000명에 이를 것으로 예상된다"고 덧붙였다.

또한 2014년 7월 발생한 이스라엘의 가자지구 공격(아래 그림 참조)으로 팔레스타인 사망자가 500명을 넘으면서 프랑스에서 유대인들에 대한 적대 행위가 증가하고 있다. 7월 22일(현지시간) 일간지 르피가로 등 프랑스 언론에 따르면 지난 20일 파리 북부의 사르셀에서는 이스라엘의 가자지구 공격에 반대하는 반 이스라엘 시위가 벌어졌다. 시위가 과격화하면서 마스크를 쓴 젊은이들은 이날 밤 사르셀 시내에 있는 유대인 소유 상점을 약탈하고 자동차들을 불태웠다. 경찰은 최루탄과 고무탄을 사용해 시위대를 해산했다. 경찰은 시위와 상점 약탈에 가담한 18명을 체포해 조사하고 있다.

유대인 단체 관계자는 "최근에 벌어지는 일들은 끔찍하다"면서 "시위대들은 '유대인에게 죽음을'이라고 외치면서 유대교 예배당을 공격하고 있다"고 말했다. 마뉘엘 발스 프랑스 총리는 "유대교 예배당과 상점 공격은 어떤 경우에도 정당화될 수 없다"면서 "사르셀에서 벌어진 행위들은 반유대주의, 인종주의적인 것"이라고 비판했다. 앞서 지난 13일에는 반 이스라엘 시위대가 파리에 있는 유대교 예배당 두 곳에 막대와 의자 등을 들고 몰려가 진입을 시도하다 경찰에 저지되기도

Hijab의 종류

Hijab

Niqab

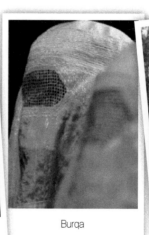
Burqa

Tchador

했다. 프랑스 정부는 파리 등 과격 시위가 우려되는 지역에서 시위를 금지했으나 19일에도 파리에서 수천 명의 시위대가 반 이스라엘 시위를 벌였다. 야당은 정부가 평화적인 반 이스라엘 시위를 불허하면서 시위가 과격화하고 있다고 비판했다. 이에 대해 베르나르 카즈뇌브 프랑스 내무장관은 "시위를 금지했다고 폭력사태가 발생한 것이 아니라 폭력사태 때문에 시위를 금지하게 된 것"이라고 반박했다.

프랑스에서 벌어지고 있는 반유대주의에 대하여 독일, 프랑스 및 이탈리아 외무장관들은 2014년 7월 22일 이스라엘의 가자 공격 이후 각국에서 증가하고 있는 반유대주의 시위와 폭력 사태를 비난했다. 이들은 이런 움직임을 막기 위해 모든 일을 할 것이라고 다짐했다.

"반 유대인 언사와 유대인에 대한 적대 행위, 유대교 신자와 회당에 대한 공격 등은 우리 사회에서 발 붙일 자리가 없다"고 독일의 프랑크-발터 슈타인마이어 외무장관, 프랑스의 로랑 파비우스 외무장관과 이탈리아의 페데리카 모그에리니 외무장관은 브뤼셀에서 공동 성명을 통해 강조했다.

3국 장관은 시위자들의 표현의 자유와 집회의 권리를 존중하겠지만 또한 "반유대주의, 인종차별주의 및 외국인 혐오주의로 선을 넘는 행동과 발언"과는 모든 수단을 써서 싸울 것이라고 말했다.

이와 같이 유럽 문화의 중심인 프랑스 내에서도 시기에 따라 또는 국제정세에 따라 문화적 차이가 수용되지 못하고 갈등이 분출되면서, 대립과 반목은 이어질 수밖에 없으며, 극단적으로 소속된 공동체나 사회, 심지어 국가를 떠나는 현상으로 치달을 수 있음을 보여준다.

문화충돌의 해결책을 모색하기 위해 Hollywood 영화 〈Spanglish〉를 살펴보고자 한다. 미국에서는 2004년 12월, 한국에서는 2005년 4월에 개봉된 영화로써 타이틀인 Spanglish는 스페인어(Spanish)와 영어(English)의 합성어에 해당된다. 영어(English)와 스페인어(Spanish)의 언어 체계의 전이 현상으로 두 언어를 부분적으로 섞어쓰는 말하기 방식, 혹은 보통의 언어가 사람이 사는 지역에 따라 다르게 변하는 것을 말한다. 예를 들어, 미국내에 거주하는 라틴계 인구나 아르헨티나에 거주하는 영국계 인구는 매우 다양한 형태로 스팽글리시를 구사한다. 스팽글리시는 혼합어이나 비공식적인 언어이며 엄격하고 명확한 법칙이 존재하는 언어는 아니다.

이 영화는 타이틀에서도 알 수 있듯이, 미국과 멕시코의 문화적 차이를 잘 드러낸 코미디 영화로써 호평을 받았다. '스팽글리쉬'를 통해 한 가정에서 언어장벽이 유발할 수 있는 혼란뿐만 아니라 두 문화의 여러 문화적 충돌현상을 그려내고 있다. 그러나 이 영화는 문화충돌의 과정을 통해서 오히려 두 가정이 자신의 정체성과 가족의 의미를 찾아가는 것을 보여주고 있다.

우선 이 영화를 제대로 관람하기 위해서는 미국문화에 대한 이해가 선행되면 좋다. 미국내 Hispanic계는 자신들의 문화적 정체성을 매우 강하게 유지하면서, 미국문화에 많은 영향을 미치고 있다. 전 세계에서 스페인어를 사용하는 국가는 30개국이 넘는 가운데, 미국은 전 세계에서 멕시코, 콜롬비아 다음으로 많은 인구가 스페인어를 사용하는 나라이다. 특히, 50개주(states) 가운데 남부에 위치한 주들은 공공기관의 공문서는 영어와 스페인어로 된 두 종류의 공문서들을 동시에 구비해두고 있다. 뿐만 아니라 대부분의 080-전화일 경우, 스페인어와 영어 가운데 하나를 선택할 수 있도록 하고 있으며, 기업의 경우, 마케팅 차원에서도 이러한 현상은 다양하게 관찰되어진다. 또한 인구통계기관에 따르면, 2050년에는 '라티노' 인구비율이 미국 전체인구의 30%에 이를 것으로 예상하고 있다.

알아보기

믿는 여성들에게 일러 가로되 그들의 시선을 낮추고 순결을 지키며 밖으로 드러나는 것 외에는 어떤 유혹하는 것도 보여서는 아니 되니라 그리고 가슴을 가리는 머리수건을 써서…믿는 사람들이여 모두 하나님께 회개하라 그리면 너희가 번성하리라(쿠란, An-Nur-24:31).

그렇게 함이 가장 편리한 것으로 그렇게 알려져 간음되지 않도록 함이라 실로 하나님은 관용과 자비로 충만하심이라(쿠란 33:59).

히잡(머리에 덮는 스카프)에 대한 오해

이슬람과 무슬림에 대한 일반적인 개념들이 오늘날의 대중매체에서 계속해서 반복되고 있다. 이 대중매체 속에서 베일을 쓴 무슬림 여성들은 전형적으로 부당한 모욕을 당하고 있다. 한편의 무슬림 여성들은 억압과 착취를 당하고 있는 것처럼 보여지며, 다른 한편의 무슬림 여성들은 광신도이거나 근본주의자로서 비춰지고 있다. 그러나 사실은 양쪽 묘사 모두 크게 잘못된 것이며 정확하지 못하다. 그러한 묘사들은 히잡에 대한 이들 여성들의 특별한 감정들을 곡해하는 것일 뿐만 아니라 히잡을 쓰는 이들 여성들의 용기와 히잡이 그들에게 수여하는 정체성을 인정하지 않는 것이다. 또한 여성들이 히잡을 쓰도록 강요당한다는 믿음도 이들 그릇된 통념가운데 하나이다. 이중 어느 것도 사실과는 거리가 멀다.

무슬림 여성의 선택

Fayetteville, Arkansas대학의 영어와 중동학과의 부교수인 Mohja Kahf는 "나는 히잡이 하나님을 기쁘게 하는 것이라고 믿고 있습니다. 그렇지 않다면 그것을 쓰지도 않을 것입니다. 나는 히잡에 어떤 깊이 있는 아름다움과 위엄이 갖추어져 있다고 믿습니다. 그것은 내 인생에 행복과 아름다움의 차원을 가져다주었고 언제나 나를 매료시킵니다."라고 한 인터넷 기사에서 말했다.

"나에게 히잡은 하나님이 주신 하나의 선물이예요. 히잡은 하나님에게 더 가깝게 다가갈 수 있는 기회를 가져다주기 때문이지요. 히잡이 더욱이 중요한 것은 내가 한 명의 무슬림으로서 인정받고 인내할 수 있는 기회를 제공해 준다는 것입니다."라고 Maryland, Rockville의 18살 소녀 Fariha Khan은 말했다.

그러나, 이러한 인식과 함께 여성들은 이슬람과 무슬림의 눈에 보이는 대표자로서 막대한 책임감을 지닌다. 히잡을 쓴 무슬림 자매는 어디를 가든지, 무슬림에게는 물론이려니와 비 무슬림에게조차도 이슬람을 믿는 사람으로 여겨진다. 이슬람과 무슬림에 대해 그릇된 관념이 팽배한 나라에서, 무슬림 자매들은 이슬람을 진실한 조명아래 보여줄 기회를 갖게 된다.

내면의 히잡

그러나 히잡과 관련된 가장 큰 책임은 히잡이 단순한 스카프 이상이라는 것을 이해하는 것이다; 즉 내면의 정절이 중요한 문제라는 얘기다. 내면의 도덕 체계는 외면에 보이는 스카프에게 의미를 부여한다. 이것은 여느 무슬림 여성의 전체적인 행동처신—어떻게 행동하는지, 어떤 옷을 입는지, 어떤 말을 하는지 등—으로부터 알 수 있다. 무슬림 자매는 오직 내면화된 정숙을 외부의 히잡을 통해 보여줄 때에만, 선지자(평화가 그분에게 깃들기를)가 정해놓은, 그리고 그 친구들이 따랐던, 미(美)의 예가 될 수 있다.

"히잡은 어떤 수준에서는, 그것 자체로 단지 한 조각의 헝겊에 불과하지요. 나는 우리가 히잡을 여성의 도덕적 가치나 신앙심의 수준의 전체적인 지표로 간주해서는 안 된다고 생각합니다. 그것은 도덕적 가치나 신앙심의 수준을 둘러싸고 있는 배경—에티켓, 행실—이라고 할 수 있으며 그 에티켓이나 행실이 히잡에 의미를 부여합니다."라고 Kahf는 말했다.

21살의 Saba M. Baig는 New Jersey, New Brunswick, Rutgers대학의 현 대학원생이다. Baig가 17살 있었을 때, 그녀는 히잡을 쓰는 것에 대해 심각하게 고민했었다. 지금도 그녀는 내면의 히잡을 배우는 과정에 있다고 생각한다. "내가 가장 크게 깨달은 바는 히잡이 내 머리 위에 쓰는 단순한 스카프가 아니라, 내 심장을 덮는 베일 그 이상이라는 것입니다." "히잡은 외부의 덮개 그 이상입니다. 그것은 모든 것 중 쉬운 부분의 하나죠. 히잡은 정숙함을 가지고 해야할 것이며, 여러분 자신을 표현하는 길이기도 하지요."라고 baig는 말했다.

"이 세상에서, 나는 한 명의 무슬림이 되는 것보다 더 나은 것을 생각해 낼 수 없습니다. 히잡을 쓰는 것은 나의 이런 생각을 보여주는 것이며, 항상 이런 생각을 내 자신에게 다시 상기시켜 줍니다. 나에게 히잡은 정말로 중요한 것이며, 그것을 썼을 때 히잡은 나의 전부가 됩니다." Khan은 말했다.

"불행하게도, 히잡은 또한 그것의 우울한 면을 가지고 있습니다: 여러분은 히잡으로 인해 차별을 당하거나 마치 억압받고 있는 사람으로 취급될 수도 있습니다... 나는 하나님을 위해 히잡을 씁니다. 다름 아닌 내 자신이 히잡을 쓰기 원하기 때문이죠."라고 Imaan은 말한다. 그녀는 이슬람으로의 개종자이며, 최근 호주에서 공부하고 있다.

남자를 위해 인생을 계획한다?

많은 여성들에게 히잡은, 히잡을 쓰지 않는 여성들과는 달리, 남성들을 위해 그들의 인생과 신체를 다듬고 계획하지 않아야 한다는 것을 끊임없이 상기시켜 준다. "내가 히잡을 쓰기 전에는, 다른 사람들이 어떻게 나를 생각하는 가에 기초해 내 자신을 생각하곤 했죠. 소녀들간에는 너무나 자주, 그들의 행복은 다른 사람들이, 특히 남자들이, 어떻게 그들을 평가하는가에 달려 있다고 생각하지요. 그 이후로 내 자신에 대한 나의 의견은 정말로 많은 변화를 겪었습니다; 나는 자존심을 얻게 되었어요. 다른 사람들이 나를 예쁘다고 여기는가 아닌가는 중요하지 않다는 것을 깨닫게 되었습니다. 내가 내 자신에 대해 얼마나 예쁘다고 느끼는 지가, 그리고 하나님이 나를 아름답다고 생각하신다는 것을 안다는 것이 나를 아름답게 합니다." Baig는 눈을 빛내면서 조용히 말했다.

자, 다음번에 당신이 무슬림을 만난다면, 멈춰서서 그 혹은 그녀에게 이야기를 건네보자!

Hijab (출처: http://www.islamkorea.com/index.html)

다시 부는 반유대주의

"홀로코스트로 600만명이 넘는 유대인이 목숨을 잃고도 유럽의 반(反)유대주의는 죽지 않았다." 대니얼 슈바멘탈 미국유대인협의회 이사는 지난달 29일 미 인터넷 매체 인터내셔널비즈니스타임스 기고문에서 최근 이스라엘의 팔레스타인 공격으로 유럽에서 반유대주의가 확산되는 현상을 이같이 진단했다.

중동 분쟁의 기원은 유럽에 있다는 게 정설이다. 유럽의 뿌리 깊은 반유대주의에 대한 대응으로 유대 국가 건설의 필요성이 제기됐고, 팔레스타인에 이스라엘을 건국하면서 이슬람 세계와 갈등을 빚게 됐기 때문이다. 얽히고 설킨 이스라엘·팔레스타인·유럽의 역사는 유럽을 이스라엘-팔레스타인 분쟁의 소용돌이로 몰아넣고 있다.

최근 프랑스·독일 등에선 1300명 넘는 팔레스타인 희생자를 낳은 이스라엘에 대한 규탄 시위가 잇따른다. 한 달새 영국에서만 100건 이상이 열렸다. 문제는 시위가 '반유대주의'로 변질·확산됐다는 점이다. 시위대는 이스라엘의 팔레스타인 공격이 아닌, 유대인 전체를 증오하고 비난의 대상으로 삼고 있다. "유대인을 가스실로" "유대인에게 죽음을" 같은 구호까지 등장했다.

유대인에 대한 공격은 무력 행사로 발전하고 있다. 지난달 26일 프랑스 툴루즈의 유대인센터는 팔레스타인 지지 시위 후 소이탄 공격을 받았다. 20일엔 1만 5000명의 유대인이 거주해 '리틀 예루살렘'으로 불리는 파리 북부 사르셀에서 유대인 소유의 식료품점과 약국이 불탔다. 앞서 파리 중심부의 유대교 회당도 공격받았다. 독일에서는 지난달 29일 부퍼탈의 유대교 회당에 화염병이 투척됐고, 베를린에서도 18세 유대인 청년이 폭행당했다. 이탈리아에서는 로마의 유대인 거주 지역에서 나치 상징 문양(⟨5350⟩)과 함께 나치의 유대인 박해를 고발한 『안네 프랑크의 일기』는 지어낸 이야기라는 뜻으로 '안네 프랑크 스토리텔러'라는 낙서가 등장했다. 결국 독일·프랑스·이탈리아 외무장관은 "반유대주의와 유대인에 대한 공격은 유럽에 설 자리가 없다"는 성명을 발표했다.

'어두운 과거'를 연상시키는 폭력 사태에 놀란 유럽 국가들은 대책 마련에 나섰다. 무슬림 500만 명이 사는 프랑스에서는 팔레스타인 지지 시위가 금지됐다. 시위가 유대인 폭력으로 이어진다는 우려 때문이다. 독일은 '이스라엘 국기를 불태우지 말 것', '이스라엘에 죽음을 구호 금지' 등 지침을 내렸다.

전문가들은 이스라엘의 공습이 유럽에 잠재된 반유대주의를 표출시키는 계기가 됐다고 본다. 시위대는 "유대인이 아닌 이스라엘의 무자비한 공격을 비난한다"고 주장하지만 실제는 반유대주의를 표출하는 자리가 됐기 때문이다.

중앙일보. 2014.08.01

2. 문화공존

어떤 사회에 외부의 문화요소가 내부 사회로 전파되어 들어오면 대개 문화대체 (acculturation)로 귀결되지만, 종종 문화융합(syncretism)으로 나타난다. 문화융합이란 전통적 문화요소와 새로 도입된 문화요소들이 혼합 및 복합되어 융복합 현상을 보이는 것을 말한다. 전통적으로 문화융합(syncretism)이란 용어는 대부분 종교적 현상이나 종교운동에 쓰이는 용어로써 여러 종교적 전통의 요소들이 섞이거나 조합을 이루는 것을 말한다. 문화융합은 어떤 종교체계가 접촉 중에 있는 다른 종교체계들로부터 끌어온 요소들을 흡수하고 재해석하는 과정에서 나타나는 보편적인 특징이다. 문화융합은 특히 기독교와 원주민 종교의 혼합이라는 종교체계를 만들어 내는 문화적 접촉을 가리키는데 주로 사용된다. 따라서 문화융합은 식민지와 그리고 식민지 이후의 아프리카와 중남미의 종교체계들을 가리키는데 주로 사용되어 왔다.

여기에서 사용한 문화공존은 문화대체와 문화융합을 포괄하는 광범위한 현상으로 서로 다른 문화가 동일한 시간과 공간에서 표현되어지는 것을 말한다. 이러한 문화공존의 대표적인 경우가 다문화에 대한 이해이다. 최근 국제결혼의 비율이 증가하는 이유가 다문화 접촉빈도를 증가시키고, 문화공존에 대한 사회전반적인 시스템의 구축이 요구되는 이유이기도 하다.

예를 들면, 우리 국민이 다양한 문화를 수용하는 정도인 '다문화수용성지수'가 100점 만점에 51.2점인 것으로 나타났다. 여성가족부가 GH코리아에 의뢰해 우리 국민의 다문화수용성지수를 처음 조사한 결과를 2012년 4월18일 발표했다. 이 지수는 한국여성정책연구원이 개발한 36개 항목으로 2011년 12월부터 2012년 1월까지 전국 성인 남녀 2500명을 대상으로 면접조사를 실시해 산출됐다. 조사 결과 어느 국가든 다양한 인종, 종교, 문화가 공존하는 것이 좋다고 생각하는 '문화 공존'에 대해 찬성하는 비율은 36%에 불과했다. 프랑스 독일 등 유럽 18개국은 찬성 비율이 74%였다. 한국의 결혼이민자 수는 점점 많아지고 있지만 외국 이주민 친인척이 있는 집단의 다문화수용성지수도 51.8점에 불과했다. 이 집단에서는 이주민이 한국의 문화와 관습에 순응할 것을 일방적으로 요구하는 정도가 강했다고 보고서는 지적했다.

우리나라에서 문화공존현상을 특정 장소에서 가장 쉽게 볼 수 있는 곳이 인천의 차이나타운이다. 이곳은 다른 나라에 있는 차이나타운과는 근본적으로 형성 구조가 다르다고 한다.

다른 나라의 경우 오랜 세월을 거치면서 최초 노동자부터 근대 중국의 불안한 정국을 피해 이주한 중산층까지 포함하여 중국인 거리가 형성된 것에 비하여, 우리나라는 짧은 기간에 많은 변화를 가져오는 근대화 과정에서 가까운 지리적 거리의 이점을 살려 주로 상업을 위해 이곳에 안주한 분들의 터전이기 때문이다. 인천화교 역사는 약 130년 전인 1882년 임오군란 당시 청나라의 군인과 함께 온 40여 명의 군역상인들이 이 땅에 정착하면서 시작되었다. 이들은 주로 푸젠성, 저장성 등 남방인들로 청나라 군대에 물자를 공급하면서 조선 상인들과 무역도 하였다. 그 후 1884년 4월 "인천화상조계장정(仁川華商租界章程)"이 체결되면서 지금의 인천시 선린동 일대의 5천평 토지에 중국 조계지가 세워

다문화수용성지수 (단위:%)
지수가 높을수록 다문화에 관대함.

연령

20대	30대	40대	50대	60대 이상
53.9	53.2	50.4	49.8	47.6

학력

중학교	고등학교	전문대	4년제 대학교	대학원
45.3	50.3	52.6	54.3	62.5

월 소득

100만 원 미만	45.6
100만~200만 원	49.7
200만~300만 원	51.4
300만~400만 원	51.2
400만~500만 원	51.2
500만~600만 원	53.2
600만 원 이상	51.8

자료 : 여성가족부

졌고 그해 10월 청국 영사관도 이곳에 세워졌다. 중국의 조계지가 생긴 후 중국의 건축 방식을 본뜬 건물이 많이 세워졌기에 이곳이 오늘날 우리가 말하는 "차이나타운"의 최초 형태이다.

최근 정부의 지역특화발전특구정책에 따라 인천광역시와 중구청은 이 지역을 관광특구로 지정하고 정부 예산과 지자체 예산을 집중 투자하여 본격적인 개발을 실시하고 있다. 특히, 관광시설 확충, 상권 활성화를 위한 규제 완화, 중국 상가 조성, 자장면 박물관 조성, 야외문화공간 조성, 테마거리 조성(중국풍 조형물 설치 등), 차이나타운 내 주요 거리 통행 제한, 거리 예술제 실시와 중국어 마을 조성, 기반시설 공사 등 끊임없는 유무형의 관광 인프라 개발과 투자로 경제파급 효과 3000억원과 고용유발 효과 2000명, 한 · 중간 국제교류 증진 등 대내외적으로 큰 성과를 달성하면서 이곳 인천 차이나타운은 과거의 화려했던 영광을 점차 다시 찾아가고 있는 중이다. 2008년 한해 동안 이곳을 방문한 관광객이 215만명에 달했을 정도로 인기

가 날로 높아져 가고 있다.

중국문화의 일부가 우리나라에 공존하는 곳. 차이나타운! 문화공존의 대표적인 관광목적지라고할 수 있다.

인천 차이나타운

다문화주의와 문화다원주의가 전개되고 있는 현재, 문화공존은 어떤 사회의 구성원간 사회공영을 최종 목표로 전제 한다면, 공존의 과정은 구성원간의 공감과 공유의 과정이 요구되어진다. 이는 상생을 통한 조화의 추구라는 소통의 과정이 끊임없이 요구되는 이유가 된다.

문명사를 통하여 우리는 문화의 공존은 그냥 얻어지는 것이 아니라 '공존의 평화'라는 대의명분을 세워가면서 서로 배워 가야할 대상임을 인식하게 된다. 때로는 경쟁을 통해서 배워야 한다. 인내의 과정이 필요한 이유일 것이다. 때로는 희생이 요구되기도 하며, 오랜 시간이 걸리기도 하는 이유이다. 문화공존은 문화충돌의 과정을 통해서 이루어짐을 알아야 한다.

참고로 미국의 Mother Road라 불리는 Route 66(시카고에서 로스앤젤레스에 이르는 미국 최초의 도로로써, 미국 개척의 역사를 담고 있는 도로)을 따라가면서 한인 이민사를 짚어보는 특별기획 프로그램인 Crossing America는 이에 대한 시사점을 준다. 이민 1세, 1.5세, 2세, 세 명이 서로 문화충돌을 경험하면서, 미국에 뿌리내린 한인들의 삶을 직접 탐사하는 다큐멘터리로 미국 LA에서 뉴욕까지 3주간 자동차 여행을 하면서 진행되어진다. 미국한인역사를 문화충돌과 공존의 관점에서 이해하는데 도움이 된다.

04 문화충돌과 관광

"여행은 새로운 문화를 실제 몸으로 접하고 타인의 것을 내 것으로도 만들
수 있는 기회, 타인을 통해서 자신을 들여다보는 존재인 인간에게 여행은
겸허함을 갖게 한다."

비일상권으로의 이동을 통해 타문화의 다양성을 접하는 관광은 문화충돌의 문
제를 야기시키기도 하지만, 또한 그 현상의 해결책을 제시하기도 한다. 즉, 문화충
돌의 동인(動因)과 해결 모두를 제공하는 양면성을 지니고 있다. 이러한 이유는 여행
에 대한 관광객의 지나친 기대와 열망이 여행 출발전 인터넷, 미디어, 구전 등을 통
한 간접지식과 경험으로 인해 실제 목적지 방문시에는 기대불일치에서 비롯된다.
즉, 사전의 간접지식과 경험으로 인한 편견과 지식의 불확실성과 부정확성으로 인
해 현지에서 충돌이 나타나게 된다. 예를 들면, 관광목적지 방문후기를 다룬 페이
스북, 트위트, 블로그, 카페 등의 글, 여행관련 서적들, TV의 관광목적지 소개 등이
이러한 불편한 관계를 유발시키는 원인이 되기도 한다. 그러나 대부분 관광목적지
에 대한 지나친 기대, 불확실한 정보, 생활방식의 차이에 따른 행동과 관습 등으로
관광객과 지역주민이나 지역문화 간에는 문화충돌의 가능성은 상존하고 있는 실
정이다.

왜냐하면, 관광은 비일상권에 존재하는 그 지역문화의 고유한 언어, 풍습, 음식
등 life style을 직접적으로 경험하고 학습하는 과정을 거치기 때문이다. 즉, 관광을
통하여 지구촌의 '다른 (different)' 국가와 민족, 지역사회의 고유한 문화를 체험하며,
타 문화의 고유성과 다양성을 이해하는 중요한 계기가 된다. 그러므로 관광은 국
가간 민족간 지역간 갈등을 줄이고 세계를 평화롭고 조화롭게 이끄는 새 세상만들
기를 위한 중요한 소통채널(communication channel)이 된다.

다음은 관광목적지에서 발생하는 문화충돌을 도식화시킨 것이다.

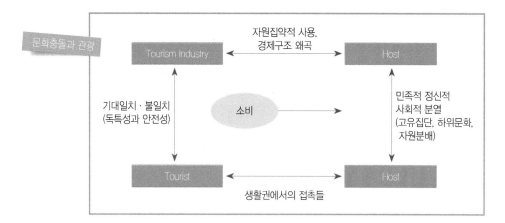

1. 관광객과 지역사회의 충돌(Tourist-Host Conflict)

관광객에게는 관광목적지가 되지만, 지역주민에게는 주민공동체, 마을, 때로는 지역주민 이나 지역의 이익이나 권익을 주장하는 단체나 기구(협회, 재단) 등으로 대표되는 지역사회는 사람과 물리적 환경을 모두 포함하는 Host의 광의적 개념으로 이해하면 된다. 먼저 관광객과 지역사회의 충돌은 관광객의 안전과 직결되는 관광객과 지역경찰, 관광객과 지역의 괴한, 관광객과 지역상권, 관광객과 국가법률체계 간의 다양한 충돌의 사례들을 통해 설명하고자 한다.

사건개요 1

투어뉴스 2012.2.17

우리나라 관광객들이 마닐라 시내에서 현지 경찰이 낀 괴한들에 납치됐다가 수천만원의 몸값을 내고 풀려난 사실이 뒤늦게 알려졌다. 천안시 성환읍체육회 회원 12명(금은방, 칼국수집, 신발가게 운영등)과 인솔자겸 현지가이드를 맡은 최모씨 등 13명은 지난 11일부터 14일까지 3박4일 일정으로 필리핀 마닐라로 여행을 떠났다.

여행을 마친 후, 14일 현지시각 오후 2시10분 비행기로 귀국할 예정이었으나 귀국 직전 오전 10시계 김모(50)씨를 비롯한 4명은 가이드 최씨가 "공항에 가기 전 시간이 조금 있으니 쇼핑하시고 싶은 분들은 함께 가자"는 권유로 쇼핑을 위해 숙소를 나섰다. 이에 가족 선물을 준비하지 못했던 일행 4명이 오전 10시쯤 가이드를 따라 나섰다. 호텔을 벗어나 5~6분을 걸어 큰길에서 좁은 골목길로 접어들자 5~7명의 괴한들이 기다리고 있었다는 듯 권총을 들이대며 승합차로 관광객들을 태워 납치했다는 것

5명의 관광객을 납치한 괴한들은 20여분을 달려 도착한 곳에는 경찰 복장을 한 사람들이 미리 대기하고 있었다. 자신을 '톰'이라고 소개한 50대의 한국인 남자가 나타나 경찰신분증을 보여주며 "당신들을 마리화나를 소지한 마약사범으로 경찰에 체포되었으며, 이대로 있으면, 수년간 감옥에 있어야 한다. 그러니 어떻게든 해결하는게 좋을 것"이라며 마닐라시내 산타크루즈 폴리스스테이션 옆 컨테이너 건물에 관광객들을 억류시켰다.

관광객들은 "마약사범이 아니다"고 주장했지만 괴한들은 주머니에 마리화나를 넣고 꺼내고 "재판을 받으려면 6개월에서 1년이 걸린다"며 보석금 조로 1인당 600만원씩 총 3000만원의 몸값을 요구했다.

이어 '톰'은 일행 중 한명을 호텔로 데려가 나머지 일행들에게 "동료들이 풀려나기 위해선 합의금을 내야한다"고 말하고는 자취를 감췄다. 전후 사정을 전해 들은 일행은 잡혀 있는 동료 3명의 목숨을 구하기 위해 한국에 있는 가족들에게 전화를 걸어 송금을 요청했고, 4명의 몸값으로 2400만원을 송금했으며 이를 받은 괴한들은 납치 9시간만인 현지시각 오후 5시30분께 가이드 최씨를 제외한 4명을 석방했다.

괴한들은 통장송금을 요구하기 전 쇼핑하지 않고 호텔에 남아 있었던 8명의 일행들에게 피랍자 중 1명을 보내 현지에서 3000만원을 마련할 것을 요구했으나 돈이 부족하자 통장 송금을 요구한 것으로 알려졌다.

납치된 일행들이 석방되는 과정에서 나머지 관광객들은 마닐라 한국대사관에 이 사실을 알렸으며 담당영사가 직접 현장에 출동해 부패경찰이 낀 납치극이었음을 확인하고 필리핀 경찰당국에 수사를 요청했다.

7명의 관광객들은 대사관의 도움을 받아 지난 15일 오후 1시쯤 입국했으며, 납치됐던 4명과 나머지 1명 등 5명은 홍콩을 거쳐 같은 날 오후 9시쯤 입국했다. 함께 납치됐던 가이드는 여행사에 소속되지 않은 프리랜서로 활동하고 있으며, 납치된 체육회원들과 다른 비행기로 16일 아침 입국한 것으로 전해졌다.

외교부는 "이번 사건에는 현지 브로커 및 필리핀 경찰 등이 관여했다."며" 필리핀 경찰들은 마약 소지 혐의를 씌우며 몸값을 요구했다."고 밝혔다.

또한, 필리핀 경찰당국은 이와 관련해 경찰관들을 모두 체포해 조사 중이며 신속히 수사를 해 구체적 수사결과를 우리 측에 통보키로 했다고 발표했다. 외교통상부는 이번 사건과 관련, 필리핀 정부에 강력한 유감을 표시하고, 관련자의 엄중한 처벌과 유사사건 재발방지를 당부했다고 한다.

2014년 2월18.

저녁 7시40분쯤 필리핀 북부 관광도시 앙헬레스에서 한국인 관광객 1명이 괴한들의 충격을 받고 그 자리에서 숨졌다. 65세 허모씨가 호텔로 가던 중 오토바이를 탄 복면차림의 괴한 2명에게 충격을 받아 숨진 사고였다. 당시 허씨는 지인 3명과 함께 호텔로 돌아가던 중이었다. 괴한들은 일행에 약간 뒤처져 있던 허씨에게만 집중적으로 권총을 쏜 것으로 전해졌다.

필리핀에서 2013년 모두 13명의 한국인 피살되었는데 이들은 모두 현지에서 사업을 하는 교민들이었다고 한다. 필리핀에서 한국인 관광객이 피격당해 사망한 경우는 처음이라고 한다.

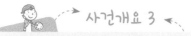

묵호항 어판장과 관광객

2014년 4월8일 묵호항을 찾은 유모(57·평창군)씨는 "바다를 보면서 싼값에 회 한 접시 먹기 위해 묵호항 어판장의 횟집을 찾았지만 카드 결제가 되지않아 수중에 있는 현금에 맞춰 회를 구입할 수밖에 없었다"며 "관광객들의 고객만족도가 높지 않으면 반복구매로 이어지기 어려워 결국 뜨내기 손님만 이용하게 될 것"이라고 말했다. 어판장 횟집들은 대부분 카드결제 단말기 설치비용과 카드 수수료 부담 등을 이유로 카드 결제를 실시하지 않고 필요한 경우 주변에 있는 상가 횟집의 카드 단말기를 이용하고 있다.

이에 대해 동해시수협 관계자는 "어판장 상인들이 대부분 영세해 카드 결제를 하기 위해서는 단말기 설치비용이 들고, 결제 후 가맹점 수수료를 내야 하는 어려움이 있다"고 말했다.

유통 전문가들은 "묵호항 회센터는 횟감의 별도 구매와 카드 결제를 기피하는 운영주체의 편의성만 앞세우는 경쟁력 없는 영업을 하고 있다"며 "뜨내기 고객이라고 할지라도 오랫동안 다시 찾고 싶은 묵호항을 만들기 위해서는 고객만족도를 높이는 전략이 필요하다"고 말했다.

관광목적지에서 먹거리는 중요하다. 국내 대부분의 관광목적지는 특별한 경우를 제외하고 모두 카드가 허용되고 있다. 이는 최근 정부의 세금 투명화 정책과 일관된 것을 볼 때 상인들의 사고의 전환이 필요하다.

특히, 현금영수증 발급의무(조세특례제한법 제 126조3)로 인해 2014.07.01 부터 현금영수증 발급의무금액이 종전 30만원 이상에서 10만원으로 확대 시행된다. 현금영수증 의무발행업종 사업자는 건당 거래금액이 30만원 이상(2014.07.01 이후부터는 10만원 이상)인 재화나 용역을 공급하고 거래대금을 현금으로 받는 경우 거래상대방의 발급요구와 관계없이 현금영수증을 의무적으로 무조건 발급하여야 하는 것으로 관련세법이 개정되었으며 2014.07.01 이후 거래분부터 시행되고 있음을 주지해야 한다.

Michael Peter Fay 笞刑 집행 사건 – 1994년 5월

　Michael Peter Fay(미국 1975生)는 스프레이 페인트로 여러 대의 자동차에 낙서를 한 혐의로 절도와 기물파손죄로 싱가포르에서 태형(笞刑: 무술 유단자인 집행관이 길이 1.2미터, 너비 3cm의 등나무 회초리로 죄인을 묶어 놓고 때리는 형벌)을 선고 받았다. 당시 18세인 그의 처벌을 둘러싸고 미국과 싱가포르 사이에 외교적 마찰을 불러 일으켰고, 미국은 당시 대통령 Bill Clinton까지 나서서 그의 사면을 요구하였지만, 결국 1994년5월5일 태형을 집행하였다.

　미국의 인권 단체는 이를 인권침해라고 비난하였으며, 국제문제로 비화될 가능성이 높았다. 동양과 서양 간의 문화적, 사회적 가치관의 차이에 따른 갈등의 문화충돌 현상으로 실질적으로 물리적 피해를 입은 주민과 잘못을 저지른 관광객의 입장 차이를 보여 주었다.

　2014년 현재에도 싱가포르는 태형을 실시하고 있다. 강도와 유괴, 성범죄와 마약 등 중범죄자는 물론 불법 이민자 등이 태형의 대상이다. 최소 3대에서 최대 24대까지 선고되며 만일의 상황에 대비해 의료진이 대기한다. 한 번 선고된 태형은 어떤 일이 있어도 반드시 집행된다. 치료가 필요하면 치료를 한 뒤에 남은 태형을 집행한다. 싱가포르에서 한 해 집행되는 태형은 6천 건 정도. 2014년에도 성범죄자들이 잇달아 태형을 선고받고 언론에 얼굴까지 공개됐다. 이 같은 엄격한 법질서 적용으로 인해 싱가포르의 범죄율은 채 1%에도 미치지 못하고 있다. 전 세계를 통틀어 가장 낮은 수준이다. 안전한 국가라는 이미지 덕분에 해마다 1,400만 명이 찾는 관광대국이 됐다. 그러나 싱가포르의 엄격한 법 집행이 너무 지나치다는 논란 속에 각종 부작용도 따르고 있다. 지나친 통제와 규제가 틀에 박힌 사고방식을 만든다는 불만이 내부에서 터져 나오고 있는 것이다. 특히 2013년도 말 싱가포르에서 44년 만에 일어난 시위는 이런 사회분위기를 대변한다. 이른바 '빅브라더 사회'에서 야외 집회 자체가 사실상 금지됐던 싱가포르 사회는 큰 충격을 받았다. 그동안 외부의 비판에도 끄떡없는 모습이었지만 특유의 엄벌주의가 능사가 아니라는 비판이 내부에서도 나오기 시작하면서 향후 싱가포르 당국의 행보가 주목되고 있다.

태형제 도입한 국가인 말레이시아의 범죄율도 0.7%대라고 하니, 강력한 규제인 것은 분명한 듯. 재미있는 것은 1994년 봄 USA Today가 Michael Fay사건을 계기로 실시한 여론조사에서 미국민의 53%가 태형의 도입을 찬성했다는 것이다.

Michel Fay

태형

해결방안 : 자국을 떠나온 관광객은 그 나라의 문화나 제도를 잘 모른다는 점을 이용 위협, 사기 등이 일어나는 경우가 많다. 여행을 떠나기 전, 관광목적지의 현지 문화에 대한 아무런 지식을 가지고 있지 않고 관광을 가는 관광객이 대다수이므로 이러한 관광객의 심리를 악용하여 현지에 사는 자국민들로 인한 범죄 급증하고 있다. 그러므로 개별관광객은 더 많은 관광목적지에 대한 문화뿐만 아니라 자연, 행정, 안전에 대한 사전지식을 준비해야 하며, 단체관광객의 경우라도 최소한의 문화적 지식을 사전에 습득한 상태에서 그 목적지를 출발해야 한다.

이러한 관광객과 지역사회의 다양한 충돌현상에 대하여 Marvin Harris는 어떤 문화든 간에 자신이 처한 환경을 가장 슬기롭게 대처하고 극복하면서 만들어졌다는 것을 인정해야 한다는 것이다. 이러한 의식은 타문화의 존재와 고유한 가치를 인정하며, 인류 전체의 적응능력과 유연성을 지켜나가기 위해서는 정체성, 복수성, 다원성을 추구해야 한다고 주장한다. 또한 동맹(同盟)을 통한 경제적 협력, 비정부부문의 강화, 인권(특히, 여성 권리)의 진흥과 관용으로 문화충돌로 인간 국가간 문화전쟁을 문화공존을 바꾸는 방법이라고 제시하고 있다.

Marvin Harris 저자

2. 관광산업과 지역사회의 충돌(Tourism Industry-Host Conflict)

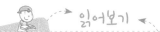
읽어보기

제민일보(2014.06.12.) 뉴스

제주 캐슬렉스 CC

　제주도내에 추진 중인 일부 관광개발 사업이 환경파괴 · 카지노 도입 등의 논란을 빚고 있는 것으로 파악되고 있다.　제주도가 원희룡 당선인(현 도지사)의 새도정준비위원회에 제출한 업무보고 자료에 따르면 타미우스 · 캐슬렉스 · 라헨느 등 도내 골프장 3곳의 사업자는 골프코스를 숙박시설로 변경하는 계획을 추진하면서 환경파괴 · 경관훼손 논란이 일고 있다.

　또 중국자본인 신해원이 총사업비 5000억원을 투입해 서귀포시 대정읍 송악산 일원에서 추진중인 송악산유원지는 경관사유화와 지역관광 인프라 유치 욕구가 충돌, 환경단체와 지역주민이 합의점 도출에 난항을 겪고 있다.

　또한 제주분마이호랜드가 제주시 이호해수욕장 일원에 총사업비 4212억원을 투입, 조성중인 이호유원지 역시 시민단체에서 카지노 도입을 우려하고 있는 반면

주민들은 지역경제 활성화를 위해 조속한 사업추진을 바라면서 갈등을 빚고 있다.

이밖에도 도는 버자야 제주리조트가 2009년 1월 개발사업 참여 후 기반시설 이외에는 숙박·의료 등 관광 사업에 대한 투자가 지연되고 있는 예래휴양형주거단지 조성사업과 행정심판 끝에 환경영향평가 재심의 결정이 내려진 무수천유원지도 현안사업으로 분류됐다.

이처럼 도내 관광개발 사업 중 일부가 환경파괴·경관사유화 논란을 초래하고 있는 것으로 분석되면서 차기 도정에서 공론화 과정을 거친 후 신중하게 결정해야 한다는 주문이 제기되고 있다.

도관계자는 "오름·곶자왈·동굴·습지 등 보전해야할 주요 환경자산을 선정하고 친환경 관광개발정책을 유도하기 위한 친환경 융·복합 관광개발 가이드라인을 마련하겠다"라고 말했다.

지역사회가 관광목적지로 관광개발사업을 추진하는 과정에서 지역공동체의 의견수렴 과정 중에서 야기되는 갈등을 보여주는 사례라고 할 수 있다. 이러한 갈등은 사전에 관광개발을 추진하는 행정주체가 해당 대상지 주민과의 충분한 의견수렴과정과 공감대 형성이 누락되므로 인해 생긴 갈등으로 이에 대한 조정이 필요하다. 또한 환경단체와 지역주민과의 갈등으로 인한 충돌은 환경의 지속성이 다음세대에 까지 이어져야할 자연유산임을 공감하는 과정이 전제되어야 한다. 환경보호와 환경에 대한 이용에 있어 현명한 이용(Wise Use)에 대한 인식의 공감대형성이 중요하다고 판단된다.

3. 지역사회와 지역주민과의 충돌(Host-Host Conflict)

인도 뱅골 만에 위치한 안다만 제도 정글지대의 원시부족 '자라와족'. 아시아의 흑인으로 불리는 그 부족을 상대로 '인간 사파리 투어'가 벌어지고 있어 충격을 주고 있다. 국내 놀이공원에서 곰이나 사자들을 상대로 하는 사파리투어를 연상케 하는 이런 관광실태는 영국 사진작가 게딘 체임벌린(Gethin Chamberlain)이 영국 일간 가디언 일요판 '옵서버' 최신호에 공개하면서 세상에 알려졌다. 그는 인간 사파리를 광고할 목적이 아니라 주변 동굴을 취재한다고 위장, 현장을 잡입 취재했다고 전해진다.

자라와족

투어를 기다리는 차량행렬

옵서버에 따르면 자라와족 원주민 보호구역 입구에는 '사진과 비디오 촬영 금지', '자라와족에게 먹을 것을 주지 마시오'라는 표지판이 적혀 있다. 하지만 오전 5시 반부터 자동차 130대와 버스 25대가 보호구역에 들어가기 위해 줄지어 차례를 기다린다. 관광객들은 자라와족 여성들이 노래를 부르거나 춤을 출 때마다 바나나와 비스킷을 던져준다. 이 장면을 목격한 원주민 보호운동 단체인 '서바이벌 인터내셔널'의 한 직원은 "관광객들이 '인간 동물원'을 즐기며 양심의 가책을 느끼지 못하고 있다"고 비판했다.

오전 5시 반 투어 차례를 기다리기 위해 원주민 보호구역 앞에 늘어선 차량 행렬. 당국은 하루 8개 단체로 투어를 제한하고 있지만 인원수를 제한하지 않아 자라와족은 날이 갈수록 몸살을 앓고 있다. 이런 투어의 배후에는 부패한 현지 경찰이 있다. 현지 신문 '안다만 크로니클'의 데니스 자일스 편집장은 "자라와족은 경찰이 자신들을 보호해주고 있다고 믿지만 실제로는 경찰과 현지 주민들이 원주민을 돈벌이에 이용하고 있다"고 밝혔다. 관광객들은 약 350파운드(약 62만 원)를 지불하고 투어 프로그램에 참여하는 데 이 중 일부는 경찰의 호주머니로 들어간다. 경찰은 관광객들의 불법 행위를 막기는커녕 관광객을 인솔하고 원주민들에게 강제로 공연을 시키기도 한다.

안다만 제도 내 현지인은 아예 '자라와족과 함께하는 하루'라는 간판을 내걸고 사파리 투어를 홍보한다. 그는 "1만5000루피(약 33만 원) 정도면 경찰을 매수할 수 있고, 1만~1만5000루피를 더 내면 차량부터 운전사, 자라와족에게 던져줄 비스킷과 스낵도 제공한다"며 어깨를 으쓱했다.

인간 사파리를 이끈 사람들은 원주민들에게 강제로 춤을 추라고 시켰으며, 이를 강요당한 원주민들은 처음에는 쑥스러워 하며 도망가기도 하지만 "먹을 것을 주겠다"는 말에 동요하기 시작한다고 하였다.

키쇼레 찬드라 인도 부족문제부 장관은 "돈을 위해 인간을 짐승처럼 부리는 것은 있을 수 없다"고 개탄하며 조사를 지시했다고 AFP통신이 2012년1월11일 보도했다. 인도는 2002년 원주민 보호 목적으로 하루에 8개 단체에 한해 투어 프로그램을 진행하도록 허가했다.

이상의 사례는 지역사회를 구성하는 원주민과 경찰이 공조와 방조 하에 다른 구성원인 자와라 원시부족을 관광상품화 시키므로 인해 지역사회가 관광산업으로 인해 어떻게 몰인간화되어가고 있는가를 보여주고 있다. 그리고 그 '무대 전면'에 서있는 관광객의 행태를 보여주는 문화충돌을 넘어 관광객인 인간의 잔인성의 한 단면을 보여주고 있다.

안다만 제도는 인도의 안다만니코바르 연방 직할주에 속한 지역으로 자라와 부족 등 5개 소수부족이 터를 잡고 있다. 인도 정부는 소수민족을 보호하기 위해 원주민 거주지역에 대한 외부인의 접촉을 법률로 금지하고 있지만, 여전히 사각지대가 존재하고 있다.

인구 400명 미만의 자라와 부족은 역사적으로 아프리카에서 아시아로 이주한 1세대 원주민의 후예다. 이들이 처음 세상에 모습을 드러낸 건 1998년. 부족의 한 청년이 다리 골절상을 입어 정글 바깥의 병원에서 치료를 받은 뒤 그곳에서 겪은 외부세계를 주민들에게 전한 것이 계기가 됐다.

외부세계에 존재가 알려진 지 불과 14년밖에 안 됐지만 이미 원주민들은 질병과 착취, 성매매 등에 노출돼 있다. 사냥과 채집으로 살아가던 그들은 외부세계를 접한 이후 홍역, 볼거리, 말라리아 등 유행성 질병에 시달리게 됐고, 알코올 의존증 증세를 보이기도 한다. 때때로 자라와족 여성들이 외부인의 아기를 낳지만 부족 내에서 받아들여지지 않아 죽임을 당하는 경우도 있다. 18세기 말 1만 명에 가까웠던 자라와족은 현재 400여 명으로 줄었다. 외부세계를 만난 이후 자존감과 고유의 언어, 문화를 잃어버렸다는 지적도 나온다.

인도의 언론과 인권단체들은 동영상이 공개되자 비윤리적인 관광을 즐긴 외부세계와 이를 방관해 온 정부에 대해 비난의 목소리를 높이고 있다. 자라와부족의 이러한 현장은 지역사회를 구성하고 있는 원주민과 경찰이라는 행정기관이 생존을 위해 몸부림 치는 자라와족을 착취하여 관광산업에 이용하는 인권 유린의 현장이다.

상기 사례는 지역사회를 구성하는 지역주민인 원주민과 지역사회의 일부 영역에 거주하는 한 원시부족과의 문화충돌 사례에 해당된다.

이는 관광객의 윤리에 대한 인식과 더불어 지역주민에 대한 인도 정부의 대대적인 교육과 더불어 생계지원과 생활환경에 대한 보호가 정부차원에서 먼저 이루어져야 함을 알 수 있다. 자라와족은 관광객을 포함한 외부세계의 계속된 접촉으로 고유한 문화를 상실해가고 있으며, 문화파괴 속도가 빠른 속도로 진행되어가고 있는 것을 알 수 있다. 문화충돌로 지구상의 또 다른 한 부족이 사라진다면, 관광산업은 이에 대한 책임으로부터 자유로울 수가 없다. 이런 관광 상품은 절대 금지해야 한다! 비일상권에 있는 인간이라고 호기심의 대상이 되어서는 안된다!

😊😊 사례 **축제의 충돌 (유등축제 대 등축제)**

남강유등축제는 1940년대 우리나라 문화예술축제의 효시라 할 수 있는 개천예술제의 부분행사로서 진행되어 오다가 2000년부터 10월1일부터 2주간 개최되고 있는 독립 문화축제로 자리매김하였다. 축제장소는 남강 및 진주성 일대로, 유등은 5만여개를 설치한다. 2012년의 경우, 총36억원(국비 8억원, 도비 2억원, 시비 13억원, 진주문화예술재단 13억원)의 예산이 투입되었다. 직접수입은 입장료 15억원 추산, 관광객 280만명 추산(외래관광객 5만명, 국내관광객 210만

남강유등축제

명), 지역경제파급효과 1400억원으로 추산하고 있다. 문화체육관광부에서 2005년 우수축제로 지정 받은 이후 2011-2012 연속 대한민국 대표축제로 인정받았다.

남강유등축제는 남강과 진주성의 아름다운 자연을 배경으로 각양각색의 유등 조형물을 설치·전시해 물, 불, 빛이 어우러진 환상적인 경관을 연출함으로서 국내 외에서 많은 관광객들이 몰리고 있다.

유등축제는 허구가 아닌 역사적 사실에 초점을 맞췄다. 축제는 임진왜란 당시 진주성 전투에 기원을 두고 있다. 진주 유등은 1592년 진주대첩 당시 김시민 장군을 비롯한 군사들이 남강에 유등을 띄워 왜군을 저지하는 군사전술과 성밖에 있는 가족들에게 안부를 전하는 통신수단으로 활용한데서 비롯됐다. 1593년 진주성이 함락돼 성을 지키던 병사와 백성 7만여명이 목숨을 잃은 뒤 이들의 넋을 기리기 위해 해마다 유등을 띄우는 행사가 지금의 유등축제로 계승됐다. 긴장감과 슬픔이 절절이 배어 있다. 이러한 스토리는 내국인은 물론 외국인들의 가슴을 파고들었고, 성공적인 축제의 밑거름이 됐다.

임진왜란 시 진주성대첩에서 순국한 민·관·군을 기리는 축제로서 진주시가 가지고 있는 역사성과 지역 정체성을 대변하는 뜻 깊은 축제이다. 그런데 서울시가 지난 2010년~2012년까지 한국 방문의 해와 관련하여 서울을 홍보하기 위해 남강유등축제를 서울 실정에 맞게 개량한'서울등축제'를 개최하였다. 그러나 개최 시기적인 문제와 성공한 지방중소도시 축제를 베끼는 것 아니냐는 논란과 지적을 받자 3년간 한시적으로 '서울등축제'를 열겠다고 밝혔음에도 불구하고 축제가 인기를 얻자 '서울등축제'를 상시 축제로 정례화 하겠다며 2013년 서울시 예산안을 편성한데서 문제가 증폭되었다.

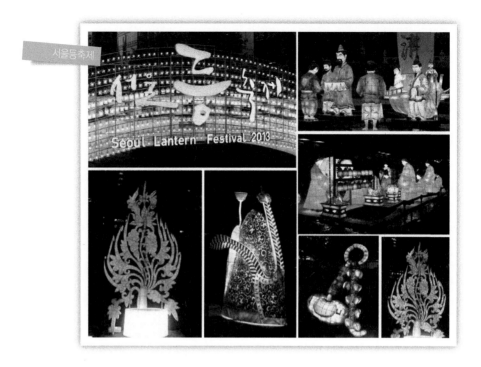

서울등축제

인바운드 관광시장의 관점에서 보면 대한민국이 관광목적지가 되는 경우, 진주시와 서울시가 지역사회(host)가 되는데, 하나의 목적지에서 두 주체(host)가 서로 다른 장소에서 유사한 이벤트를 개최하는 것은 납득하기 어려운 실정이다. 무엇보다 정부의 축제에 대한 일관적인 기조가 국가균형발전정책과 유사축제 개최를 지양해온 정책을 볼 때, 서울시의 등축제는 축제참가자의 인기의 유무와 관계없이 지양되어야할 것이다. 무엇보다 지역과 지역축제 경쟁력 강화 정책과 지역사업에 대한 예산 중복편성 배제 원칙과 도 맞지 않는 것이다.

4. 그 외 다양한 관광충돌

(1) 충돌 이후 관광명소

미국 시애틀의 파이크 플레이스 마켓 인근에 위치한 마켓 시어터(Market Theater)가 관광명소가 된 것은 theater에서 상연하는 콘텐츠 때문이 아니라 환경오염으로 유

마켓 theater 외벽

명해져 관광명소가 된 곳이다. 화려한 색상과 무늬가 돋보이는 것은 물론 달콤한 향기까지 풍기는 시애틀의 관광명소!

담벼락에 몇 센티미터 두께로 겹겹이 붙어 있는 이 물체들의 정체는 바로 씹던 껌. 4.5m 높이로 약 15m 길이까지 이어지는 이 공간은 1993년 마켓 시어터를 찾았던 젊은 관람객들이 입장을 기다리는 동안 장난삼아 씹고 있던 껌을 벽에 붙이기 시작하면서 탄생하였다. 위생을 위해 제거 작업을 했지만, 구경하거나 직접 껌을 붙이기 위해 찾는 이들이 늘어나자 결국 1999년 시당국과 극장 측은 이곳을 관광 명소로 관리하기 시작하였다고 한 때 세계에서 가장 오염된 관광지 2위에 선정되기도 하였다.

(2) 관광산업 의존도(Tourism Dependency)

만약에 당신이 멀리 떨어진 섬에 살고있다고 가정 한다면, 경제를 강화시킬 수 있는 유일한 방법은 관광일 것이다. World Travel & Tourism Council(WTTC)의 2012~2013 데이터는 상위에 랭크된 관광의존도가 높은 국가들이 '관광객들이 가져오는 돈과 관광객의 흐름'에 대한 어느 정도 의존하는 지를 보여주고 있다. 다음과 같은 네가지의 지표, 관광산업의 고용효과, 직접 GDP 기여율, 관광수지(visitor exports, 전체 달러 유입 중 관광달러유입), 관광산업에 대한 자본투자 등을 통해서 순위가 평가되었다.

Relative terms	2012
In which countries was the direct contribution (relative terms) of Travel & Tourism to employment greatest in 2012?	
T & T Direct Employment	**% of total employment**
1 Macau	51.0
2 British Virgin Islands	32.8
3 Bahamas	30.6
4 Aruba	29.9
5 Seychelles	26.3
6 Anguilla	24.1
7 Maldives	20.8
8 Antigua and Barbuda	18.8
9 St Lucia	18.6
10 Vanuatu	15.3

관광산업의 고용효과

Relative terms	2012
In which countries was the direct contribution (relative terms) of Travel & Tourism to GDP greatest in 2012?	
Direct GDP	**% of total GDP**
1 Macau	46.7
2 British Virgin Islands	27.1
3 Aruba	26.5
4 Seychelles	24.7
5 Anguilla	22.9
6 Maldives	22.4
7 Bahamas	22.0
8 Antigua and Barbuda	18.5
9 Vanuatu	17.6
10 Cape Verde	15.3

관광산업의 GDP 기여도

Relative terms In which countries were visitor export (relative terms) the greatest in 2012?	2012
Visitor Exports	**% of total exports**
1 Anguilla	86.4
2 Macau	84.0
3 Antigua and Barbuda	80.4
4 Cape Verde	80.3
5 Gambia	79.4
6 Barbados	64.5
7 Bahamas	64.3
8 Guadeloupe	62.6
9 Vanuatu	61.9
10 Tonga	61.5

관광수지

Relative terms In which countries was capital investment (relative terms) in Travel & Tourism highest in 2012?	2012
Capital Investment	**% of total Capital Investment**
1 US Virgin Islands	42.9
2 Macau	42.3
3 Aruba	29.8
4 Ireland	29.6
5 Maldives	29.3
6 Fiji	28.1
7 Vanuatu	27.6
8 Antigua and Barbuda	26.5
9 Seychelles	26.2
10 Belize	25.6

자본투자

관광의존도는 관광객이 가져오는 GDP 기여도를 넘어 고용부문과 투자부문에서 가장 큰 영역을 차지하고 있음을 보여준다. 상위 10개국은 캐러비안, 남태평양, 인도양에 위치한 섬나라들이 대부분이며, 대륙으로부터 원격성(remoteness)과 관광에 중요한 온화한 기후조건을 가지고 있다. 또한 이들 국가들은 좋은 대기환경과 서구 식민지 시대를 겪은 역사적 산물로써 대륙으로부터 양호한 해상운송 기반시설을 개발하였다. 마카오는 예외지만, 또한 중국의 갬블링 관광객에 대해서는 역시 안전한 도피처인 '섬'이 되기도 하며, 이러한 관광객들에 대한 GDP의존율과 고용부문에서는 가장 높게 나타났다. 유럽에서는 아일랜드가 톱10에 있는데, 관광 인프라(기반시설)에 대한 투자가 많이 이루어진 국가의 하나로 되어 있다.

(3) 관광객에 대한 제재(Tourist Sanctions)

지금까지 본서에서 언급한 문화충돌에 관한 내용들이 주로 현재 진행 중이었거나, 과거 발생했던 것을 다루었다면, 이번 사례는 현재 발생하지는 않았지만, 미래 발생 가능성이 높은 문화충돌의 사례를 설명하고자 한다. 다음은 2014년 5월, 국내 일간지의 기사(나우뉴스, 2014. 5. 29.) 내용을 옮긴 것임을 밝힌다.

"2020년 월드컵 개최국인 카타르의 시민단체가 최근 관광객을 대상으로 한 '드레스 코드'를 발표했다. 카타르 시민단체는 외국인 관광객에게 이슬람교 문화와 충돌하지 않는 복장 규정을 지켜달라고 강조했다.

SNS를 통해 퍼지고 있는 '카타르 드레스 코드'는 여성의 경우 치마와 반바지, 끈나시, 반팔을, 남성의 경우 민소매 셔츠와 반바지 착용 금지 등이 포함돼 있다.

'금지 복장' 아래에는 "만약 당신이 카타르에 있다면, 당신 역시 우리의 일부다. 카타르의 문화와 가치를 지켜 달라. 공공장소에서는 적절한 옷을 입고, 어깨부터 무릎까지 가려 달라. 레깅스는 바지가 아니다"라는 글귀가 적혀있다.

카타르는 차기 월드컵 개최지로 선정된 뒤 관광객이 늘었지만, 일부 관광객들의 복장에 불만을 품고 '로마에서는 로마법을 지켜달라'고 선언한 것. 뿐만 아니라 공공장소에서의 애정표현과 사진촬영 역시 자제해달라는 '강력한' 요구도 함께 공개됐다.

소식을 접한 사람들의 반응은 엇갈린다. 영국의 한 시민은 "만약 영국서 이런 이야기가 나왔다면 곧장 '인종차별'이라는 논란이 생겼을 것"이라면서 "기본적인 인권은 지역에 따라 달라지는 것이 아니라 전세계 어디에서도 적용되는 것"이라고 강조했다.

또 다른 네티즌은 "그렇다면 공평하게 영국에 오면 히잡(이슬람 여성들이 머리카락과 목을 가리는 두건)이나 부르카(이슬람 여성들의 머리부터 발목까지 덮는 전통 복식)를 벗어야 하는 것 아니냐"고 반박했다. 반면 일부에서는 해당 국가의 전통과 문화를 존중해야 한다는 의견도 있어 당분간 '카타르 드레스 코드' 논란은 쉽사리 가라앉지 않을 것으로 보인다."

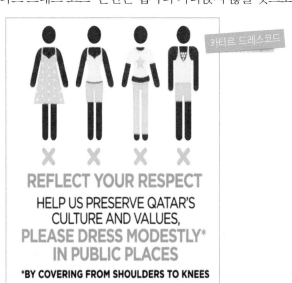

카타르 드레스코드

REFLECT YOUR RESPECT

HELP US PRESERVE QATAR'S
CULTURE AND VALUES,
PLEASE DRESS MODESTLY*
IN PUBLIC PLACES

*BY COVERING FROM SHOULDERS TO KNEES

읽어보기

Qatar Dress Code

Normal swimmers, including bikinis are acceptable on the beach, or by the pool, but, T-shirts and discreet covering of legs are desirable if you are away from such places. Topless sunbathing is not permitted. It is necessary to be particularly conscious of dress code when visiting public places like parks or malls or souq areas, particularly those frequented by mixed nationalities.

: 해변이나 풀장에서 비키니를 포함한 수영복 허용. 상의탈의는 불용

* 라마단 금식기간동안 각별한 주의를 요함

For women

Qatari women usually have their hair covered with a black head-dress called Shayla, their bodies are covered with black dress called abayha. Some women also cover their face with a black bourqa, and sometimes the eyes are left uncovered.

As for expatriates, the hot climate in Qatar, call for informal, but smart dressing. Women should avoid wearing spaghetti-strap or see-through blouses and short skirts.

: 머리는 Shayla, 신체는 abayha, 얼굴은 bourqa로 가려야 함

For men

Qatari men wear a long white shirt over loose pants, and wear a loose headdress called gutra, in white or red and white cloth, held on with a black rope called agal. Of-course, foreigners are not expected to wear Arab costumes, but foreign men should avoid wearing shorts and sleeveless shirts in the street.

: 헐렁한 내의에 백색 셔츠를 입고, 머리는 gutra(백색이나 적백색천)를 쓰며, agal이라는 흑색띠를 두름.

** 공식적인 복식

For men

Suits are rarely worn in the Gulf, except during important business meetings and related social events. The standard office wear is a shirt (long-sleeved), tie and light weight trousers.

: 양복은 걸프만에서 거의 입지 않음. 중요한 비즈니스 미팅이나 사교모임예외.

For women

Acceptable work attire is dresses, trousers/skirts (below knee length), with a modest neck line, and no less than half-sleeve.

: 적정한 목선을 유지한 드레스, 바지, 셔츠 허용

*** 드레스 코드 위반 시 결과

The penal code in Qatar punishes and forbids the wearing of revealing or indecent clothes. This dressing-code law is enforced by a government body. However, in 2012, a Qatari NGO, organized a campaign calling for public decency, when they felt that the government is too relaxed in monitoring the wearing of revealing clothes (not covering shoulders, knees, tights, or transparent clothes). The campaign particularly targets foreigners, constituting majority of Qatar population.

: 어깨, 무릎, 비치는 옷을 단속하는데 미진하다고 판단한
민간 NGO단체가 강력히 주장. 특히, 외국인 대상,

출처 : http://www.onlineqatar.com/living/dress-code-doha-qatar.aspx

지금까지 전반부는 문화접촉에 대한 이해를 바탕으로 다양한 문화충돌과 문화공존에 관하여 다루었고, 후반부는 비일상권으로의 이동을 전제로 관광활동이 타지역에서 직면하는 문화충돌을 다양한 각도에서 이해하고자 하였다.

충돌은 어떠한 형태로든 존재한다. 눈에 보이는 것으로부터 눈에 보이지 않는 것까지. 또는 외부에서 주어지는 충돌로부터 내부에서 일어나는 심리적 정신적 충돌에 이르기까지. 즉, 관광은 충돌을 피할 수 없다는 것이다. 그러면 관광목적지에

서 예상되는 이러한 다양한 각종 충돌이나 충돌상황을 얼마나 현명하게 해결하는 가가 중요하다.

그러므로 관광객의 입장에서는 문화충돌에 대한 해결책으로 타 문화에 대한 존중과 타 문화에 대한 이해가 선행되어야 한다. 반면에 문화관광목적지는 타 문화권에서 방문한 관광객에게 자신의 고유한 문화를 정확히 전달하기 위해 진정성을 가지고 서비스를 제공하는 것은 서로가 존중해야 될 가장 기본적인 요인이 된다.

참고문헌

Armstrong, A., & Stedman, R. C. (2013). Culture Clash and Second Home Ownership in the US Northern Forest. Rural Sociology, 78(3), 318-345.

Ashworth, G., Pompl, W., & Lavery, P. (1993). Culture and tourism: conflict or symbiosis in Europe?. Tourism in Europe: structures and developments., 13-35.

Brown, I. W. (2012). An Archaeological Study of Culture Contact and Change in the Natchez Bluffs Region. La Salle and His Legacy: Frenchmen and Indians in the Lower Mississippi Valley, edited by Patricia K. Galloway, 176-93.

Canseco, J. A., Kojima, K., Penvose, A. R., Ross, J. D., Obokata, H., Gomoll, A. H., & Vacanti, C. A. (2012). Effect on ligament marker expression by direct-contact co-culture of mesenchymal stem cells and anterior cruciate ligament cells. Tissue Engineering Part A, 18(23-24), 2549-2558.

Depcinski, M. N. C. (2013). Cruising for Culture: Mass Tourism and Cultural Heritage on Roatàn Island, Honduras (Doctoral dissertation, University of South Florida).

Greenfield, P. M., Quiroz, B., & Raeff, C. (2000). Cross-cultural conflict and harmony in the social construction of the child. New directions for child and adolescent development, 2000(87), 93-108.

Moufakkir, O. (2013). Culture shock, what culture shock? Conceptualizing culture unrest in intercultural tourism and assessing its effect on tourists' perceptions and travel propensity. Tourist Studies, 13(3), 322-340.

Porter, B. W., & Salazar, N. B. (2005). Heritage tourism, conflict, and the public interest: An introduction. International journal of heritage studies, 11(5), 361-370.

Quimby, F. (2011). The hierro commerce: Culture contact, appropriation and colonial entanglement in the Marianas, 1521-1668. Journal of Pacific History, 46(1), 1-26.

Reisinger, Y. (1994). Tourist—Host Contact as a Part of Cultural Tourism. World Leisure & Recreation, 36(2), 24-28.

Robinson, M., & Boniface, P. (1999). Cultural conflicts in tourism: inevitability and inequality. Tourism and cultural conflicts., 1-32.

Robinson, M., & Boniface, P. (1999). Tourism and cultural conflicts. CAB International.

Schapera, I. (Ed.). (2013). Western Civilization in Southern Africa: Studies in Culture Contact. Routledge.

Shaw, S., & MacLeod, N. (2000). Creativity and conflict: Cultural tourism in London's city fringe'. Tourism, Culture and Communication, 2(3), 165-175.

Trueba, H. T. (1990). Cultural conflict and adaptation: The case of Hmong children in American society. Falmer Press, Taylor & Francis Inc., 1900 First Road, Suite 101, Bristol, PA 19007.

Vadi, V. (2013). Culture Clash? World Heritage and Investors' Rights in International Investment Law and Arbitration. ICSID review, sis032.

Wallace, C. S., & Truskey, G. A. (2010). Direct-contact co-culture between smooth muscle and endothelial cells inhibits TNF-α-mediated endothelial cell activation. American Journal of Physiology-Heart and Circulatory Physiology, 299(2), H338-H346.

Zhang, C., Fyall, A., & Zheng, Y. (2014). Heritage and tourism conflict within world heritage sites in China: a longitudinal study. Current Issues in Tourism, (ahead-of-print), 1-27.

문화관광도시

Only he, who travels and takes chances, can break the habit's paralyzing stances.

여행을 떠날 각오가 되어 있는 자만이
자기를 묶고 있는 속박에서 벗어나리라.

– 헤르만 헤세

Chapter 6

문화관광
도시

01 도시란 무엇인가

> 모든 도시는 미쳤다. 그러나 그 광기는 당당하다.
>
> 모든 도시는 아름답다. 그러나 그 아름다움은 냉혹하다.

Christopher Morley[1]

1. 1890.5.5.–1957.3.28.
미국의 저널리스트,
소설가, 에세이스트,
시인. 무대제작과
대학강의

도시란 무엇인가? 신이 자연을 창조하고 인간은 도시를 만들었다는 얘기가 있
다. 도시가 어떻게 형성되고 발달되어 왔는가는 도시를 이해하는 데 있어서 기본
적인 질문이다. 우리는 도시를 현대적인 것 또는 최근 발달된 인류의 산물로 인식
하고 있다. 하지만 도시는 이미 수천년 전 부터 존재해 왔고, 메소포타미아, 이집
트, 인도 그리고 중국 등 4대강 문명에 그 뿌리를 두고 그 환경에 맞도록 발달해 있
었다. 영어의 도시 "city"는 라틴어의 "civitas"로부터 왔으며, 이것은 고대 그리스
의 도시국가와 같이 고도로 조직된 공동체 community 를 의미한다.

도시에 대해 많은 사람들이 이야기하고, 그곳에서 일상생활을 영위하고 있지만
명확하게 정의하기란 쉽지 않다. 그러나 살고 싶은 도시, 보다 좋은 도시를 만들어
가려면, 그리고 그곳에서 살아가기 위해서는 도시에 대한 기본적인 지식과 이해를
할 필요가 있다.

1900년 파리 세계박람회 출품작으로 21세기 도시

출처 : http://songdoibd.tistory.com/399

　도시는 보통 세 가지 의미로 정의된다. 첫째, 현상론적 정의이다. 공간적으로 과밀한 정주지를 형성하고 고도화된 생산양식(중세도시부터)을 보이는 곳이다. 또한 강한 개성, 이질성, 개체성, 익명성을 띠며 도시기능이 세분화·전문화(현대도시부터)되어 있다. 둘째, 시대적 정의이다. 고대도시는 일정지역의 정치·경제·문화상의 중심을 이루고, 비농업적 생활을 특색으로 하는 취락이며 중세도시는 농업이 아닌 공업이나 상업 활동에 종사하여 얻어지는 수입으로 생활하는 취락을 말한다. 근대도시는 한마디로 사람이 붐비는 복잡한 곳을 말하며 현대도시는 오늘날 인간이 가장편리하고 행복한 삶을 누릴 수 있는 인공시설이 갖추어진 곳을 말한다. 셋째로 조작적 정의가 있다. 이는 도시의 기준을 측정과 계량화가 가능한 지표로 설정하는 것을 뜻하는데 우리나라는 인구 5만 명 이상이되어야 도시로 인정된다.

　그러나 우리가 비록 도시란 무엇인가에 대해 알고 있다고 생각하거나 어떤 생각을 갖고 있다고 하더라도 도시의 경계, 도시의 시작과 끝에 대한 명확한 정의는 존재하지 않는다. 과거에는 물리적 환경을 중심으로 그 시각적 경계가 명확하였다. 이는 도시를 그릇에 비유하는 것을 가능케 하였다. 그릇과 그릇에 담겨진 대상.

그러나 오늘날 인터넷을 비롯한 기술의 발달은 도시의 경계를 비가시적으로 만들었고, 도시에 거주하는 시민의 개념 또한 그 공간을 초월하게 하였다. 소통과 통섭이 중요시되고, 과거의 물리적 한계를 뛰어넘는 과학과 기술의 발전이 이를 가속화시키고 있다. 특정 도시에 거주하고 있는 사람들에 의해 생성된 특정한 '문화'는 이제 초국가적인 인터넷으로 인해 시간적 공간적 초월성을 앞세우고 있다. 문화의 확산속도는 이전 세대에서는 생각할 수 없을 정도가 되었고, 도시의 경계는 더욱 더 유리처럼 부숴지기 쉽게 되어 가고 있다. 도시형태는 최근 가상도시로부터 다양한 형태의 도시가 이미 존재하고 있음을 알 수 있다.

분명한 것은 우리가 도시를 어떻게 정의하던 상관없이 도시는 과거와 달리 더 빠른 속도로 변화 및 발전해갈 것이라는 것이다. 가까운 미래 도시는 기존의 개념과 정의를 초월하여 새로운 형태로 그 모습을 드러낼 것이다. 분명한 것은 물리적 경계를 넘어 존재할 것이다. 과학과 기술은 전혀 다른 도시, cyber city, robot city, android city 등등 다양한 도시를 지칭하는 용어를 파생시킬 것이다.

그러는 과정에서 도시는 끊임없는 소통과 통섭의 과정을 거치면서, 다양한 형태의 '문화'를 생성물로 표출해나갈 것이다. 생산과 재생산, 소멸과 탄생이라는 무한궤도를 통과하면서 다양한 문화를 만들어나갈 것이며, 창출해낼 것이다.

02 문화관광도시

도시에 대한 이해를 바탕으로 문화관광도시를 접근하기에 앞서 우선 도시문화와 문화도시를 구별하여 할 필요가 있다. 도시문화는 도시가 생성과 발전, 쇠퇴의 유기체적 사이클을 진행하면서 도시에 담겨진 물리적 환경과 인간, 또는 인간과 인간의 상호작용의 결과로 조성되거나 발생한 결과물로 보통 패턴화된 스타일을 담고 있는 것을 의미한다. 반면에 문화도시란 도시가 지향해야할 비전과 정체성이 문화로 목표로 설정된 도시를 의미한다.

도시문화는 하위문화 중심으로 개인이나 소규모 집단이나 단체로 구성된 특정 사회에서 개인적 주체성과 개성을 중심으로 자발적으로 표출되어지는 스타일이라고 할 수 있다. 반면에 문화도시는 보통 행정주체와 시민의 상호작용에 의해 집단적 참여를 통하여 이루어진다. 때로는 강제성을 띠고 있으며, 강한 추진력이 장점이기 때문에 도시발전을 위해 사회 경제 정치 모든 영역을 체계적으로 구조화하여 동력을 확보할 수 있다.

따라서 후자의 경우, 도시의 마스터플랜을 수립하여 문화도시의 비전을 수립하고 도시 전체의 고유한 브랜드를 창출하여 대외홍보가 가능하다. 또한 도시문화를 수용하여 특정 시공간에 그 정체성을 부여할 수 있다.

오늘날 지구촌의 많은 도시들은 국제경쟁력을 제고하기 위해 고유한 문화도시 전략을 수립하고 있다. 시민들이 이웃과 맺는 인간관계의 규범을 돌이켜보고 새로운 규범을 창출할 수 있는 도시, 자기 삶의 목적과 목표를 반성하고 보다 나은 가치를 지닌 삶의 기획을 할 수 있는 도시, 경제 사회 예술적 행위를 비롯한 모든 시민 행위와 그 산물들이 궁극적인 삶의 가치와 자기존재 가치에 부응할 수 있는 도시[2]를 만들어가고자 모든 행정력과 정치력을 동원하고 있다.

따라서 본 장에서는 도시문화가 아닌 문화도시, 더 나아가 문화관광도시를 중심으로 언급하고자 한다. 사사키 마사유키[3]는 오늘날 전 세계가 글로벌(세계) 도시에서 창조도시로 전환하고 있으며, 문화자본과 시민의 창조적인 노력이 도시발전의 원동력이 되고 있다가 지적하였다. 그는 오늘날 세계가 "민족국가에서 도시로" 패러다임의 변화를 거치면서, 도시의 세기가 되었으며, 이러한 도시는 두 가지를 지향한다고 하였다. 첫째, 경제, 정치, 문화의 국제적 기능을 독점하면서 세계도시 순위에서도 수위를 달리는 세계도시이고, 다른 하나는 창조적인 예술과 문화를 양성하고 혁신적인 경제적 기반을 육성할 수 있는 창조도시이다. 이러한 창조도시는 여섯 가지 필수 요소들을 구비해야 한다고 주장하였다.

❶ 예술인, 과학자, 일꾼, 장인뿐만 아니라 모든 시민들이 자유로운 창조활동에 참여해야 한다. 그 결과는 모든 시민들이 보다 큰 만족을 스스로의 삶 속에서 찾을 수 있다는 점이다. 이러한 환경을 조성하기 위해서는 유용하고 문화적으로 가치 있는 재화와 서비스가 양산될 수 있도록 지원을 아끼지 말아야 할 것이며, 공장과 사무실의 환경이 개선되어야 할 것이다.

2. 문화관광부(2003). 기초연구보고서

3. 1949년생. 교토대 경제학박사. 현 오사카시립대 Urban Research Plaza 소장 겸 동 대학원 창조도시연구과 교수. 창조도시의 경제학(1997). 창조 도시의 도전(2001). 창조도시의 전망(2007). 가치를 창조하는 도시(2008)

❷ 시민들의 일상적인 삶도 예술적으로 바뀌어야 한다. 그러기 위해서는 충분한 수입과 레저시간이 주어져야 한다. 더하여 최상의 품질을 가진 상품들이 합리적인 가격으로 공급되어야 하고 공연과 같은 문화예술 활동도 낮은 가격에 참여할 수 있어야 한다.

❸ 도시 내에서 과학과 예술의 창조적인 활동을 지원하는 대학교, 기술학교, 연구기관, 극장, 도서관과 문화기관들은 창조성을 돕는 기반시설로서의 기능을 수행해야 한다.

❹ 환경정책은 매우 중요하다. 역사적 유산과 도시의 환경을 보존하고 쾌적함을 향상시켜서 시민들의 창조성과 감수성을 고양시킬 수 있어야 한다.

❺ 각 도시는 지속적이고 창조적인 지역을 지원할 수 있도록 그에 상응하는 경제적 기반, 자립도를 갖추어야 할 것이다.

❻ 행정적 측면에서 창조도시는 공적 자금의 민주적 관리 하에서 일련의 창조적인 통합 도시정책, 다시 말해 문화, 산업, 환경을 포함하는 종합적인 정책으로 구성되어야 한다. 사사키 마사유키는 이와 같이 여섯 가지의 요건을 갖춘 창조도시가 앞으로 도시의 시대 21세기의 주역이 될 것이라고 주장하고 있다.

본 장에서 사용하는 문화관광도시라는 용어는 문화도시와 관광도시를 지칭하는 두 단어를 융복합시켜 만든 단어이다. 유럽에서 사용하는 문화수도라는 단어가 정확히 의미상 일치하는 것으로 이해하면 된다. 특히, 유럽의 경우, 도시 전체를 지정하는 용어로 사용되어진다.

반면, 우리나라의 경우, 문화관광도시라는 용어는 시대나 지역, 환경에 따라 문화수도, 관광도시 등 다양한 의미로 사용되어왔다. 그러나 대부분의 경우, 도시 전체보다는 도시의 특정 기초자치단체나 특정구역을 한정하여 사용하는 경우가 많다.

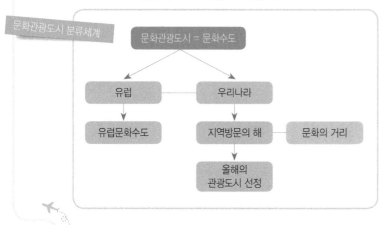

문화관광도시 분류체계

문화관광도시 = 문화수도

유럽 · 우리나라

유럽문화수도 · 지역방문의 해 · 문화의 거리

올해의 관광도시 선정

유럽의 경우, EU에서 정확한 평가기준에 의한 평가결과에 의해 문화수도라는 명칭이 부과되지만, 우리나라의 경우, 도시나 자치단체의 시정이나 구정목표 등 목표성 용어로 사용되어지는 차이가 있다. 이러한 경향으로 인해 우리나라의 경우, '지역방문의 해', '문화의 거리', '올해의 관광도시' 등의 용어를 사용하기도 한다. 본 장에서는 유럽과 우리나라를 중심으로 살펴보고자 한다.

1. 문화수도

문화수도는 보통 국가에서 정치·행정의 중심도시를 지칭하며, 일반적으로 문화를 매개한 도시를 의미한다.[4] 자국의 문화현상을 주도할 만한 문화적 창조력을 끊임없이 보여주고 자국문화의 정체성이 예술작품과 문화를 통해 잘 드러나는 도시를 말한다. 외적으로는 다양한 문화공간과 아름다운 도시환경 속에서 국제적인 프로그램 전개, 내적으로는 이러한 문화 현상들을 지속적으로 가능하도록 필요한 창조문화 인력과 소화할 문화시장의 형성이 필요하다. 문화수도는 또한 사회적 유산이 집중되어 있고, 끊임없는 사회적 교류와 상호작용의 가능성이 인간의 모든 복합적인 활동의 고차원적인 잠재력을 제고시켜 줄 수 있는 도시를 말한다.

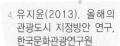

4. 유지윤(2013). 올해의 관광도시 지정방안 연구, 한국문화관광연구원

유럽은 유럽 내에서 자체적으로 문화수도를 지정하고 있다. 유럽의 문화수도정책(Cultural Capital of Culture Program)은 유럽인들의 공동의 문화유산·정체성·연대의식을 강화하기 위한 문화정책의 필요성에 대한 인식과, 선정도시의 문화적 우수성을 알리고, 유럽인들의 문화적 참여를 제고시키며 문화와 역사를 보호하고 발전시키기 위해 시작되었다. 1985년 이래 아테네를 처음으로, 매년 유럽 내 한 도시가 선정되어 시행되어 왔고, 1999년 '유럽문화도시'라는 명칭을 '유럽문화수도'로 변경하였다. 2009년 10개의 회원국을 새롭게 포함하고, 서유럽과 동유럽에서 각 한 도시씩을 선정하여 2009년부터는 문화수도가 두 곳으로 지정되어 시행되어 지고 있다.

다음은 유럽의 문화도시 선정 기준을 제시하고 있다.

첫째, 유럽의 예술사조 및 양식에 대한 재조명이 이루어지고 있으며 그것의 발전에 공헌할 수 있는가

둘째, 유럽연합 회원국 내 다른 도시들의 문화 창안자들과의 공동 작업을 활성

화 시킬 수 있는가

셋째, 예술인들의 창조적 활동을 촉진하고 지원할 수 있는가

넷째, 프로젝트에 대한 광범위한 시민층의 참여를 촉진하고 지속적으로 사회적 파급효과를 창출할 수 있는가

다섯째, 다양한 행사를 가능한 널리 알리고 이를 유럽인들이 수용하도록 촉구할 수 있는가

여섯째, 유럽의 다양한 문화와 세계 다른 지역문화와의 교류를 촉진시킬 수 있는가

일곱째, 역사적 유산과 도시건축물 및 도시생활의 질의 향상에 기여할 수 있는가

이러한 일곱가지 기준에 의하여 1985년부터 2014년 현재 선정된 유럽문화수도 현황이다.

유럽문화수도 현황 (1985~2014)			
	1985	Athens	Greece
	1986	Florence	Italy
	1987	Amsterdam	Netherlands
	1988	Berlin	Germany
	1989	Paris	France
	1990	Glasgow	United Kingdom
	1991	Dublin	Ireland
	1992	Madrid	Spain
	1993	Antwerp	Belgium
	1994	Lisbon	Portugal
	1995	Luxembourg	Luxembourg
	1996	Copenhagen	Denmark
	1997	Thessaloniki	Greece
	1998	Stockholm	Sweden
	1999	Weimar	Germany
	2000	Avignon	France
		Bergen	Norway
		Bologna	Italy
		Brussels	Belgium
		Helsinki	Finland
		Kraków	Poland
		Prague	Czech Republic
		Reykjavík	Iceland
		Santiago de Compostela	Spain
	2001	Rotterdam	Netherlands
		Porto	Portugal

2002	Bruges	Belgium
	Salamanca	Spain
2003	Graz	Austria
2004	Genoa	Italy
	Lille	France
2005	Cork	Ireland
2006	Patras	Greece
2007	Sibiu	Romania
	Luxembourg	Luxembourg
2008	Liverpool	United Kingdom
	Stavanger	Norway
2009	Vilnius	Lithuania
	Linz	Austria
2010	Essen	Germany
	Istanbul	Turkey
	Pécs	Hungary
2011	Turku	Finland
	Tallinn	Estonia
2012	Guimarães Maribor	Portugal
	Maribor	Slovenia
2013	Marseille	France
	Košice	Slovakia
2014	Riga	Latvia
	Umeå	Sweden

유럽의 문화수도에 대한 사례연구를 통해 문화관광도시의 이해를 도모하고자 한다.

(1) 크라쿠프(Krakow)

첫번째 사례연구는 폴란드의 크라쿠프이다. 2000년 선정된 문화수도인 폴란드 크라쿠프는 폴란드에서 세번째로 큰 인구 80만명의 도시이다. 10세기 말 상업 중심지로 부각되어 11세기 초부터 1609년까지 폴란드의 수도로 기능을 했다. 1978년 크라쿠프의 사업지구가 유네스코의 세계문화유산으로 지정되었다.

크라쿠프는 2000년도 문화수도 중 유일하게 1996~2000년에 걸쳐 축제를 기획해 온 도시로, 1996년에는 '연극과 영화'라는 주제아래 아카데미상을 수상한 안드레이 바이다(Andrzej Wajda)의 작품세계를 새롭게 조

명하거나, 다섯 번째를 맞이한 유럽연극인연합의 페스티벌 등 많은 행사를 선보였다. 2000년도 행사에는 전통적인 박물관의 영역에 대한 내용에서부터 현대 미술에 대한 소개가 함께 이루어지거나, 클래식 음악과 팝 콘서트의 협연, 전통극과 아방가르드적인 작품, 전통 발레와 현대무용, 시를 비롯한 문학 영역 이외에도 야외전시와 과학과 관련된 회의 등 문화예술의 다양한 범주들이 포함되었다. 크라쿠프에서 열리는 축제 리스트는 다음과 같다.[5]

5. 김기수(2002). 유럽문화수도 프로그램 운영분석을 통한 한국적 적용 가능성 검토

Krakow festival

  크라쿠프 축제 프로그램

- Audio Art Festival
- Crossroads Festival of Traditional Music
- Festival of Music in Old Cracow
- International Festival of Early Music
- International Shanty Festival
- International Street Theatre Festival
- Jewish Culture Festival
- Krakow Film Festival
- Opera Viva Festival
- Pierogi Festival
- Summer Jazz Festival
- Unsound Festival
- Zaduszki Jazz Festival

- Coke Live Music Festival
- Etiuda & Anima Film Festival
- Festival of Polish Music
- International Festival of Military Bands
- International Soup Festival
- International Summer Organ Concert Festival
- Juwenalia
- Off Festival
- Photomonth in Krakow
- Sacrum–Profanum Music Festival
- Tolerance Festival
- Wianki

크라쿠프는 1955년부터 행사를 시작하여 중앙정부의 큰지지 아래 기간을 5년으로 확장하여 진행하면서 오랜 기간동안 다양한 행사를 진행하고, 보다 많은 사람들의 참여를 유도해내면서 문화도시로의 이미지를 정립해오고 있다.

유럽문화수도로 선정되면, 재정확보가 중요한 관건인데, 1996년부터 준비하여 2000년 문화수도로 개최될 때 체계적으로 노력하여 그 결실을 보았다. 1996년부터 2000년까지 행사에 소요된 총 비용은 12,290,710 유로로, 이 가운데 중앙 정부가 가장 큰 몫을 담당하고, 크라쿠프시가 두 번째로 많은 자금을 담당하였으며, 기업체와의 스폰서 계약을 통해 5년간 총 1,554,458유로(한화 약 21억4,470만)를 확보했다.

구분		1996	1997	1998	1999	2000
공공영역	중앙정부	30%	29%	47%	57.26%	53.7%
	기초자치단체	65%	67%	41%	27.64%	24.3%
유럽연합	공식지원				1.28%	3.5%
	프로젝트지원					2%
공식스폰서		5%	4%	10%	13.82%	18.5%

Krakow 재정

(2) 리버풀(Liverpool)

두번째 사례연구는 영국의 리버풀이다.

2008년 문화수도 영국의 리버풀은 인구 51만 명이 거주하는 북서잉글랜드 머지사이드 도시권의 핵심지역으로, 18~19세기 미국과 서인도제도와의 교역을 통해 급속한 발전을 이룬 영국의 두번째 항구도시이다. 산업혁명의 중심으로 맨체스터와 함께 영국에서 철도가 가장 먼저 생긴 도시이지만 2차 세계대전 당시 도시의 많은 부분이 파괴되어 도시가 위기를 맞았고, 영국의 조선 산업이 급격한 쇠락의 길을 걷게 되면서 1970~1980년대에 극심한 실업률과 가난에 봉착하게 되었다.[6]

6. 곽현(2009). EU '유럽 문화수도 프로그램'에 관한 연구

그러나 1980년대 후반 공공분야와 민간기업의 협력 시도로 리버풀의 문화와 관광이 개발되어야 한다는 의견 대두되면서 MDC(Merseyside Develope Corporation)가 개발한 관광·레저중심 전략이 성공을 거두게 되었다.

2003년 Celebrating Learning, 2004년 Faiths and Community Service, 2005년 Celebrating Arts, 2006년 Year of Sports, 2007년 Celebrating Heritage, 2008년 The World in One City, 2009년 Celebrating the Environment, 2010년 Celebrating

리버풀 야경

출처 : http://www.professionaliverpool.com/

리버풀 도심

Innovation등 다양한 문화프로그램을 진행하여 도시재생 전략을 구축하였다. 그리고 2008년 문화수도로 지명되면서 문화도시로 새롭게 거듭나게 되었다.

(3) 린츠(Linz)

세번째 사례연구는 오스트리아의 린츠이다.

문화수도가 두 도시로 선정되기 시작한 2009년 선정된 곳은 오스트리아의 린츠와 리투아니아의 빌니우스이다. 린츠는 유럽에서 두 번째로 큰 강인 다뉴브 강을 끼고 있는 오스트리아에서 세 번째로 큰 도시로, 제2차 세계대전 전후에 화학과 철강 산업이 중심이 된 산업도시이다. 1970~1980년대에 다뉴브 강 문화벨트를 건설하기로 결정하여 유럽의 문화도시로 변모시키기 위한 프로젝트팀이 2006년에 조직되어 2009년 까지 운영되는 등 근대적인 산업과 문화도시로의 위상을 정립하기 위해 노력하였다.[7]

특히, Linz는 미디어와 예술이라는 새로운 장르 개발을 통해 '미디어도시'로서의 도약을 꿈꾸며 아스전자센터 페스티벌을 개최했다. 이로 인해 많은 외래관광객을 유치하고, 산업과 문화, 환경 등을 연결하여 흥미로운 도시로 유럽의 문화관광 목적지로 재탄생시켰다. 또한 어두운 역사를 문화프로그램으로 전환시키기 위해 불행했던 과거사를 감추려 하지 않고, 히틀러와 제2차 세계대전 등의 역사를 'Linz 2009' 프로그램에 포함시켜 도시의 이미지를 바꾸기 위해 노력하였다. 저항, 사회적 투쟁이나 여성해방 운동의 역사적 장소들을 방문하는 'Activistas'프로젝트와, 12명의 이주민 여성들이 도시 투어에 동행하여 사람들에게 친밀한 도시경험의 기

7. 김정호 · 문철수(2010). 국제적 도시 브랜드 정립 차원에서 바라본 유럽문화수도 프로그램 연구 Linz09 official Website

Linz festival

출처 : http://www.linz09.at/en/projekt-2106389/kulturlotsinnen.html

다뉴브강과 Linz

출처 : http://ds-lands.com/data_images/top_cityes/linz/linz-02.jpg

회를 제공하는 'Culture Pilots'프로젝트, 사람들이 CCTV 카메라를 피할 수 있는 방법을 배우는 투어프로젝트 'Hide', 선정된 한 마을이 한달간 자신의 지역을 설명하는 기회를 갖는 민간주도 프로젝트 'Capital of Culture Neighbourhood of the Month'등이 진행하였다. 관광객 수는 행사 준비기간 이었던 2006~2008년 사이 600,000명 이었던 것이 2009년 2,820,000명으로 약 5배의 증가를 보이면서 지역경제 활성화를 이루고, 다양한 네트워크를 구축했다고 할 수 있으며, 총 비용 61,500,000만 유로 이상이 사용되었으며, 전체 예산 중 60%이상은 프로그램 운영에 사용했고, 19%는 TV, 라디오, 린츠2009의 공식 홍보물인 Neuner, 구전 홍보 및 인터넷 등을 통한 마케팅 및 홍보부문에 사용했다.

(4) 빌니우스(Vilnius)

네번째 사례연구는 2009년에 선정된 리투아니아의 빌니우스를 살펴보자.

리투아니아 빌니우스는 리투아니아의 남동부에 위치하여 수세기 동안 많은 역사의 변화를 겪어온 곳으로, 발트3국(에스토니아, 리투아니아, 라트비아를)의 수도 중 유일하게 바다와 면하지 않은 수도이다. 빌니우스는 도시 자체가 유네스코의 세계문화유산으로 지정된 세계에서 가장 오래된 도시로 2009년은 '리투아니라'라는 지명이 생긴지 1000년이 되는 해에 선정되었다.[8]

2009년 문화수도 빌니우스의 비전은 사람, 문화, 창조와 열려있는 미래의 유럽

8. 김정호 · 문철수(2010). 국제적 도시 브랜드 정립 차원에서 바라 본 유럽문화수도 프로그램 연구

Vilnius 도시 경관

수도를 만드는 것으로, '살아 있는 문화'를 프로그램의 목표로 하여 세계인들이 새로운 유럽문화를 경험하고, 각 개인이 문화 창조자로서 행사에 참여하도록 유도하였다. 문화수도로 지정된 이후부터 외국인 관광객들을 맞이하기 위해 영어, 폴란드어 등의 외국어 교육에 대한 투자와 공공장소의 광고판을 이용하여 유럽과 전 세계 유명인사들에 대한 정보를 제공한 집단문화교육을 주도하고, 2009년 빌니우스 문화수도를 홍보하기 위해 44개의 예술 프로젝트를 각각 다른 도시에서 진행하여 100,000개 이상의 지도를 방문객들에게 제공하는 캠페인을 시행하였다.

프로그램은 문화 예술·사회적 프로젝트, 홍보 및 커뮤니케이션 활동, 문화시설의 발전이라는 3개의 주요 프로젝트로 구성되었다. 빌니우스는 문화수도 프로그램을 통해 세계각국의 젊은 예술가들이 협동하여 그들의 창조적인 재능을 표현하고 예술적 역량을 발전시킬수 있게 하여 총 1,500명 이상의 예술가들이 프로그램에 참여하여 3,747편의 작품을 전시하게 하는 등 문화 인프라에서 젊은 예술가들을 양성하는 큰 성과를 내어 주목받았다. 문화수도로 지정되어 3천만명의 방문객을 유치하고 15%의 관광서비스 분야의 증가와 4.8% 정도의 경제성장을 이루어 관광분야에서도 큰 성과를 거두었다.

(5) 기마랑이스(Guimarães)

다섯번째 사례연구는 포르투갈의 기마랑이스이다.

가장 최근인 2012년 문화수도로 지정된 포르투갈의 기마랑이스는 인구 53,000명으로 포르투갈의 북부에 위치한 역사적인 도시로 "Cradle of Portugal"이라고 부르는데 이는 포르투갈의 정체성과 언어의 발달과 밀접한 관계가 있기 때문이다. 유네스코 세계문화유산 목록에 등재되어 있으며, 주민의 50%가 30살 미만인 유럽에서 가장 젊은 도시로 알려져 있다.

"기마랑이스에서는 모든 것이 일어난다 그리고 모든 것이 바뀐다 (In Guimarães

Vilnius 구 도심 경관

Vilnius 문화수도 경관

Everything Happens와 Where Everything is Transformed)"는 슬로
건으로 1300여개의 이벤트가 문화프로그램에 포
함되어 있다. 또한 25,000명의 아티스트와 전문가들이 문화프로그램 창달에 관련
되어 있으며, 15,000명의 시민들이 문화이벤트에 기여하고 있고, 300 기구와 단체
가 관련되어 1,000개의 새로운 창작물이 문화프로그램에 포함되어 있다. 또한 700
명의 예술가들이 거주하고 40개의 영화가 제작되며, 60개의 새로운 간행물이 출간
되고 있다.

기마랑이스 문화수도지정

기마랑이스 경관

기마랑이스 페스티벌

2. 문화도시

　　문화도시는 1995년 지방자치시대가 개막되면서 서울과 수도권 중심의 문화집중화에 반하여 지방의 경쟁력을 제고하는 지방화 시대의 발전과 더불어 생긴 도시화를 일컫는 용어이다. 일반적으로 지방의 자주성 및 자율성을 존중하면서 각 지방의 개성이나 특성을 최대한 살리기 위해 모든 일을 지방에서 발견하고 출발하려는 사고방식에서 생겨났다고 할 수 있다. 지역관광개발의 요건으로 지역특성(자연환경, 인문사회, 경제)을 정확히 파악하고 장점을 최대한 도출하는 이유가 여기에 있다. 따라서 관광객의 욕구와 행태를 분석하여 주변여건을 활용하는 방향으로 아이디어의 발굴과 개발계획수립 및 사업추진방식을 강구하는 것이 지역관광개발전략의 성패가 좌우된다고 할 수 있다.

　　문화도시라는 개념은 도시목표로써 관광 관련 산업의 활성화를 통하여 지역사회를 발전시키고 지역주민을 위한 도시경영을 해나가는 관광도시의 개념을 포함한다. 또한 도시의 특정 장소를 테마로 특화시킨 관광거리의 개념도 포함하고 있다. 더불어 1990년대부터 정책사업의 하나로 추진한 문화거리의 개념도 포함하고 있다. 문화거리란 그 도시가 갖는 고유한 문화자원을 활용하여 자연적으로 형성되었거나 또는 자연적 문화환경에 인위적인 배치와 디자인을 가미시킨 일정한 공간을 창출하여 조성하기도 한다. 특히 관광객의 흥미와 만족을 높이기 위해 그 나라 · 지역의 특수한 문화를 일정한 장소에 집결시킨 거리를 일컫는다. 문화도시, 도시문화벨트, 문화지구 내에 위치하며, 특정한 문화적 주제를 중심으로 선형으로 거리가 형성된 경우를 말한다.[9]

9. 황동열 외 7명(2009),
문화벨트 및 문화도시
조성방안 연구. 한국
문화정책개발원.

　　현재 우리나라에서는 중앙정부에서 행정적으로 문화관광도시를 선정하거나 지정하지는 않지만 각각의 지방자치단체는 도시목표로써 또한 개발전략으로 문화관광도시의 지향은 바람직하다고 판단된다. 유사한 도시개발전략으로 '지역방문의 해'가 해당된다. 1994년과 2001~2002년 두 차례의 「한국방문의 해」 경험을 바탕으로 중앙정부 차원의 지원을 통해 지역의 관광산업을 활성화하고 국내관광을 진흥시키기 위해 2004년부터 광역지자체의 「지역방문의 해」 사업이 추진되기 시작하였다. 2004년 강원방문의 해를 시작으로 매년 「지역방문의 해」 사업이 추진되어, 2012년 전북방문의 해가 진행되었고, 2013년 부 · 울 · 경방문의 해를 끝으로 종료되었다. '문화의 거리'는 지방자치단체에서 조건에 부합하거나 거리를 조성하여 선정하고 있다. 2013년을 마지막으로 지역방문의 해 선정이 끝나고, 이후 2014년부터 준비 2016년에 시행할 예정이다.[15]

구분	양적 목표	질적 목표
2004 강원	내국인 7,000만 명	대한민국 관광수도, 동북아의 관광허브
2005 경기	총 관광객 6,900만 명	경기도 관광산업 발전에 전기를 마련하고 지역경제 성장과 국가발전에 기여
2006 제주	총 관광객 540만 명	동북아 관광 휴양 수도를 향한 대도약
2007 경북	총 관광객 7,100만 명	• 지역의 새로운 성장전략으로써 경북관광의 재도약 추진 • 경북관광 브랜드 마케팅, 국제 경쟁력 강화, 관광마인드 확산
2008 광주 · 전남	총 관광객 3,300만 명 외국인 13만 명	• 관광산업의 발전을 통해 광주 · 전남의 지역경제를 활성화 • 지역의 이미지 제고를 통한 광주 · 전남지역의 발전 도모
2009 인천	내국인 2,000만 명 외국인 200만 명	• 인천관광의 총체적 점검 · 정비 • 인천세계도시축전 성공 기원 • 인천 관광산업 발전 · 지역경제 활성화에 기여
2010 대전 · 충남	내국인 17,179만 명 외국인 228만 명	• 관광수용태세 정비 및 다시 방문하고 싶은 충청매력 발굴 • 관광 목적지로서 충청관광 이미지 및 브랜드 강화 • 서해안 및 내륙관광 활성화를 통한 지역 및 국가 관광경쟁력 제고
2011 대구	총 관광객 200만 명 내국인 170만 명 외국인 30만 명	• 국제대회의 성공적 개최로 대구의 브랜드가치 업그레이드화 • 관광마케팅 활성화로 관광산업을 21세기 대표 성장사업으로 육성
2012 전북	총 관광객 6,800만 명	• 전북 보유자원의 관광가치 창출 극대화 • 잠재가치 창출하기, 홍보 · 마케팅 강화, 인적역량강화

이상의 개념을 종합하여, 문화관광도시는 관광거리, 문화거리, 지역방문의 해 등의 개념을 통합하는 것으로 도시의 목표와 도시의 특화된 장소를 거리로 지정한 OO거리의 개념을 융합한 도시의 개념을 지칭한다. 즉, 문화관광도시는 지역의 정체성을 바탕으로 그 도시의 인문 및 자연환경 속에서 지역민과 어울려져 만든 지

역문화를 바탕으로 관광객을 끌어들이기 위해 특정한 주제를 가진 여러 관광매력물을 계획하고 디자인한 도시이다. 따라서 문화관광도시의 역할은 도시발전에 다양한 사회문화적 경제적 파급효과를 유발하고, 도시의 브랜드 파워를 제고시켜 세계도시화에 기여하는 것이다. 시민에게는 자긍심을 함양시켜 살맛 나는 도시, 관광객에게는 다시 방문하고 싶은 도시를 만드는 역할을 해야 한다. 뿐만아니라 시민간, 시민과 관광객간, 세대간의 서로 다른 문화적 의식과 취향이 상호 통섭되는 장이다. Host-guest간 소통의 공간으로, 제반 산업에 승수효과(multiplier effect)를 가진다.

　이러한 문화관광도시가 되기 위해서는 자연공원, 온천, 아름다운 자연경관 같은 자연자원과 그 지역의 독특하고 다양한 문화재와 같은 역사자원을 보유하고 있어야 한다. 또한 관광객을 송출시킬 관광시장의 경제수준과 도시의 접근성이 양호해야 하며, 관광자원을 개발하여 관광매력물을 조성할 수 있는 자본을 소유하고 있어야 한다. 또한 안전하고 신속한 교통의 연계성과 더불어 도시의 기반시설이 잘 조성되어 있으며, 도시 전체의 어메니티가 높아야 한다.

　이러한 문화관광도시개발의 효과는 다음과 같다.

　첫째, 국가사회에 미치는 효과로는 외화획득 기회증대 및 국가경제발전의 촉매

역할을 한다는 것이며, 국가이미지 개선과 복지사회 건설에 이바지하며, 국민의 생활복지 향상에 기여한다는 것이다.

둘째, 지역사회에 미치는 효과로는 기업경제발전의 가속화를 유도하며, 지역경제의 고부가가치를 창출시켜, 지역내 기존산업의 발전을 유도할 수 있다는 것이다. 또한 지역민의 생활환경의 개선이 이루어져 지방정부의 재정력 강화에 기여하는 효과를 미칠 수 있다.

중국	서안, 개봉, 낙양, 남경, 돈황, 항주, 소주
일본	오키나와, 교토, 나라, 오사카, 아오모리
대만	타이난, 타이중, 홍콩
베트남	하노이
태국	치앙마이
인도	가야, 델리, 캘커타, 아그라
파키스탄	라호르
호주	멜버른
뉴질랜드	더니든, 오클랜드, 트와이젤, 인버카길
괌	아가나
이스라엘	텔, 아비브
요르단	암만, 아카바

세계의 주요 문화관광도시 (아시아-태평양)

러시아	상트페테르부르크, 모스크바, 이르쿠츠크
영국	에딘버러, 요크, 리버풀, 런던, 솔즈베리, 바스
프랑스	몽생미셀, 파리, 아비뇽, 니스, 깐느
독일	함부르크, 하노버, 베를린, 본
이탈리아	밀라노, 베네치아, 피렌체, 로마, 나폴리, 소렌토
캐나다	몬트리올, 오타와, 벤쿠버
미국	보스톤, 시카고, 하와이(호놀룰루), 마이애미, 뉴욕, 워싱턴
아르헨티나	부에노스아이레스, 마르델, 플라타, 바릴로체
브라질	벨렘, 살바도르, 브라질리아, 상파울로
이집트	알렉산드리아, 카이로, 시나이, 룩소르, 아스완
케냐	몸바사

세계의 주요 문화관광도시 (유럽-아메리카)

03 관광도시 — '올해의 관광도시'를 중심으로

세계적인 관광도시들은 축제 도시, 레저·스포츠 도시, 문화예술 도시, 휴양·리조트 도시, 환경·생태 도시 등 명확한 테마를 가지고 창의적이고 매력 넘치는 다양한 프로그램이 추진될 수 있는 유기적이고 과정적인 시스템을 갖추고 있다.

최근 인프라 및 대형 프로젝트 중심의 관광도시를 지양하고 주민들이 실제 접하는 생활문화를 중심으로 차별화된 콘텐츠와 상품에 기반한 소프트파워의 관광도시로 발전 및 진화하고 있는 추세이다.

도시의 관광적 중요성이 증대됨에 따라 전 세계적으로 문화와 관광을 활용한 도시 활성화 성공 사례가 다수 출현하는 등 도시 관광의 중요성에 대한 인식이 날로 증가하고 있다. 이러한 시대적 요구와 세계관광시장의 동향을 반영하여 우리나라는 '올해의 관광도시'사업으로 새로운 관광수요를 창출하며, 세계관광시장에서 경쟁력을 제고시키려고 하고 있다.

이는 광역지자체별로 순환 개최 되었던 지역방문의 해 사업이 준비기간의 부족, 체계적인 종합계획 수립의 미비, 중간평가 등 환류체계 미흡, 지역의 특성을 반영한 대표 프로그램 개발의 부족, 이벤트 등 관련사업의 지속성 부족 등의 문제점을 드러내며 마무리됨에 따라 이러한 한계점을 개선할 수 있는 체계적인 육성 시스템에 기반한 새로운 관광도시 진흥 정책이 요구되는 시대적 요구의 반영이 있었다.

도시란 비일상권으로 관광을 떠나는 사람이 타국에서 만나는 국가의 게이트웨이에 해당된다. 모든 관광은 도시에서 시작하여 도시에서 끝난다. 도시가 국제공항이나 국제여객터미널, 기차역 등 이동을 위한 기반시설을 갖추고 있기 때문이다. 관광목적지에서의 활동과 상관없이 도시는 베이스캠프와 같은 전진기지 역할을 담당하고 있다. 전 세계적으로 아주 빠르게 진행되는 도시화율은 향후 도시관광의 활성화를 더욱 더 촉진시킬 것으로 생각된다. 향후 도시는 문화관광이 이루어지는 거점이 될 것이다. 따라서 도시의 관광잠재력을 극대화하고 도시의 정체성을 개발하여 그 지역의 고유성과 진정성을 문화관광상품화하기 위해서는 도시관광전략의 체계적이며 구조적인 접근이 요구된다고 할 수 있다.

　다음에서는 우리나라에서 추진되고 있는 '올해의 관광도시'를 중심으로 관광도시에 대한 기본적인 이해를 도모하고자 한다. '올해의 관광도시'가 되기 위해서는 다음과 같은 요건을 갖추고 있어야 한다.

　첫째, 관광관련 인적자본이 풍부하여 관광산업의 유치 가능성이 커야하고, 둘째, 관광안내정보시설, 관광교통시설, 관광숙박시설 및 컨벤션 시설 등 관광기반시설이 발달되어 있어 관광객을 원활히 수용할 수 있어야하며, 셋째, 역사, 문화 관광시설, 위락 및 여흥시설, 관광쇼핑시설, 음식시설 등이 풍부하여 관광객에게 볼거리와 놀거리, 먹거리를 제공할 수 있어야한다. 마지막으로, 관광도시별 특징적 이미지 제고, 유지시킬 수 있도록 문화행사, 도시축제 등 각종 이벤트가 정례적으로 개최되어야 한다.

　기본적으로 '올해의 관광도시'가 지녀야 할 특징은 다음과 같다.

　대규모 관광지 배후 지역이거나 특징적 관광자원 소재지에 위치히며, 도시 내에 다수의 관광매력물이 존재해야 한다. 광역 및 역내 교통접근체계가 잘 발달되어 있어야 하고, 유동 관광인구가 상대적으로 많아야 한다. 고유의 문화이벤트가 많고, 유·무형의 관광자원을 많이 보유하고 있으며, 특징있는 회의·전시·쇼핑시설을 보유하고 있어야 한다. 지역에 관한 모든 기능을 제공할 수 있는 관광안내 기능을 보유하고 있고 안내정보의 질적 수준이 높아야 하고, 친절한 환대 서비스 체계가 확립되어 있어야 한다.[10]

　2013년에 종료된 '지역방문의 해' 사업이 광역지자체 단위의 사업이었다면, 이번에 추진되는 '올해의 관광도시' 사업은 기초자치단체 단위의 경쟁력 있는 사업을 발굴, 추진하기 위한 사업이다. 매년 관광의 잠재력이 큰 중소도시를 3곳 선정하여, 콘

10. 올해의 관광도시 지정 대상
　　전국의 시, 군 및 광역시
　　지정 개수 : 매년 3개 도시
　　지정 시기 : 3년 전에 미리 선정 및 발표하고 3년 간 체계적인 준비 및 지원
　　사업기간 : 총 3년(준비기간 2년 + 관광도시 1년)
　　　1년차: 관광도시 선정발표 및 콘텐츠·상품개발+환경 개선+컨설팅
　　　2년차: 콘텐츠·상품개발+환경개선+홍보마케팅+컨설팅
　　　3년차: 관광도시 실행 및 평가
　　※ 2014년부터 매년 3개의 관광도시 선정 발표(관광도시 행사는 2016년~)

텐츠 개발 및 컨설팅 등에 3년간 최대 25억 원을 지원하여, 해당 도시를 매력적인 관광목적지로 육성하는 사업으로 문화체육관광부에서 선정한다.

　'올해의 관광도시'의 선정기준은 도시의 규모보다는 관광 여건, 관광 잠재력 및 지자체의 추진 의지 등을 종합적으로 제시하고 있다. 특히, 관광 테마와 지역 등이

균형적으로 분포될 수 있도록 선정방향을 제시하였다.

2014년 3월 문화체육관광부는 2016년 처음으로 시행되는 '올해의 관광도시'에 제천시, 통영시, 무주군을 최종적으로 선발하였다.

'올해의 관광도시' 선정 도시

선정 도시	도시목표	추진방향
제천시	힐링 관광도시	월악산, 소백산, 치악산 등 3대 국립공원의 중앙에 위치하고 청풍호를 보유한 청정한 자연환경 조건과 2010년 국제한방 바이오엑스포 개최 등의 경험을 바탕으로 제천만이 가지고 있는 자연, 한방, 문화가 결합된 복합 치유 관광상품을 개발
통영시	문화예술 관광도시	한려해상 국립공원의 중심에 위치하여 남해안의 자연풍광 및 풍부한 수산자원과 최근 통제영 복원을 계기로 유네스코 등재 추진 및 세계음악 창의도시 지정을 위한 노력 등 문화예술분야의 다양한 성장 잠재력을 바탕으로 기존 관광자원과 문화예술을 접목추진
무주군	레저·스포츠 관광도시	경상도, 전라도, 충청도가 접하고 있는 국토의 중심에 위치한 지리적 특성과 1997년 동계 유니버시아드 대회 및 2000년 월드컵 스키 점프대회 등 국제 행사 개최의 경험을 바탕으로 활공장, 스키장 등 다양한 레포츠 시설 및 2014년 4월 개원 예정인 국립 태권도원 등과 연계 추진

문체부는 앞으로, 올해의 관광도시로 선정된 도시에 대한 전문가 집단의 컨설팅을 통해, 도시가 보유한 자원의 차별성과 특수성을 반영한 종합적인 육성계획 및 연차별 세부 실행계획 수립을 지원하고, 정부·지자체 및 민간 등이 참여하는 '협

제천시 청풍대교

'의회'를 구성하여 '올해의 관광도시'끼리 서로 연계하여 시너지 효과를 극대화할 수 있도록 하고, 관광도시 행사 종료 후에도 자생적인 발전이 가능하도록 추진할 계획이다.

또한, 올해 선정된 관광도시에 대해서는 2016년에 본격적인 관광도시 사업이 실행되기 이전에도 도시 간 상호 방문 등 협력을 유도하고, 올해 처음으로 실시되는 관광주간('14. 5. 1.~5. 11./'14. 9. 25.~10. 5.)에 도시 내 초·중·고교 재량휴업을 유도하는 등 지역관광 활성화를 위한 여건을 조성해 나갈 계획이다.

통영시 삼칭이바위길

무주군 용추폭포

읽어보기

11. http://201480.tistory.com/16

세계 관광도시 순위[11]
(2011년 MasterCard에서 전 세계 132개 도시들의 관광객들과 관광수입을 발표한 자료)

세계 관광도시 순위에서 1위는 런던으로 한해 2010만명의 관광객이 찾는 곳으로 나타났다. 다음으로 유럽의 관문인 파리가 1810만명으로 2위를, 3위는 태국의 방콕이 차지했다. 서울도 790만명으로 11위에 위치하여 관광도시로서의 브랜드 파워를 보여주었다. 상위 20개 도시들의 지역분포를 보면, 유럽도시가 세계관광의 중심지 답게 절반을 차지했으며, 북미지역에서는 뉴욕만이 포함. 동아시아에서는 한국의 서울, 일본의 동경, 중국의 상해와 홍콩, 대만의 타이페이가 포함. 그 외 UAE의 두바이, 싱가폴, 말레이시아의 쿠알라룸푸르가 포함되어 있다.
관광수입도 런던이 1위를 차지했다. 한해 250억 6천만달러(약 30조원)를, 다음으로 뉴욕이 20억 3천만달러를 차지했으며, 서울은 10억2백만달러로 11위를 차지하였다. 이스탄불, 로마, 동경, 두바이, 바르셀로나를 능가한 것은 흥미로운 일이다.

국제관광객 순위

국제 관광객 순위 (2011)		
순위	도시명	만명
1	London	2,010
2	Paris	1,810
3	Bangkok	1,150
4	Singapore	1,140
5	Hong Kong	1,090
6	Madrid	1,010
7	Istanbul	940
8	Frankfurt	840
9	Dubai	790
10	Rome	790
11	Seoul	790
12	New York	760
13	Amsterdam	740
14	Kuala Lumpur	690
15	Milan	670
16	Barcelona	670
17	Vienna	620
18	Shanghai	550
19	Taipei	540
20	Tokyo	500

관광수입 순위

관광수입 순위 (2011)		
순위	도시명	10억 $
1	London	25.6
2	New York	20.3
3	Paris	14.6
4	Bangkok	14.4
5	Frankfurt	14
6	Sydney	13.8
7	Los Angeles	12.5
8	Madrid	11.8
9	Singapore	10.8
10	Hong Kong	10.4
11	Seoul	10.2
12	Istanbul	10.2
13	Amsterdam	9.9
14	Rome	8.9
15	Tokyo	8.7
16	Miami	8.7
17	Taipei	8.5
18	Dubai	7.8
19	Melbourne	7.5
20	Barcelona	7.5

Arostegi, Artetxe & Agustin.(2005) El Centro Kurssal y su impacto economico : un contraste metodologico. Cuadernos de Gestion. 5(1), 105-115.

Cliche, Danielle & Andreas Wiesand(2004). Exposing and Opening Gate. Introduction and Recommendations. Bonn: ERI Carts Institute.

Coskuner-Balli, G., & Thompson, C. J. (2013). The status costs of subordinate cultural capital: at-home fathers' collective pursuit of cultural legitimacy through capitalizing consumption practices. Journal of Consumer Research, 40(1), 19-41.

Dear, M., & Leclerc, G. (Eds.). (2013). Postborder city: cultural spaces of Bajalta California. Routledge.

Directorate-General for the Budget. General Budget of the European Union for the Financial Year 2005. Brussels: European Commission.

Forrest, Alan(2002). Cultural Policy. Desmond Dinan (ed.). Encyclopedia of the European Union. Boulder: Lynne Rienner.

France, A., Bottrell, D., & Haddon, E. (2013). Managing everyday life: the conceptualisation and value of cultural capital in navigating everyday life for working-class youth. Journal of Youth Studies, 16(5), 597-611.

Gaddis, S. M. (2013). The influence of habitus in the relationship between cultural capital and academic achievement. Social science research, 42(1), 1-13.

Guillory, J. (2013). Cultural capital: The problem of literary canon formation. University of Chicago Press.

Hambleton, Robin, Hank V. Savitch & Murray Stewart (eds.)(2002). Globalism and Local Democracy. Challenge & Change in Europe and North America. Houndmills: Palgrave MacMillan.

Heinrichs, Werner(2004). Instrumente der Kulturförderung im internationalen Vergleich, Aus Politik und Zeitgeschichte. B49/2004.

Herrero, Luis Cesar.(2004) Impacto economico de los macrofestivales culturales: reflexiones y resultados. Boletin GC : Gestion Cultural. 1-12.

Herrero, LuisCesar et al.(2006). The Economic Impact of Cultural Events : A Case-Study of Salamanca 2002, European Capital of Culture. European Urban and Regional Studies. 13(1), 41-57.

Kouveliotis, Kyriakos(2004). The Impact of EU's Cultural Activities on Establishing a European Identity. Paper Outline for the Group Theme: Governance and Citizenship in the European Union: The Influence of Culture. Athens, Greece.

Luigi, Sacco Pier & Tavano Blessi, Giorgio.(2007) European Culture Capitals and Local Development Strategies: Comparing the Genoa 2004 and Lille 2004 Cases. Homo Oeconomicus, 1-16.

Mahdavinejad, M., Shamshirband, M., Pilbala, N., & Yari, F. (2012). Socio-cultural approach to create an educative city case: Tehran-Iran. Procedia-Social and Behavioral Sciences, 51, 943-947.

Novy, J., & Colomb, C. (2013). Struggling for the right to the (creative) city in Berlin and Hamburg: new urban social movements, new 'spaces of hope'?. International Journal of Urban and Regional Research, 37(5), 1816-1838.

Ogbu, J. I. (2013). A cultural ecology of competence among inner-city blacks. Beginnings: The social and affective development of Black children, 45-66.

Palmer / Rae Associates.(2004) European Cities and Capitals of Culture-CityReports. Brussels: European Commission, 303-318

Prado, Elvira(2007). La candidatura a la Capitalidad Europea de la Cultura : unaherramienta para la proyeccion exterior. Area : Lengua y Cultura-ARI. 113, 1-6.

Richards, Greg & Wilson, Julie(2004). The Impact of Cultural Events on City Image: Rotterdam, Cultural Capital of Europe 2001. Urban Studies. 4(10), 1931-1951.

Ringenberg, M., McElwee, E., Michigan, C. C. W., & Israel, K. (2013). Cultural capital theory and predicting parental involvement in Northwest Indiana schools. Issues, 5.

Sassatelli, Monica(2002). Imagined Europe: The Shaping ofa European Cultural Identity Through EU Cultural Policy. European Journal of Social Theory. 5(4), 435-451.

문화유산관광,
Cultural Heritage Tourism

7 Chapter

진정으로 무엇인가를 발견하고자 하는 여행은
새로운 풍경을 바라보는 것이 아니라
새로운 눈을 가지는 것이다.

– 마르셀 푸르스트

Chapter 7

문화유산 관광

Cultural Heritage Tourism

하나인 것 같은데 하나가 아니고, 같은 것 같은데 다르게 사용되어지는 단어들: 유산, 유산관광, 문화유산, 문화유산관광, 신문화유산관광. 그 개념을 알아보고 자 한다. 문자적 의미와 더불어 현재 보편적으로 사용되는 의미도 검토하였다.

01 유산(Heritage)의 이해

1. 유산의 정의

유산(heritage)은 인간으로서 가치있다고 하는 것은 무엇이며, 미래세대에 전승하기 위해 선택해야할 것은 무엇인가와 관련되어진다. 따라서 문화유산은 방향성을 지닌 행동을 암시한다. 즉, 관리책임과 보호에 대한 보장을 통하여 현재에서 미래까지 영속시킨다는 책임을 전제로 하고 있다.

학술적 정의로 유산은 '과거 현재 미래 세대를 위한 미적 역사적 과학적 또는 사회적 가치를 지니고 있는 장소와 장소에 내포되어 있는 모든 가치이며, 사회경제 정치 민족 종교 또는 철학적인 고려를 포함해 창조된 예술 작품에 깃든 문화적 역사적 배경에 관한 지식'이라고 되어 있다. 한편 위키백과[1]에는 '장래의 문화적 발

1. http://ko.wikipedia. org/wiki/문화유산

전을 위하여 다음 세대 또는 젊은 세대에게 계승·상속할 만한 가치를 지닌 사회의 문화적 소산으로 과학, 기술, 관습, 규범 및 정신적·물질적 각종 문화재, 문화양식 따위를 모두 포함한다'고 되어 있다.

또한 ICOMOS(International Council on Monuments and Sites: 국제기념물유적협의회)는 유산을 사회에 의해서 발전해 온 삶의 양식의 발현이며 관습 풍습 장소 유물 문화적 표현 양식과 가치들이 세대를 거쳐 전수되어 온 것으로 유형 문화재와 무형 문화재를 모두 포함한다고 정의하고 있다.

그리고 UNESCO(United Nations Educational, Scientific and Cultural Organization)는 역사적 예술적 과학적 관점에서 뛰어난 인류의 전지구적 가치를 가지고 있는 기념물, 건축학적 작품, 기념비적 회화나 조각 작품, 개별적이거나 연결되어 그룹 지어 있는 건물 또는 지역, 고고학적 장소와 인류의 작품이나 자연과 함께 빚어낸 작품을 포함한다고 정의하고 있다.

이러한 다양한 정의를 가진 유산의 개념은 1970년대 유럽에서 처음 등장(Prentice, 1993)하였으며, '계승(繼承, inheritance)'의 의미를 지니었다. 즉, 조상으로 부터 연속적으로 이어져오는 것을 뜻하였다. 1980년대 중후기 부터 문화의 관광상품화와 연계되어 지방문맥, 역사인물 등을 포함하여 유산의 의미는 점점 외연화되어 확대해석되고 있다.

2. 유산의 중요성

사람과 자연환경이 어우러져 만들어 낸 유산은 우리의 역사와 문화를 담고 있기에 옛 사람들의 생각과 생활 등을 살필 수 있는 지나온 과거의 증거이며, 오늘을 살아가는 우리들에게 문화적인 가치와 의식을 일깨우는 삶의 의미를 제공해 준다. 그리고 우리들은 유산의 의미를 바르게 이해하고 보존할 수 있는 방법을 찾아서 미래세대들에게 물려주어야 할 소중한 유산을 책임맡고 있는 주인이기도 하다.

따라서 유산이 가진 역사성과 학술성, 예술성 그리고 상징성을 인정하며 구별과 선택보다는 그 가치와 의미를 존중하여 문화이해의 출발로 삼아야 한다.

우리나라에는 유산이라는 용어보다는 문화재라는 용어가 보편적으로 사용되어진다. 문화재란 보존할 만한 가치가 있는 문화유산을 뜻한다. 넓은 의미에서 형태를 갖춘 유형의 것을 포함하여 눈에 보이지 않으나 여러 세대를 거치는 동안 입에서 입으로 전해져온 여러 가지 예술 활동과 인류학적인 유산, 민속, 법, 습관, 생활 양식 등 민족적 또는 국민적인 체질의 본질을 표현하는 모든 것까지 포괄하게 된다. 문화재는 문화재보호법 또는 시·도 문화재보호조례에 의해서 보호되는 "지정문화재"와 법령에 의하여 지정되지는 않았지만 문화재 중에서 지속적인 보호와 보존이 필요한 "비지정문화재"로 크게 구분된다. 지정문화재는 국가지정문화재, 시·도지정문화재로 구분된다. 한편 비지정문화재는 매장문화재등 기타 지정되지 않은 문화재(향토 유적·유물)로 구분한다. 지정·비지정 문화재, 개인과 지역, 국가와 민족의 차이와 구별을 넘어 인류의 모든 삶의 가치와 의미를 위해서 '문화유산'이라는 인류 공통어로 다 함께 아끼고 지켜나가야 할 것이다.

3. 유산의 분류

1972년 11월 1일, 제17차 유네스코 정기 총회에서 참가국의 대표자와 전문가들이 제정한 약속인 〈세계유산협약〉 선언을 통하여 유산을 세가지로 분류하였다. 첫째, 문화유산(예: 한 민족 혹은 나라의 사상, 가치와 신앙, 건축물과 기념물, 중요한 역사사건의 발생지, 예술[문학, 음악, 무용, 조각],전통 이벤트와 축제, 전통적인 생활양식, 인위적으로 개조한 자연풍경), 둘째, 자연유산(예: 원시적인 자연경관[벌채 하지 않았던 삼림, 막지 않은 강, 경작하지 않았던 산]), 셋째, 비물질적 유산.

그러나 1978년 UNESCO는 다음과 같이 세계유산을 분류하고 있다. 이는 유네스코가 1972년 채택한 세계유산협약, 세계유산협약의 이행을 위한 운용지침, 그리고 세계유산협약을 채택하는데 크게 기여한 아테네헌장(1931년 제정)과 베니스헌장(1964년 제정)의 정신과 이념에 바탕을 두고 있다.

세계유산이란 세계의 모든 인류가 주권·소유권·세대를 초월하여 공동으로 보존하고 관리해야 할 '탁월한 보편적 가치'(Outstanding Universal Value, OUV)가 있다고 인정되어 유네스코 세계유산목록에 등재된 문화유산, 자연유산 그리고 문화유산과 자연유산의 가치를 함께 담고 있는 복합유산을 말한다.

세계유산 중에는 어떤 유산이 인접한 여러 국가의 국경에 걸쳐 소재할 경우 해당 국가들이 공동으로 신청하는 국가간(越境) 유산, 탁월한 보편적 가치를 지닌 동일한 유형의 유산이 단일 국가의 복수의 장소, 또는 복수의 국가의 영토에 소재할 경우에 해당하는 연속유산과 같은 특별한 유형의 유산도 있다. 조선왕릉과 하회 · 양동마을은 모두 연속유산으로 등재되었다.

세계유산목록에 등재된 유산은 한 마디로 지구 환경, 그리고 인류의 문명과 역사를 집약한 축소판이라고 할 수 있다. 각 문명권과 지역의 자연 현상, 그리고 시대별 사회 · 문화를 반영하는 고고 유적, 역사 도시, 주거지와 마을, 기념건조물, 문화 경관 등 수많은 유산이 세계유산목록에 등재되어 있기 때문이다.

세계유산목록의 등재를 결정하는 세계유산위원회는 1975년 세계유산보호협약에 의해 구성되어, 1978년부터 매년 개최되고 있다. 세계유산위원회는 신규 세계유산 등재 여부의 결정, 위험에 처한 세계유산 선정, 세계유산의 보존 관리 현황의 점검 등을 수행한다.

세계유산위원회의 자문기구로는 ICOMOS(국제기념물유적협의회), IUCN(세계보존연맹), ICCROM(국제문화재보존센터) 등이 있다. ICOMOS(국제기념물유적협의회)와 IUCN(세계보존연맹)은 세계유산목록 등재 신청을 한 문화유산과 자연유산에 대한 심사를 각각 담당하여 위원회에 심사 보고서를 제출하고, ICCROM(국제문화재보존센터)은 문화재의 보존 및 복원에 대한 자문을 주로 한다.

유산의 UNESCO 지정에 따른 혜택은 다음과 같다.
첫째, 세계유산에 등록되면 국제 사회에서 문화국가로서의 지위향상
둘째, 세계인과 내국인의 관심제고를 통한 관광 홍보효과
셋째, 세계유산기금을 통한 유산의 보존, 관리에 대한 기술적, 재정적 지원 확보
넷째, 정기적인 조사를 통한 보존, 관리 등의 혜택

이러한 혜택은 결국 유산의 관광상품화와 연계된다. 이는 지역사회나 지역이나 국가가 세계유산에 등재되기 위해 많은 노력과 시간을 들여 준비하는 이유가 된다.

세계유산의 등록기준은 다음과 같다.

ⅰ. 독특한 예술적 혹은 미적인 업적, 즉 창조적인 재능의 걸작품을 대표 할 것

ⅱ. 일정한 시간에 걸쳐 혹은 세계의 한 문화권내에서 건축, 기념물 조각, 정원 및 조경디자인, 관련예술 또는 인간정주 등의 결과로서 일어난 발전사항들에 상당한 영향력을 행사한 것

ⅲ. 독특하거나 지극히 희귀하거나 혹은 아주 오래된 것

ⅳ. 가장 특징적인 사례의 건축양식으로서 중요한 문화적, 사회적, 예술적, 과학적, 기술적 혹은 산업의 발전을 대표하는 양식

ⅴ. 중요하고 전통적인 건축양식, 건설방식 또는 인간주거의 특징적인 사례로서 자연에 의해 파괴되기 쉽거나 역행할 수 없는 사회·문화적 혹은 경제적 변혁의 영향으로 상처받기 쉬운 것

ⅵ. 역사적 중요성이나 함축성이 현저한 사상이나 신념, 사진이나 인물과 가장 중요한 연관이 있는 것

세계유산 분류

구분	세계유산			무형유산	세계기록유산
	문화유산	자연유산	복합유산		
정의	• 인류 보편적 가치를 지닌 자연유산 및 문화유산들을 발굴 및 보호, 보존하고자 1972년 세계 문화 및 자연 유산 보호 협약(Convention concerning the Protection of the World Cultural and Natural Heritage; 약칭 '세계유산협약')을 채택. • 세계유산협약이 규정한 탁월한 보편적 가치를 지닌 유산			• 공동체, 집단 및 개인이 자신의 문화유산의 일부분으로 인식하는 관습, 표현, 지식 및 기술 이와 관련된 전달 도구, 사물, 공예품 문화 공간	• 세계의 기록유산이 인류 모두의 소유물이므로, 미래세대에 전수될 수 있도록 이를 보존하고 보호 • 기록유산에 담긴 문화적 관습과 실용성이 보존 • 모든 사람들이 방해받지 않고 접근할 수 있어야 한다고 믿음

목적	자연재해나 전쟁 등으로 파괴의 위험에 처한 유산의 복구, 보호활동 등을 통하여 보편적 인류유산의 파괴를 근본적으로 방지, 문화유산 및 자연유산의 보호를 위한 국제적 협력, 각 나라별 유산 보호활동을 고무하기 위함	• 국제화 시대를 맞이하여 소멸 위기에 처해 있는 문화 유산의 보존과 재생을 위함 • 가치 있고 독창적인 구전 및 무형유산을 선정하여 정부와 각종 단체, 지역공동체로 하여금 이러한 구전 및 무형유산을 확인, 보호, 증진함	• 세계적 가치가 있는 귀중한 기록유산 • 가장 적절한 기술을 통해 보존할 수 있도록 지원 • 유산의 중요성에 대한 전 세계적인 인식과 보존의 필요성을 증진 • 기록유산사업 진흥 및 신기술의 응용을 통해 가능한 많은 대중이 기록유산에 접근할 수 있도록 하기 위함
의의	『세계유산협약』에 따라 세계유산위원회가 인류전체를 위해 보호되어야 할 현저한 보편적 가치가 있다고 인정하여 UNESCO 세계유산일람표에 등록한 문화재	• 인간의 창조적 재능의 걸작으로서 뛰어난 가치를 지닌 문화사회의 전통에 근거 • 구전 및 무형유산으로 언어, 문학, 음악, 춤, 놀이, 신화, 의식, 습관 공예, 건축, 기타 예술 형태로 표현됨	
로고	PATRIMONIO MUNDIAL · WORLD HERITAGE · PATRIMOINE MONDIAL	Intangible Cultural Heritage	Memory of the World

구분	정의
문화유산	• 기념물 : 기념물, 건축물, 기념 조각 및 회화, 고고 유물 및 구조물, 금석문, 혈거 유적지 및 혼합유적지 가운데 역사, 예술, 학문적으로 탁월한 보편적 가치가 있는 유산 • 건조물군 : 독립되었거나 또는 이어져있는 구조물들로서 역사상, 미술상 탁월한 보편적 가치가 있는 유산 • 유적지 : 인공의 소산 또는 인공과 자연의 결합의 소산 및 고고 유적을 포함한 구역에서 역사상, 관상상, 민족학상 또는 인류학상 탁월한 보편적 가치가 있는 유산
자연유산	• 무기적 또는 생물학적 생성물들로부터 이룩된 자연의 기념물로서 관상상 또는 과학상 탁월한 보편적 가치가 있는 것 • 지질학적 및 지문학(地文學)적 생성물과 이와 함께 위협에 처해 있는 동물 및 생물의 종의 생식지 및 자생지로서 특히 일정구역에서 과학상, 보존상, 미관상 탁월한 보편적 가치가 있는 것 • 과학, 보존, 자연미의 시각에서 볼 때 탁월한 보편적 가치를 주는 정확히 드러난 자연지역이나 자연유적지
복합유산	• 문화유산과 자연유산의 특징을 동시에 충족하는 유산

읽어보기

2014년 현재 우리나라의 세계유산 지정현황과 잠재목록(출처 : 문화재청)

석굴암 · 불국사
(1995년)

해인사 장경판전
(1995년)

종묘
(1995년)

창덕궁
(1997년)

화성
(1997년)

경주역사유적지구
(2000년)

고창 · 화순 · 강화
고인돌 유적(2000년)

제주화산섬과
용암동굴(2007년)

조선왕릉
(2009년)

한국의 역사마을:
하회와 양동(2010년)

남한산성
(2014년)

• 강진 도요지
• 염전
• 대곡천암각화군
• 설악산천연보호구역
• 남해안일대 공룡화석지
• 중부내륙산성군
• 공주 · 부여역사유적지구
• 익산역사유적지구
• 외암마을
• 낙안읍성
• 우포늪
• 한국의 서원
• 한양도성
• 김해 · 함안 가야고분군
• 고령 지산동 대가야 고분군
• 한국의 전통산사

• 서남해안 갯벌

읽어보기

2014년 현재 우리나라의 세계기록유산과 인증서(출처 : 문화재청)

훈민정음
(1997년)

조선왕조실록
(1997년)

직지심체요절
(2001년)

승정원일기
(2001년)

조선왕조 의궤
(2007년)

해인사 대장경판 및
제경판(2007년)

동의보감
(2009년)

일성록
(2011년)

5 · 18 민주화운동
기록물(2011년)

난중일기
(2013년)

새마을운동기록물
(2013년)

세계기록유산 인증서

02 문화재

2. 문화재청의 목표(출처 :
http://www.cha.go.kr)
1. 문화재 정책 및 조사
연구, 품질향상과 전문
인력 양성으로 문화재
보존관리의 기반확충
2. 문화재의 사회, 역사,
경제적 가치증진을
위해 문화재 보존 관리의
품질제고
3. 문화재 향유기회 확대로
문화재의 가치를 국내
및 국제사회에 확산

우리나라의 경우, 유산 또는 문화유산의 용어보다는 문화재라는 용어가 널리 사용되어 왔다. 1995년 석굴암과 불국사, 해인사 장경판전, 종묘가 유네스코 세계문화유산으로 등록되면서, 국민적 관심은 문화재에서 세계유산으로 관심이 불기 시작하였다고 할 수 있다. 이는 김영삼 정부(1993년 2월 ~ 1998년 2월)의 출범과 무관하지 않다. 세계화를 기치로 하였던 국정철학의 반영이었고, 이는 문화재를 관광상품으로 인식하는 계기를 제기하였으며, 특히, 세계관광시장을 겨냥한 자신감의 표현이었다고 할 수 있다. 이를 위해 중앙정부 조직에 문화재청을 두고 있다.

문화재청2은 문화유산의 보존과 가치창출로 민족문화 발전에 기여하는 것을 목표로 문화유산의 창조적 계승, 발전으로 세계일류 문화국가를 실현하고자 1945년 11월8일 설립되어 오늘에 까지 이르고 있다. 문화재청의 역할은 우리 겨레의 삶의 예지와 숨결이 깃들어 있는 소중한 문화재를 체계적으로 보존 관리하여 민족문화를 계승하고이를 효율적으로 활용하여 국민의 문화적 향상을 도모하는 것을 기본임무로 하고 있다.

문화재청은 문화재를 조상들이 남긴 유산으로서 삶의 지혜가 담겨 있고 우리가 살아온 역사를 보여주는 귀중한 유산으로 정의하고 있다. 이러한 문화재는 그 종류로 국가지정문화재, 시·도지정문화재, 문화재자료, 등록문화재, 비지정문화재로 구분하고 있다. 다음은 문화재청의 홈페이지(http://www.cha.go.kr) 자료를 바탕으로 작성하였다.

읽어보기

문화유산헌장

문화 유산은 우리 겨레의 삶의 예지와 숨결이 깃들어 있는 소중한 보배이자 인류 문화의 자산이다.
유형의 문화재와 함께 무형의 문화재는 모두 민족 문화의 정수이며 그 기반이다. 더욱이 우리의 문화 유산은 오랜 역사 속에서 많은 재난을 견디어 오늘에 이르고 있다.
그러므로 문화 유산을 알고 찾고 가꾸는 일손 곧 나라 사랑의 근본이 되며 겨레 사랑의 바탕이 된다.
따라서 온 국민은 유적과 그 주위 환경이 파괴·훼손되지 않도록 노력하여야 한다. 문화 유산은 한 번 손상되면 다시는 원상태로 돌이킬 수 없으므로 선조들이 우리에게 물려 준 그대로 우리도 후손에게 온전하게 물려 줄 것을 다짐하면서 문화유산 헌장을 제정한다.

1. 문화 유산은 원래의 모습대로 보존되어야 한다.

1. 문화 유산은 주위 환경과 함께 무분별한 개발로부터 보호되어야 한다.

1. 문화 유산은 그 가치를 제대로 따질 수 없는 것이므로 결코 파괴·도굴하거나 불법으로 거래되어서는 안된다.

1. 문화 유산 보존의 중요성은 가정·학교·사회 교육을 통해 널리 일깨워져야 한다.

1. 모든 국민은 자랑스러운 문화 유산을 바탕으로 찬란한 민족 문화를 계승·발전시켜야 한다.

1997년 12월 8일

출처 : http://www.cha.go.kr

1. 국가지정문화재

문화재청장이 문화재보호법에 의하여 문화재위원회의 심의를 거쳐 지정한 중요 문화재로서 국보·보물·중요무형문화재·사적·명승·천연기념물 및 중요민속 문화재 등 7개 유형으로 구분된다.

국보	보물에 해당하는 문화재 중 인류문화의 견지에서 그 가치가 크고 유례가 드문 것 • 서울숭례문, 훈민정음 등
보물	건조물·전적·서적·고문서·회화·조각·공예품·고고자료·무구 등의 유형문화재 중 중요한 것 • 서울흥인지문, 대동여지도 등
사적	기념물중 유적·제사·신앙·정치·국방·산업·교통·토목·교육·사회사업·분묘·비 등으로서 중요한 것 • 수원화성, 경주포석정지 등
명승	기념물 중 경승지로서 중요한 것 • 명주청학동의소금강, 상백도하백도일원 등
천연기념물	기념물 중 동물(서식지·번식지·도래지 포함), 식물(자생지 포함), 지질·광물로서 중요한 것 • 달성의측백수림, 노랑부리백로 등
중요무형문화재	연극, 음악, 무용, 공예기술 등 무형의 문화적 소산으로서 역사적·예술적 또는 학술적 가치가 큰 무형문화재 중에서 중요한것. • 종묘제례악, 양주별산대놀이 등
중요민속문화재	의식주·생산·생업·교통·운수·통신·교역·사회생활·신앙 민속·예능·오락·유희 등으로서 중요한 것 • 덕온공주당의, 안동하회마을 등

국가지정문화재 유형

2. 시·도지정문화재

특별시장·광역시장·도지사(이하 '시·도지사')가 국가지정문화재로 지정되지 아니한 문화재 중 보존가치가 있다고 인정되는 것을 지방자치단체(시·도)의 조례에 의하여 지정한 문화재로서 유형문화재·무형문화재·기념물 및 민속문화재 등 4개 유형으로 구분된다.

시·도 지정문화재		
	유형문화재	건조물, 전적, 서적, 고문서, 회화, 조각, 공예품 등 유형의 문화적 소산으로서 역사상 또는 예술상 가치가 큰 것과 이에 준하는 고고자료
	무형문화재	연극, 음악, 무용, 공예기술 등 무형의 문화적 소산으로서 역사적·예술적 또는 학술적 가치가 큰 것
	기 념 물	패총·고분·성지·궁지·요지·유물포함층 등의 사적지로서 역사상, 학술상 가치가 큰 것. 경승지로서 예술상, 관람상 가치가 큰 것 및 동물(서식지, 번식지, 도래지를 포함한다), 식물(자생지를 포함한다), 광물, 동굴로서 학술상 가치가 큰 것
	민속문화재	의식주·생업·신앙·연중행사 등에 관한 풍속·관습과 이에 사용되는 의복·기구·가옥 등으로서 국민생활의 추이를 이해함에 불가결한 것

3. 문화재자료

시·도지사가 시도지정문화재로 지정되지 아니한 문화재 중 향토문화보존상 필요하다고 인정하여 시·도 조례에 의하여 지정한 문화재를 지칭한다.

4. 등록문화재

문화재청장이 문화재보호법 5장53조에 의하여 문화재위원회의 심의를 거쳐 지정문화재가 아닌 문화재 중 건설·제작·형성된 후 50년 이상이 지난 것으로서 아래의 어느 하나에 해당하고, 보존과 활용을 위한 조치가 특별히 필요하여 등록한 문화재이다. (다만 긴급한 보호조치가 필요한 경우에는 50년 이상이 지나지 아니한 것이라도 등록문화재로 등록할 수 있습니다.)

- 남대문로 한국전력 사옥(등록 제1호), 철원 노동당사(등록 제22호), 경의선 장단역 증기기관차(등록 제78호), 백범 김구 혈의 일괄(등록 제439호) 등이 있다.

근대문화유산의 개념과 범위	
근대 문화유산의 개념과 범위	역사, 문화, 예술, 사회, 경제, 종교, 생활 등 각 분야에서 기념이 되거나 상징적 가치가 있는 것
	지역의 역사·문화적 배경이 되고 있으며, 그 가치가 일반에게 널리 알려진 것
	기술발전 또는 예술적 사조 등 그 시대를 반영하거나 이해하는 데에 중요한 가치를 지니고 있는 것

5. 비지정문화재

　문화재보호법 또는 시·도의 조례에 의하여 지정되지 아니한 문화재 중 보존할 만한 가치가 있는 문화재를 지칭한다.

일반동산문화재 (문화재보호법 제60조)	국외 수출 또는 반출 금지 규정이 준용되는 지정되지 아니한 문화재중 동산에 속하는 문화재를 지칭하며 전적·서적·판목·회화·조각·공예품·고고자료 및 민속문화재로서 역사상·예술상 보존가치가 있는 문화재	비지정문화재 구분
매장문화재 (매장문화재 보호 및 조사에 관한 법률 제2조)	• 토지 또는 수중에 매장되거나 분포되어 있는 유형의 문화재 • 건조물 등에 포장(包藏)되어 있는 유형의 문화재 • 지표·지중·수중(바다·호수·하천을 포함한다) 등에 생성·퇴적되어 있는 천연동굴·화석, 그 밖에 대통령령으로 정하는 지질학적인 가치가 큰 것	

　이상의 5가지 종류의 문화재는 2014년3월 현재 문화재 총괄현황은 다음과 같다.

국보	315개
보물	1,785개
사적	486개
명승	107개
천연기념물	434개
중요무형문화재	120개
중요민속문화재	282개
시·도 유형문화재	2,957개
시·도 무형문화재	497개
시·도 기념물	1,608개
시·도 민속문화재	387개
문화재자료	2,499개
등록문화재	597개
이북5도 무형문화재	13개

문화재 총괄현황

국가지정문화재 3,529개, 시·도지정문화재 5,449개, 문화재자료, 2,499개, 등록
문화재 597로 모두 12,074개의 문화재가 지정되어 있다. 국가지정문화재 가운데
보물이 가장 많은 비중을 차지하였고, 시·도지정문화재는 시도유형문화재가 가
장 많은 비중을 차지 하는 것으로 나타났다. 이북5도무형문화재는 제외시켰다.

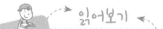

읽어보기

우리나라 주요 문화재 훼손사례 (광복이후 한국인에 의한 한국 문화재 훼손사례)

ㄱ. 창경궁 문정전 방화(국보 226호, 2006.4.26)
- 60대 남성 (신문지와 부탄가스를 이용해 불을 질러 문정전 왼쪽 문을 태우고 천장을 그을리는 피해)
- 신상비관(토지개발 보상관련 불만)
- 처벌: 징역 1년 6개월, 집행유예 2년
- 관련기사: http://news.chosun.com/site/data/html_dir/2008/02/12/2008021200701.html

ㄴ. 수원화성 서장대 방화(수원화성 UNESCO문화유산, 사적 제3호: 2006.5.1) 목조누각 2층(19㎡)전소
- 20대 범인, 신상비관(카드빚 등)으로 자신의 속옷에 라이터로 불을 붙인 뒤 바닥에 던져 화재
- 처벌: 2011년 출소, 출소후 연쇄방화로 다시 징역 2년 6개월 받음
- 관련기사: http://media.daum.net/society/nation/others/newsview?newsid=20060501090818913

ㄷ. 덕수궁 분수대 물개상 훼손(2006.11.16)
- 30대 범인, 개인차원의 '역사청산' 등 이유(*소위 '비호감 네거티브 문화재 응징' 관련)
- 처벌: 징역 1년 6개월, 집행유예 2년
- 관련기사: http://media.daum.net/society/others/newsview?newsid=20070312104209411

ㄹ. 조병갑 '공덕비' 등 다수 비석 훼손(2007.1)
- 30대 범인, 개인차원의 '역사청산' 등 이유(*소위 '비호감 네거티브 문화재 응징' 관련)

ㅁ. 송파구 '삼전도비' 훼손(2007.2) (*4.조병갑 '공덕비' 등 훼손과 동일범임)
- 30대 범인, 개인차원의 '역사청산' 등 이유(*소위 '비호감 네거티브 문화재 응징' 관련)
- 관련기사: http://media.daum.net/society/affair/newsview?newsid=20070227184912108

ㅂ. '운현궁 대문' 차량(트럭) 돌진 훼손 후 뺑소니(2007.4)
- 범인 및 범행동기 미상

ㅅ. 수원 화성 '서북각루' 갈대밭 방화(2008.1)
- 10대 여중생들의 휴대전화 찾기 위한 갈대밭 초목 제거 등 이유

ㅇ. 국보 제1호 '숭례문' 화재(2008.2)
- 원인 미상 ('방화' 추정) 이 외에도 우리나라의 문화재 보존 의식을 잘 보여주는 사례

그 외
- 낙산사 동종(보물 479호)이 2005년4월 강원도에서 발생한 대규모 산불로 낙산사가 큰 피해를 입고, 동종은 완전히 녹아내림
- 보물 제1호인 흥인지문에 행인 및 관광객이 경계선을 침입, 154건이나 경보기가 작동
- 사적 제257호 운현궁은 관람객의 출입으로 6건의 경보기가 작동함
- 세계문화유산인 창덕궁 빈청을 카페로 만들어 버림

- 운현궁을 위탁 관리하는 예문관이 운현궁을 카페로 만들어 사용(예문관측이 운현궁에 전통 찻집을 운영하면서 운현궁내 이로당의 마룻바닥과 벽체, 문틀등에 구멍을 뚫고 상하수도관을 설치하는 등 문화재를 심각하게 훼손하고 국혼례재현 행사와 전통혼례 등을 벌이면서 사용료를 과다 상정한 것으로 조사돼 서울시로부터 2000여만원의 부당이득금 반환조치까지 받았다.)
- 숭례문 방화 사고 이전에도 1991년 8월 50대 남성이 술에 취해 승용차를 훔쳐타고 시내를 질주하다 숭례문의 철제 출입문 들이 박음. 숭례문 방화 1년 후에도 관리 허술… 근처 노숙자가 '숭례문, 확 불질러버려?'라고 말하는걸 들은 어느 한 학생의 편지글 http://www.viewsnnews.com/article/view.jsp?seq=29314
- 우리가 그렇게 욕하는 일본과 문화재 관리실태 비교당함: 美타임 "한국 문화재 관리 실태, 일본과 극명히 대조/기사: http://issue.chosun.com/site/data/html_dir/2008/02/14/2008021401188.html 기사 제목은 '한국이 사적지들을 보호할 능력이 있는가'임.

출처 : http://m.todayhumor.co.kr/view.php?table=history&no=13299

03 유산관광(Heritage Tourism)

1. 유산관광의 개념

유산관광의 대상은 지역사회가 미래를 위해 가치있고 관리책임이 있다고 생각하는 것들, 즉, 생생한 문화요소, 역사, 장소와 관련된 자연사, 자연환경들을 포함한다. 한편 NTHP는 수로(channel), 철로(railroad), 전장(battlegrounds) 등 역사적 산업적 유적 방문에서 문화 · 역사 · 자연자원까지 포함하고 있다. 유산관광에서 어떤 장소의 문화 및 자연자원을 함께 고려하는 이유는 자연유산과 문화유산이 어떤 지역사회나 지역을 독특하게 만들기 때문이다. 이는 지역주민과 관광객을 어떻게 끌어들일 것인가와 관련하여 중요한 특징이 되며, 관광목적지 홍보에 크게 기여하게 된다.

The National Trust for Historic Preservation(미국)는 과거 속의 이야기와 사람을 진정으로 표현하는 장소와 활동을 경험하는 여행으로 정의하고 있다.

그러므로 유산관광은 일반적으로 과거와 현재의 역사와 관련된 스토리와 사람을 진정으로 대표하는 장소, 유물, 활동을 경험하기 위해 비일상권으로 이동하는 관광으로 정의한다.

2. 유산관광의 동향

유산관광(heritage tourism)은 관광객과 지역주민이 함께 그 지역의 고유한 자연 및 문화자원을 관리하거나 공유하는 것에 헌신할 책임이 있음을 서로 인식하고 실천하면서부터 시작된다. 왜냐하면, 유산관광은 지역주민, 기구, 시민단체, 정부가 함께 일을 하기에 적극적이며, 매력적이며, 또한 지속적인 진행과정으로 이해되기 때문이다.

원래 유산관광은 관광계획(tourism planning)을 광범위하게 접근하면서 만들어진 새로운 용어이다. 따라서 우리시대의 의미있는 장소요소(elements of places)들을 다음세대에 전승하거나 다음세대를 위해 보존할 만큼 매우 중요한 것으로 인식하게 된다. 왜냐하면 이러한 요소들은 지역사회나 지역에 아주 특징적이며, 자긍심, 안정성, 성장과 경제발전에 기여하기 때문이다. 어떤 '장소'의 구성요소는 수없이 많을 수 있다: 자연자원, 인공환경(문화자원), 사람의 영향력, 과거와 현재 그리고 미래에 대한 희망에 이르기까지. 그러므로 장소성이 중요한 요인이 된다. 장소성(sense of place)이란 특별한 지역사회나 지역에 대한 경험과 그 사람들에게는 독특하면서 또한 모든 사람을 연결시킬 수 있는 공통적인 체험이기도 하다.

결론적으로 유산관광은 유산과 관광이라는 두 가지 특징을 지닌 '우산(umbrella)'의 역할을 하는 것으로 이러한 비일상권에 존재하는 장소성을 지진 유산을 찾아서 떠나는 여행이라고 정의할 수 있다.

유산관광은 관광산업에서 뚜렷하게 성장하고 있는 부문이다. 유산과 문화콘텐츠를 융합한 문화관광산업은 부가가치가 매우 크고 빠른 성장이 가능해 각국은 이를 국가전략산업으로 지원하고 있다. 최근 관광트렌드는 단순한 자연관광보다는 유산관광에 대한 수요가 증가하고 있다. 이는 유산관광이 관광산업의 발전뿐만 아니라 타문화에 대한 이해증진의 기회라는 관점에서도 주목을 받고 있기 때문이다. 유산관광이 새로운 수입 창출 기제로 각광 받으면서 국제기구, 세계관광기구, 유네스코, 유엔개발계획 등 차원에서도 저개발국가의 경제성장을 위해 유산관광을 장려하고 있다.

기본적인 방침은 역사적으로 보전을 중요하게 생각하고 있지만, 증가하는 관광객 수에 대한 압력과 점차 차별화 세분화되는 시장수요는 유산관리와 유산해설이 얼마나 중요한 이슈인지 알게 한다. 적절한 재원 확보를 통하여 유산 매력물을 보존하며, 대량관광객의 수요에 대한 대응방안을 강구해야 할 것이다.

3. 유산관광의 중요성

유산관광이 중요하게 대두되는 이유는 최근 유산과 예술에 특별한 관심을 가진 관광객을 유치하기 위한 마케팅 전략에 기인한다. 특히, 문화의 급성장은 자연스럽게 유산관광에 대한 관심과 투자를 불러 일으켰다고 할 수 있다. 다음에서 그 중요성을 살펴보고자 한다.

첫째, 세계적으로 중산층이 성장함에 따라 상류층의 전유물 이었던 박물관 소장품이나 유산에 대한 관심이 증가하였으며, 둘째, 다양한 문화를 체험 또는 학습하고 싶어하는 관광객의 욕구가 증가하고 있다는 것, 셋째, 지역 유산의 활용으로 지역수입 증대와 고용창출을 통하여 지역경제 활성화를 도모할 수 있다는 것과 문화에 대한 지방정부나 지자체들의 관심이 증가하였다는 것, 넷째, 문화유산 및 자연유산의 보전과 관리 과정에 관광산업이 기여할 수 있다는 공감대가 확산되고 있다는 것, 마지막으로 유산을 관광자원으로 활용할 경우 다양하고 지속적인 관광상품으로 개발가능하며, 자원을 보유하는 효과가 있기 때문이다.

4. 유산관광을 위한 전략

성공적이며 지속가능한 유산관광을 위한 전략으로 4단계를 제시하고 있다. 1단계부터 4단계까지 연속되지만 4단계는 다시 1단계로 피드백되는 지속적인 순환과정을 거친다.

전략단계 중 잠재가능성 평가에 따른 유산을 세일즈하기 위한 적절한 방법으로 문화상품화을 말하는데 이는 유산에 대한 해석의 중요성을 더욱 부각시키게 한다.

수요측면에서의 집중도와 공급측면에서의 상품의 표준화는 자원, 장소와 사람들에 대한 독특성과 문화적 정체성을 중요시하는 유산상품개발 과정에서 다양성

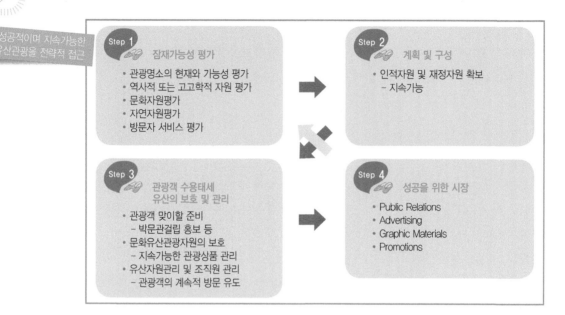

이냐 개폐성이냐에 대한 선택이 다소 더 위험한 결정으로 나타날 수 있음을 간과하지 말아야 한다(Laws, 2001).

04 문화유산관광(Cultural Heritage Tourism)

1. 문화유산관광의 개념

문화유산관광의 개념을 Zeppel & Hall(1992)은 과거에 대한 향수, 다양한 문화적 경관과 형태를 경험하고 싶은 욕구에 기초한 SIT(Special Interest Tour)의 확장된 영역으로 정의한다. 또한 長谷政弘(1997)은 인류의 역사적 유산 중 문화유산을 답사하는 관광으로 유산(Heritage) 가운데 문화유산(cultural heritage)을 대상으로 하는 관광의 형태라고 정의하고 있다.

그러나 우리나라에서는 'heritage'라는 영어 단어를 '유산'으로 번역하지 않고

'문화유산'으로 명칭을 사용하고 있기 때문에 일반적으로 유산관광과 문화유산관광을 동일한 의미로 사용하고 있다. 엄밀하게 문자적 의미에서 보면 문화유산관광은 유산관광의 부분집합에 해당하는 개념으로 이해하면 된다.

그러나 관광목적지역의 지역주민이나 산업관련 종사자들은 보통 문화유산관광을 문화, 유산, 관광을 결합하여 지역경제를 창출시켜 주민의 복지에 기여할 수 있는 관광형태라고 생각할 것이다.

CULTURE + HERITAGE + TOURISM = SUSTAINABLE ECONOMIES

따라서 문화유산관광목적지는 민족문화의 유산으로서 보존 가치가 있다고 인정되고 지정된 문화재가 있는 장소이며, 문화재를 포함하거나 지정되지 않았지만 관광자원으로서 가치를 지닌 장소가 된다. 이런 문화유산관광목적지의 매력은 시간적으로는 과거라는 역사성, 공간적으로는 조상으로부터 물려받은 장소성, 내용적으로는 유산과 관련된 독특한 경험을 느낄 수 있는 체험성을 모두 갖추고 있다는 것이다(한국관광공사·한양대 관광연구소, 2008). Garrod & Fyall (2000)은 문화유산관광목적지가 매력적인 장소가 되기 위해서는 다음과 같은 8가지 구성요소를 갖추어야 한다고 주장했다. 보존(Conservation), 접근성(Accessibility), 교육성(Education), 품질(Quality), 관련성(Relevance), 오락성(Recreation), 재정(Financial), 지역공동체(Local Community).

2. 문화유산관광의 동향

대량관광의 시대가 지나 FIT 관광시장이 성장하면서 관광객 가운데서 SIT를 추구하는 경향이 두드러지게 나타났다. 이것은 관광산업에서 가장 급속히 성장하는 세분화시장을 형성하면서, 1990년대 가장 증가율이 높은 관광상품으로 문화유산관광을 부각시켰다(Chen, 2005). 특히, 유럽에서 관광산업의 중요한 부분을 차지하며, 문화유산산업을 공인된 관광산업을 인정하는 경향이 명확하게 나타났다. 학문적인 관련 연구로 문화유산관광목적지, 문화유산관광객, 문화유산관광지 관리, 문화유산관광지의 주·정부/조직·매체의 이해관계자와 관련하여 많은 연구가 집중되었다(Zhang · Bao, 2004). 그러나 문화유산관광의 동향을 검토할 때, 문화유산보호의 관점이 기존 공급자(producer) 중심에서 소비자(consumer)인 관광객으로 측면으로 이동했다는 것에 주목할 필요가 있다(oria, 2006; Tunbridge & Ashworth, 1996).

영국에서는 문화유산관광은 관광산업에서 매우 뚜렷하게 성장하는 영역으로 인식하고 있다. 대상으로 고고학적 유적, 역사적 건축물, 박물관 등을 포함하며, 문화유산은 대부분 공공부문에서 소유와 관리, 특히, 역사적 보전을 중시하지만, 방문객수의 압력과 관광시장의 세분화와 차별화는 문화유산 해설과 관리가 중요한 이슈로 만들었다. 문화유산 매력물에 대한 보전과 접근성의 조정문제, 대량 관광객에 대한 대응 등 구체적인 방안 마련이 필요하다.

미국의 경우, 문화유산에 대한 관심이 1991년부터 1995년 까지 16% 성장한 것으로 나타났다.

우리나라는 '전국토가 박물관이다'는 주장을 펴며 우리나라 곳곳에 산재한 문화유산을 해설한 체험답사기〈나의 문화유산 답사기〉가 발간되면서, '유산'과 '문화유산'에 대한 용어가 전국민의 관심을 유발(김사헌, 2006; 심승희, 2000; 유홍준,1993)시켰다.

2000년대 초 많은 연구자들(김규호, 2002; 심승희, 2000; 이진형, 2004; 조명환, 2002등)의 연구가 등장했지만, 유산관광의 개념은 서양에서는 문화관광이라는 개념에 앞서 일찍부터 사용 되었다. 그러나 아직은 우리나라에서 문화관광이라는 개념보다도 생소한 개념으로 이해되고 있다. 최근 유산관광에 관한 몇몇 연구(김사헌,2006; 최석호, 2006, 2006)가 있었지만, 본격적으로 시작되었다고 평가할 수 없다(한숙영 · 김사헌, 2007). 향후 이에 대한 관련 연구가 많이 이루어지길 기대한다. 또한, UNESCO에서 지정받은 유산을 기반으로 하는 문화유산관광에 대한 효율적 체계적 관광마케팅전략 수립도 절실히 요구된다.

3. 문화유산관광의 목적, 특징, 중요성

문화유산관광의 목적은 과거의 진정한 가치를 찾고 얻는 것이 된다. 즉, 관광객을 유치하기 위해 유산의 장소와 유적과 유물을 개발하는 것이 된다. 때로는 Diaspora Tourism이라고 지칭하는데 가족의 뿌리(roots)가 '그곳에(there)' 있는 디아스포라(diaspora) 후손들에게 관련 장소(location)를 마케팅 하는 것(고향, 족보)도 그 목적에 해당된다.

문화유산관광의 특징으로는 첫째, 먼저 재미있게 각색된 역사적 사건에 관심을 가진다는 것이다. 예를 들면, 유령 도시(ghost town)나 바이킹 도시를 방문하는 것도 포함된다. 둘째, 역사적 연대기를 바탕으로 시대적으로 균형잡힌 시각을 제시하기 보다는 특정한 역사적 사건에 초점을 맞춘다는 것이다. 셋째, 항상 정확한 역사적 사실을 재현하지는 않으며, 때로는 유적과 주변지역에 대해 '경제적 목적'으로 개발을 도모하기도 한다. 따라서 문화유산관광은 교육, 엔터테인먼트, 보존, 혜택 등이 융복합된 관광형태의 특징을 지닌다.

문화유산관광의 중요성(Fladmark, 1994)은 첫째, 긍정적인 경제적/사회적 영향을 미쳐, 개발이익의 지역환수와 지역의 문화유산을 보호하게 한다. 둘째, 정체성 형성과 지역 브랜드를 강화시킬 수 있다. 셋째, 지역주민과 관광객, 지역주민간의 조화와 상호이해를 증진시키는 도구가 될 수 있다. 넷째, 문화유산의 가치을 확인하므로 인해 관리와 보호에 힘쓴다. 다섯째, 관광으로 인한 커뮤니티와 지역사회의 영향에 대한 이해를 도모한다. 여섯째, 마케팅과 홍보를 위한 재정적 자원을 제공해준다.

4. 신문화유산관광의 등장

다음의 표는 전통적인 문화유산관광과 신문화유산관광의 특징을 비교한 도표이다.

전통적 문화유산관광	신문화유산관광
문화적	창의적
수동적	능동적
교육적	경험적
장소기반형	활동기반형
홑문화	문화다양성
유형자원	무형자원
인류학적 접근	기술적 접근
모험	엔터테인먼트
노력을 요구	치유중심
문화적으로 명백한 활동	문화적으로 독특한 활동

신구 문화유산광광의 특징

'손안의 경복궁' 문화재청, 스마트 문화유산 관광 안내 서비스 시작

문화재청은 미래창조과학부와 함께 최신 ICT를 활용해 문화관광 서비스를 즐길 수 있는 '증강현실 기반 스마트 문화유산 관광 서비스'를 경복궁에 구축하고 '내손안의 경복궁'앱을 2014년2월10일 개통한다고 1월23일 밝혔다.

'스마트 문화유산 관광 서비스'는 인문학과 ICT를 융합한 문화유산 콘텐츠 개발을 통해 고품격 문화관광서비스를 제공하고자 2012년부터 부처 협업 프로젝트로 진행됐다. 이 서비스는 지난해 증강현실 기반 모바일 앱 '내손안의 덕수궁'을 구축 및 시범 운영한 후 경복궁으로 서비스 대상을 확대했다.

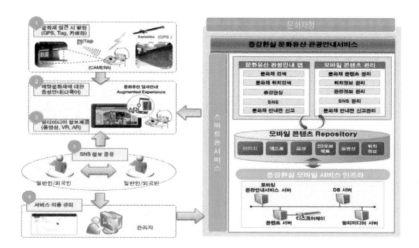

스마트 문화유산 관광안내 서비스는 다국어(영·일·중) 지원 및 수화 동영상 제공 등 외국인 및 장애인도 편리하게 이용할 수 있도록 배려했다. 또 △스토리텔링 방식의 고궁 해설 △위치

및 인식기반 증강현실 활용 관람 안내 △3D 파노라마, 미디어 파사드(건물 외벽 LED 조명 등 활용 영상표현기술) 등 가상현실 서비스 △고궁 주변 관광정보 제공 등을 추가 구성했다.

미래부 정보화전략국장은 "스마트 문화유산 관광안내 서비스는 자랑스러운 우리 문화유산과 세계 최고 수준의 ICT 기술력을 접목해 과거, 현재, 미래를 오가며 문화 콘텐츠를 즐길 수 있는 혁신적인 서비스"라고 밝혔다.

문화재청 기획조정관은 "이 서비스는 최첨단 기술과 접목, 우리 궁궐의 품격을 한 차원 높이고 국민들에게 한 걸음 더 다가가는 계기가 될 것"이라고 기대감을 표했다.

결론적으로 문화유산관광은 문화유산의 체계적 관리가 전제되어야 한다. 또한 문화유산에 대한 정확한 해석을 통해서 역사적 왜곡을 방지할 수 있다. 그리고 관광경험과 관련하여 관광객이 기대하는 수준의 만족도와 문화유산을 통한 진정성 사이의 '거리'는 지속적으로 좁혀 나가야 만하는 과제를 가지고 있다.

출처 : http://living.joins.com/news/article/Article.aspx?ctg=&total_id=13722881
사물인터넷 이용한 문화유산관광안내서비스 구현 그림의 출처는 https://www.google.co.kr 임을 밝힘.

참고문헌

Alvarez, M. D., & Korzay, M. (2011). Turkey as a heritage tourism destination: The role of knowledge. Journal of Hospitality Marketing & Management, 20(3-4), 425-440.

Alonso, A. D., O'Neill, M. A., & Kim, K. (2010). In search of authenticity: a case examination of the transformation of Alabama's Langdale Cotton Mill into an industrial heritage tourism attraction. Journal of Heritage Tourism, 5(1), 33-48.

Ashworth,G.J.(2004). Tourism and heritage of atrocity : Managing the heritage of South African Apartheid of entertainment. In T.V. Singh(ED.). New horizons in tourism : Strange experiences and stranger practices (pp.95-108). London : CABI Publishing

Bathsheba Goswami Pyngrope(2012). Potentials for Cultural Tourism in Sohbar Village, East Khasi Hills District, Meghalaya. International Journal of Culture and tourism Research.

Cassel, S. H., & Pashkevich, A. (2011). Heritage tourism and inherited institutional structures: The case of Falun Great Copper Mountain. Scandinavian Journal of Hospitality and Tourism, 11(1), 54-75.

Chhabra, D. (2010). Sustainable marketing of cultural and heritage tourism. Routledge, Taylor & Francis.

Dahles, H. (2013). Tourism, heritage and national culture in Java: Dilemmas of a local community. Routledge.

Fonseca, F. P., & Ramos, R. A. (2012). Heritage tourism in peripheral areas: Development strategies and constraints. Tourism Geographies, 14(3), 467-493.

Hall, C. M., James, M., & Baird, T. (2011). Forests and trees as charismatic mega-flora: implications for heritage tourism and conservation. Journal of Heritage Tourism, 6(4), 309-323.

Hitchcock, M., King, V. T., & Parnwell, M. (2014). Heritage tourism in southeast Asia. The Contemporary Pacific, 26(1).

Kaminski, J., Arnold, D., & Benson, A. M. (2013). 20 Cultural heritage tourism.

Contemporary Issues in Cultural Heritage Tourism, 319.

Lee, B. S. (2014, July). The Impacts of Cultural Heritage Tourism: A Case Study of Ajanta Caves in India. In XVIII ISA World Congress of Sociology (July 13-19, 2014). Isaconf.

Lenik, S. (2013). Community engagement and heritage tourism at Geneva Estate, Dominica. Journal of Heritage Tourism, 8(1), 9-19.

Light, D. (2014). Heritage Tourism. Tourism Planning & Development, (ahead-of-print), 1-2.

Lloyd, G., & Sokrithy, I. (2013). Cambodian experiences of the manifestation and management of intangible heritage and tourism at aWorld Heritage site. Heritage: Place, Encounter, Engagement, 228.

Lyon, S. M., & Wells, E. C. (Eds.). (2012). Global tourism: cultural heritage and economic encounters. Rowman Altamira.

McKercher, B., Ho, P. S., & du Cros, H. (2005). Relationship between tourism and cultural heritage management: evidence from Hong Kong. Tourism Management, 26(4), 539-548.

Moscardo, C. G.(1996). Mindful Visitors: Heritage and Tourism, Annals of Tourism Research, 23(2), 376-397.

National Trust for Historic Preservation(2005). Cultural Heritage Tourism Fact Sheet. Available at http://www.nationaltrust.org/heritage_tourism/Dec05_CHT_FactSht.pdf

Omar, H. (2013). The development of sustainable cultural heritage tourism in Malaysia: implication for planning and management.

Park, H. Y. (2010). Heritage tourism Emotional journeys into nationhood. Annals of Tourism Research, 37(1), 116-135.

Pavlic, I., Raguz, I. V., Raj, R., Griffin, K., & Morpeth, N. (2013). Managing heritage and cultural tourism resources in Dubrovnik. Cultural tourism, 163-177.

Poria, Y., Reichel, A., & Cohen, R. (2013). Tourists perceptions of World Heritage Site and its designation. Tourism Management, 35, 272-274.

Rodzi, N. I. M., Zaki, S. A., & Subli, S. M. H. S. (2013). Between Tourism and Intangible Cultural Heritage. Procedia-Social and Behavioral Sciences, 85, 411-420.

Simone-Charteris, M. T., & Boyd, S. W. (2010). The development of religious heritage tourism in Northern Ireland: Opportunities, benefits and obstacles. Turizam: znanstveno-stručni časopis, 58(3), 229-257.

Songling, X. U., Yu, L. I. U., Yihong, Q. I. A. N., & Qiuju, W. A. N. G. (2013). The significance of the West Lake Pattern and its heuristic implications for creating China' s heritage tourism economics. Tourism Tribune, 28(2), 23-34.

Sun, Y., Jansen-Verbeke, M., Min, Q., & Cheng, S. (2011). Tourism potential of agricultural heritage systems. Tourism Geographies, 13(1), 112-128.

Vong, L. T. N. (2013). An investigation of the influence of heritage tourism on local people's sense of place: the Macau youth's experience. Journal of Heritage Tourism, 8(4), 292-302.

Waterton, E. (2013). Heritage tourism and its representations. Heritage tourists in dialogue. London: Routledge, 64-84.

Weaver, D. B. (2011). Contemporary tourism heritage as heritage tourism: Evidence from Las Vegas and Gold Coast. Annals of Tourism Research, 38(1), 249-267.

Zeppel, H. & Hall, C. M.(2012). Arts and Heritage Tourism, Special Interest Tourism, London: Belhaven Press.

토속문화관광

Indigenous
Tourism

8 Chapter

여행은 우리가 사는 장소를 바꾸어 주는 것이 아니라,
우리의 생각과 편견을 바꾸어 주는 것이다.

– Anatole France

Indigenous tourism을 시작하기에 앞서 고려해야할 문제들이 몇 가지 있다. 우선 'indigenous'라는 영어단어를 어떻게 우리말로 번역해야 하는가에 대해 심각한 고민이다. 원주민(原住民), 토착민(土着民)이라고 하지만, 왠지 정확한 의미를 전달하기에는 부족함이 없지 않다. 오랜 시간 관련 분야의 전문가를 중심으로 논의를 하였지만 의견이 분분하였다. 연구 끝에 내린 결과, 본 토픽과 관련하여 저자의 시각이 중요하다고 판단하였다. 이는 또한 관광목적지를 어떤 관점에서 보느냐와 관련되어지기 때문이다. 본 장에서는 관광목적지를 host-guest relationship 관계에서 접근하고자 하였으며, 이를 중심으로 서술의 방향성을 설정하였다는 것을 밝힌다. 이는 또한 문화원형에 대한 관광경험이 가장 중요하다는 인식의 전제를 바탕으로 하였다. 이러한 관점에서 indigenous tourismd은 토속문화관광이라는 용어가 가장 합당하다고 판단하였다.

관광목적지역에 정주하고 있는 사람들에 대한 용어와 관련하여 토착민(土着民) 즉, '대대로 그 땅에서 살고 있는 사람', 원주민(原住民) 즉, '그 지역에 본디부터 살고 있는 사람들), 선주민(先住民) 즉, '역사적으로 침략자가 원래 침략한 지역에 살던 종족을 부르는 말로, 침략자 입장에서는 개척지 또는 이주지 이전부터 살고 있던 사람' 등 세 용어가 혼재되어 사용되고 있다. 그런데 세 용어들의 공통점은 모두 그 고유한 원시성을 전승한 주민들의 삶의 터전이 시간의 흐름에 따라 또는 주변 환경의 급속한 변화에 의해 문화원형(cultural protype)이 세대를 통해 전승되지 못하고 단절된 곳도 있고 어떤 경우는 정주터전이 옮겨져 사라진 경우도 있음을 발견하였다.

이러한 상황과 배경 하에서는 그 용어들이 부적합성을 나타내었다. 많은 경우, 자신의 권리를 박탈당했거나 상실되어가는 과정에서 자신들의 고유한 역사도 온전하게 계승되지 못할 뿐만 아니라 왜곡 또는 파괴의 심각한 과정에 놓여있기 때문이다.

이러한 맥락에서 본 장은 과거 자신이 그 공간이나 장소의 host 이었음을 기억해야할 필요가 있다는 것과 indigenous tourism의 출발점은 정확히 그 역사의 주체를 재발견하고자 하는 문화교육적 취지도 중요하기 때문에 본 장에서는 그 지역에 거주하는 사람을 원주인(原住人)으로 표기하도록 한다.

그러나 indigenous tourism을 '원주인 관광'이라고 하지 않는 이유는 관광대상이 사람이 아니라 그 사람이 그 지역의 환경과 상호작용하면서 전승되어온 문화에 초점을 맞추기 때문에 토속문화관광이라는 용어를 사용하기로 한다.

01 토속문화관광의 개념

원주인은 누구인가? 원래 주민이었던가 아니면 원주민이란 말인가? 무슨 차이가 있는가? 과연 지금도 지구촌 다른 지역이나 나라 뿐만 아니라 우리나라에도 원주인에 해당되는 사람들이 있는가? 만약 원주인이 존재한다면 어떤 기준으로 그들을 원주인이라고 보는가?

토속문화관광은 그 지역에서 토착화 과정을 거치면서 삶을 영위해온 원주인이나 그 장소, 또는 관광상품이 관광대상이 되는 문화관광형태를 말한다. 그런데 host-guest relationship 관점에서 guest는 명확히 설정되지만, 어떤 경우, host가 실제 그 지역에 존재하는 주민인 경우도 있지만, 어떤 경우에는 그들의 삶의 영역과 관광대상과 분리되어 단지 관광객을 위해서만 재현하는 경우도 있다. 또 다른 경우, host가 거주하는 일상의 공간과 생활이 연출되어 부분적으로 보여지는 경우가 있다.

그러므로 토속문화관광을 관광개발과 연계시킬 때, 관광개발의 목적과 범위, 개발대상, 영향에 대해 신중한 접근이 요구된다는 것이다. 또한 개발을 한다고 하더라도, 개발허용의 범위나 시기 등도 신중하게 생각하지 않을 수 없다. 대부분의 경우, 특히, 원주인의 생활환경이 외부문화에 노출되어 극도로 취약한 경우이거나 점점 사라져 가는 부족의 경우에는 각별한 주의가 요구되기 때문이다. 이러한 문제는 원주인의 생활권을 관광이라는 이름하에 개발하여 문명세계로 홍보를 하는 것이 옳은지에 대한 문제에 봉착하게 되어진다. 관광개발에 대한 결정이 행해졌을 때에도 무슨 주제로 관광상품이나 관광목적지로 개발할 것인지, 그에 따른 장단점은 무엇인지, 개발에 따른 원주인에 대한 risk를 어떻게 관리할 것인지, 관광개발에 따른 이익을 어떻게 지역사회에 환원을 할 것인지 등등 다양한 차원에서 고려해야 할 필요가 있다. 또한 관광객의 입장에서 토속문화관광의 기회가 생겼다면 어떤 생각을 가지고 여행을 가야 하는지, 출발전 무엇을 준비해야하는지 등에 대하여 사전 지식이 필요할 것이다.

1. 언어와 문화

토속문화관광은 고유한 부족이나 종족을 대상으로 이루어지기 때문에 고유한

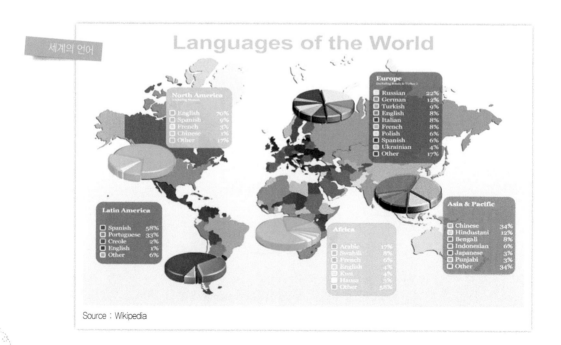

세계의 언어

Source : Wikipedia

언어체계에 대한 지식과 이해가 가장 중요한 부분을 차지한다. 대부분의 토속문화 관광은 그 부족이나 종족의 언어로 의사소통이 이루어지기 때문에 사전에 해당 언어에 능통한 전문 통역가이드를 반드시 동반하게 된다. 따라서 본 주제를 다루기에 앞서 먼저 언어(language)에 대한 지식과 전 세계의 언어에 대한 분포를 보고자 한다. 먼저 언어에 대해 개괄적으로 살펴보자.

앞의 그림은 지구촌 세계의 대륙별 언어에 대한 분포를 나타내고 있다. 북아메리카, 라틴아메리카, 아프리카, 유럽, 아시아&태평양으로 북아메리카의 경우는 영어, 스페인어, 프랑스어, 중국어 순이고, 라틴아메리카는 스페인어가 가장 많고, 포르투갈어, 크리올어, 그 다음이 영어 순으로 사용하고 있는 것을 볼 수 있다. 아프리카는 아랍어, 아프리카에서 사용하는 Swahill, 프랑스어, 영어 순으로, 많은 아프리카대륙만의 언어가 아직 많이 사용되고 있다는 것을 알 수 있다. 유럽의 경우 가장 규모가 큰 러시아어, 독일어, 터키어, 영어, 이탈리아어, 프랑스어, 폴란드어, 스페인어 순서로 많이 사용하고 있다. 마지막으로 아시아와 태평양 대륙은 인구가 가장 많은 중국이 사용하는 중국어, 힌두어, 뱅갈어, 인도네시아어, 일본어 등 한국어는 other에 속하는 것으로 보인다.

언어에 대한 세계의 분포를 기초로 언어에 대해 조금 더 자세히 알아보고자 한다. 의사소통을 위한 기호체계인 언어는 인간의 소리에 의한 음성언어를 말하지만, 몸짓 등 소리 이외의 요소도 포함된다. 또, 동물간의 의사소통이나 PC에 지시를 하기 위한 기호체계를 말하는 경우도 있다. 자연발생적으로 생겨난 언어를 자연언어라고 부르고, 인공적으로 창작된 언어를 인공언어라고 한다. 후자에는 PC의 운영을 목적으로 하는 프로그래밍 언어가 대표적이다.

언어는 인간의 의사소통, 상호작용을 총괄하는 규칙 안에서 소리에 관한 부분 혹은 그 소리에 대체로서 문자표시에 관한 부분을 말한다. 수화 등의 예는 있으나, 대부분 소리에 의한 의사소통에 대응하고 있다.

그러나 엄밀히 말하면, 언어의 정의에는 많은 어려움이 있다. 의사소통의 규칙이 어디까지 명시되어 있어도 사람들이 그것을 참조하면서 의사소통을 할리는 없으며, 실제 사람들이 단일의 규칙에 따르지 않는다고 생각되는 자료도 있기 때문이다. 방언과 같은 지리적인 변형, 신조어의 보급과 같은 역사적 변화 등, 문법으로서 통상 알려진 규칙에 반하는 말들이 그 예라고 할수 있다. 또, '소리'를 기초로 하여 문자를 그 대용으로 하는 발상에 대한 비판을 하는 경우도 있다.

자연언어는 모어로서 사용되는 사람을 전제로서 존재하고 있으므로, 민족의 소멸이나 타 언어에 의한 흡수에 의해 사용되지 않기도 한다. 이와 같은 언어는 사어(죽은 언어)라 부르며, 사어가 다시 모어로서 사용되는 예는 거의 없다.

현재 세계에 존재하는 언어의 수는 천수백에서 수천이라고 하지만, 헤아리는 것은 거의 불가능하다. 이것은 미발견된 언어나 사멸하고 있는 언어가 있기 때문만이 아니라, 언어를 헤아리는데 원리적인 곤란함이 있기 때문이다. 닮았지만 똑같지는 않은 언어가 인접해서 존재해 있을 경우, 그것은 하나의 언어인가, 다른 언어인가로서, 이것은 언어인가, 방언인가라고 하는 차이라고 할수 있습니다.

이런 어려움에 의해 단일의 기준을 정해 분류하고 있는 것은 이론상으로는 가능하지만, 군이 단일기준을 관철하는 언어학자는 현실에는 없다. 즉, 어떤 기준을 설정한다 해도, 어느 지역에서 많은 찬성을 얻는 분류기준은 다른 지역에서 강한 반발을 얻을 수 있다. 그런 반발은 틀렸다고 말하기 위한 논거를 언어학은 갖고있지 않으므로, 결국은 관습에 따라서 지역마다 다른 기준을 사용하여 분류하고 있다.

세계에서 대략적인 통계로 나온 언어의 수는 6,800여개라고 한다. 그리고 변화된 언어까지 합치면 41,000개도 넘는다고 한다. 유럽인들이 미대륙에 오기 전에 남북 미대륙에만도 약 2,000개의 언어가, 그리고 호주에서는 1788년에 500여 부족들이 각기 다른 언어를 사용했다고 한다. 아프리카 대륙의 사하라 사막 남쪽에서만도 800개 정도의 언어가 현재 통용되고 있단다.

1986년 통계에 의하면 성경을 전부 혹은 부분적으로 번역해 놓은 언어의 수는 1,808개 이고, 날씨 좋은 밤하늘에 사람이 육안으로 식별할 수 있는 별의 수가 4천~6천개인데, 이 숫자가 언어학자들이 세계에서 현재 통용되고 있다고 추정되는 언어의 수라고 한다. 그리고 언어 중에서 문자가 있는 언어는 100개정도에 불과하다고 한다.

현재 전 세계에 존재하고 있는 6,800여 개의 언어 중 절반이 사라질 위기에 처해 있다는 민간기구 월드워치연구소가 밝힌 바 있다. 유네스코는 '세계 사멸 위기 언어 지도' 보고서에서 세계 각지에서 소수 민족의 언어와 유산이 사멸 위기를 맞고 있으며 언어 소실에 따른 파장은 무시할 수 없는 타격으로 '하나의 언어가 사라지면 우리는 인간의 사고와 세계관에 대해 인식하고 이해하는 도구를 영원히 잃는 것'이라고 했다. 특정 언어의 소실은 해당 언어를 사용하는 공동체의 역사를 기록으로 남길 수 있는 원천이 사라지는 것을 의미하기 때문이다. 지구촌의 언어적 다양성은 갈수록 축소되는 추세를 보이고 있다. 언어의 사멸은 결코 새로운 일은 아니다. 수천 개의 언어가 이미 사라졌다. 다만 언어의 사멸 속도가 놀라울 만큼 빨라졌다는 것이 차이점이다.

언어학자들은 2,100년 까지는 3,400-6,120 개의 언어가 사라질 것으로 전망하고 있다. 매 2주마다 1개의 언어가 사라지는 셈이다. 월드워치연구소는 언어 보존을 위해서는 고유언어와 함께 다른 언어를 쓰도록 장려할 필요가 있다고 강조하고 있다.

연구소가 생사의 기로에 서 있다고 지목한 언어는 알래스카의 에약어로 현재 지구상에서 앵커리지에 살고 있는 매리 스미스 존스(83) 할머니만 구사할 수 있는 것으로 나타났다. 이외에도 아마존 정글에서 쓰는 아리카푸어는 6명만이, 시베리아에서 쓰이는 우디헤어는 100명 정도만이 구사하고 있다. 최근 생사의 기로를 넘은 것으로 확인된 언어는 러시아 카프카스에서 쓰던 우비흐어. 1992년 언어 보유자인 터키의 한 농부가 81세를 일기로 숨지면서 운명을 함께했다. 아일랜드 만섬에서 쓰던 망스어도 1974년 소멸했다.

언어 사멸의 원인으로는 전쟁, 대량 학살, 치명적인 자연재해, 영어와 중국어의 확산에 따른 언어 세계의 약육강식 등이 꼽힌다. 전 세계 언어의 절반은 파퓨아뉴기니, 인도네시아, 나이지리아, 인도, 멕시코, 카메룬, 호주, 브라질 등 8개국에 몰려있으며, 언어 사멸 역시 이 지역에서 집중적으로 이뤄지고 있다. 월드워치 연구소는 그러나 사멸하는 언어에 대한 부활 작업도 진행하고 있다고 소개했다. 하와이 주민은 사실상 사멸한 하와이 토속어를 부활하기 위해 83년 '아하 푸나나 레오'라는 기구를 설립해 최근 언어 복원에 성공했다고 한다.

언어와 토속문화가 얼마나 밀접한 연관관계를 가지고 있는지 언어를 통해서 충분히 추론이 가능하다. 이러한 고유한 언어를 기반으로 하는 문화, 토속문화가 매력적인 이유는 원시성(aboriginality)과 원형성(prototype)을 소유하고 있기 때문이다.

세계언어 순위 (5천만명 이상 사용언어)

	개정 전				개정 후 2014.4.30. 현재		
순위	언어	사용 국가 수	사용자 수 백만명	순위	언어	사용 국가 수	사용자 수 백만명
1	중국어Chinese	33	1,197	1	중국어Chinese	33	1,197
2	스페인어Spanish	31	406	2	스페인어Spanish	31	414
3	영어English	101	335	3	영어English	99	335
4	힌디어Hindi	4	260	4	힌디어Hindi	4	260
5	아랍어Arabic	59	223	5	아랍어Arabic	60	237
6	포르투갈어Poriuguese	11	202	6	포르투갈어Poriuguese	12	203
7	벵골어Bengali	4	193	7	벵골어Bengali	4	193
8	러시아어Russian	16	162	8	러시아어Russian	16	167
9	일본어Japanese	3	122	9	일본어Japanese	3	122
10	자바어Javanese	3	84.3	10	자바어Javanese	3	84.3
11	독일어German	18	83.8	11	란다어Lahnda	6	82.6
12	란다어Lahnda	7	82.7	12	독일어German	18	78.2
13	텔루구어Telugu	2	74.0	13	한국어Korean	5	77.2
14	머라티어Marathi	1	71.8	14	프랑스어French	51	75.0
15	타밀어Tamil	6	68.8	15	텔루구어Telugu	2	74.0
16	프랑스어French	51	68.5	16	마라티어Marathi	1	71.8
17	베트남어Vietnamese	3	67.8	17	터키어Turkish	8	70.8
18	한국어Korean	6	66.4	18	타밀어Tamil	6	68.8
19	우르두어Urdu	6	63.4	19	베트남어Vietnamese	3	67.8
20	이탈리아어Italian	10	61.1	20	우르두어Urdu	6	63.9
21	말레이어Malay	13	59.4	21	이탈리아어Italian	10	63.7
22	페르시아어Persian	29	56.6	22	말레이어Malay	13	59.4
23	터키어Turkish	8	50.7	23	페르시아어Persian	29	56.6
24	오리야어Oriya	3	50.1				

출처 : http://www.urimal365.kr/?p=14660

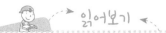

'Eyak Language 0'의 의미

백과사전보다 더 강력한 위키피디아 웹사이트의 검색 창에 지금 'Eyak language'란 단어를 입력하면 토털 스피커즈란 란에 '1'이란 숫자가 새겨질 겁니다. 대신 영어를 입력하면 5억 ~18억이란 숫자가 뜹니다.

그 '1'이란 숫자도 이제 '0'으로 바뀌게 됐습니다. 미국 알래스카주 중남부, 앵커리지에서 서쪽으로 500㎞ 떨어진 코르도바란 곳에서 태어나 지금까지 이누이트(영어 이름으로는 에스키모) 가운데 한 부족인 에야크(Eyak) 언어를 유일하게 쓸 줄 알고 말할 줄 알았던 한 할머니가 세상을 떠났기 때문입니다. 매리 스미스 존스란 이 할머니가 앵커리지 자택에서 89세를 일기로 숨을 거뒀다고 영국 BBC가 2008년 1월25일 보도했습니다.

가족들에 따르면 존스 할머니는 땅달막한 키에 담배를 연신 피워대던 고집쟁이 할머니였던 것 같습니다. "우리가 아는 한 그녀는 진짜배기 에야크족의 살아있는 화신이었어요."라고 딸 베니스 갤로웨이는 AP통신과의 인터뷰에서 밝혔습니다.

코르도바가 어떤 곳인지 아십니까. 1989년 3월24일 유조선 엑손 발데즈호가 빙산군을 피하지 못한 채 암초에 부딪혀 엄청난 기름유출 재앙을 불러온 프린스 윌리엄즈 해협에 위치한 항구였습니다. 유조선에서 유출된 174만 9000㎘의 기름은 752㎞를 흘러나갔으며, 1120㎞ 해안가를 휩쓸었습니다. 바닷새 30만~67만마리가 죽었고 250마리의 대머리독수리, 300마리의 바다표범, 3500~5000마리의 해달이 죽었습니다. 범고래 36마리 가운데 14마리도 3년 안에 목숨을 잃었습니다.

이곳에서 태어나고 자란 존스 할머니가 눈을 감은 곳이 앵커리지인 것도 이 부족과 언어의 죽음 못잖은 비극을 상징하는 것으로 비칩니다.

이들 부족 가운데 많은 사람이 일찍 죽으면서 존스 할머니와 이 언어의 운명은 멸종 위기에 직면한 알래스카 이누이트의 20개 부족 언어의 운명을 상징하는 푯대가 됐습니다. 할머니는 알래스카 대학과 함께 손잡고 에야크 사전을 편찬, 후손들이 이 언어를 다시 부흥시킬 불씨를 살려놓기 위해 열정적으로 노력했습니다.

그러나 오리건주 출신의 낚시꾼이었던 백인 남편과 사이에 태어난 7명의 자녀 중 어느 누구도 에야크 언어를 익히지 않았습니다. 그들은 아무리 할머니가 설득해도 영어 외의 언어는 이 세상을 살아가는 데 도움이 되지 않는다는 이유로 할머니의 뜻을 버렸습니다.

할머니와 사전 편찬 작업을 했던 마이클 크라우스 언어학 박사는 "할머니는 지난 15년간 너무도 외롭게 지냈다."며 "자신의 독특한 위치를 인식해 자신과 같은 부류의 마지막이 되기를 간절히 원했던 할머니"라고 그를 추모했습니다.

이들의 언어가 사라지게 된 것은 영어 탓만은 아니라고 위키피디아는 전합니다. 물론 영토 합병기에 미국 정부가 강압적인 언어 정책을 쓴 것은 사실이지만 많은 이누이트 부족들이 겪었듯 이들 부족도 자발적인 선택에 의해 자신들의 언어를 버렸다는 겁니다. 예를 들어 더 많은 숫자의 틀링기트(Tlingit) 부족이 북쪽에서 이주해오자 점차 사람들은 자신의 언어를 버리기 시작했습니다. 그리고 원래 이 해협에 정착해있던 알루티크(Alutiiq) 부족의 생활수준이 훨씬 낮다는 상황을 인식한 다음부터는 틀링기트 부족마저 스스로의 말과 글을 버리기 시작했다는 겁니다. 결혼 등으로 두 부족의 피가 섞이고 세대를 거쳐 내려오면서 이 언어는 자연스레 소멸의 과정을 걷게 된 겁니다. 자발적인 과정을 통한 언어의 적자생존과 도태가 영토 합병보다 훨씬 강력했다는 반증이 되기도 합니다.

이제 할머니가 세상을 떠나 이 부족의 언어는 박물관과 도서관에서만 존재하게 됐습니다. 21세기에 사라져가는 알래스카의 토착언어, 그 뒤안길이 눈물겹기만 합니다.

출처 : http://arakis.tistory.com/archive/20080125

2. 토속문화관광

토속문화관광은 SIT(Special Interest Tour)의 한 형태라고 본다. Harron & Weiler(1992)는 indigenous tourism과 ethnic tourism을 동일선상에서 접근하고 있다. 그러나 본문에서는 indigenous tourism에 국한하여 접근하였고 이를 토속문화관광으로 정의하였음을 밝힌다. 토속문화관광객은 먼저, 관광목적지역의 원주인이나 문화적 배경이 관광객과 다른 사람과의 진정성과 친밀성을 가진 접촉을 찾는다는 것이다(Harron & Weiler, 1992). 토속문화관광객은 문화관광으로 분류된 관광객들 보다 더 친밀하고 진정성있는 접촉, 직접경험, 그리고 인간적 요소를 찾는 관광객들이라고 한다. 그러나 원주인들은 보통 관광을 종종 인종차별의 또 다른 한 형태라고 본다.

원주인(indigenous)에 대한 시각은 서구 열강의 식민지 시대 전후로 하여 인식의 전

Indigenous People of Sakhalin Island (North Pacific)

출처 : http://www.thelovelyplanet.net/indigenous-people-of-the-world/

환이 이루어졌다고 할 수 있다. 식민지시대에는 문명이라는 단어를 유럽인과 비유럽인을 구별하기 위해 사용한 것처럼, 원주인은 야만인, 미개인이었으며, 단지 값싼 노동력을 제공하는 대상으로 인식하였다. 그래서 그들의 문화는 이해하기 어려운 사람들이 표현한 형상화나 상징코드로 간주되었다. 반면에 식민지시대 이후 서서히 관광의 대중화가 진행되면서 20세기 후반에는 그들의 삶의 터전은 비일상성을 경험할 수 있는 문화관광목적지의 좋은 대안으로 바뀌었다. 관광산업의 발전을 통하여 토속문화관광이 관광의 중요한 한 형태로 자리 잡으면서, 관광목적지의 원주인들은 관광산업 분야에서의 민속문화공연자, 관광종사원의 역할을 맡게 되었다. 또한 토속문화관광목적지는 문명세계에 반해 매력적인 비밀을 지닌 곳으로, 관광객의 일상과는 전혀 다른 독특한 삶의 터전을 지닌 곳으로, 문명세계에 있는 '문명인'들의 '새로운' 호기심을 유발하는 목적지로 인식되고 있다.

그러나 최근 토속문화관광은 환경과 자연에 기반한 관광, 예술이나 문화유산에 모험관광과도 연계되는 경향도 있다.

읽어보기

World Responsible Tourism Day(2007, 11.4)
- Minority Rights Group International(MRG) 警告 -

세계책임관광의 날, MRG는 다음과 같은 경고의 메시지를 보냈다. 관광수입을 위해 야생동식물과 자연이 어우러진 환경에 리조트를 조성함으로 인해 원주인 마을을 강제 퇴거시켜 원주인들은 조상대대로 물려받은 땅으로의 접근을 금지 당하곤 한다. 관광산업으로 파생된 경제적 수혜 또한 전혀 원주인에게 제공되지 않는 사례가 빈번하게 발생하고 있다. 더욱 이율배반적인 상황은 이러한 과정에서 관광객들은 자신은 생태친화적 관광을 선택하여 환경의 변화에 민감하게 반응을 하고 있다고 생각하는 것이다. 그러나 관광객은 정작, 원주인 부락에서 퇴거당한 원주인들이 받는 피해가 얼마나 많은 부차적 영향과 정도에 노출되어 생존의 위협에 처해있는지에 대해서는 망각하고 있다는 것이다.

예를 들면, Kenya의 Endorois 목축민 마을은 매년 수천명의 관광객을 유치하고 있는 보고리아 호수(Lake Bogoria) 주변의 수렵보존림 조성을 위해 자신의 고향 땅에서 적절한 보상도 없이 강제 축출되었다. 이로 인해 지역의 원주인들은 자신의 생존을 위해 의식주, 신선한 물, 직업, 교육 등에 대한 기회제공을 요구하면서 개발에 따른 착취, 순수성과 정체성 상실, 사기피해로부터 자신을 보호할 수 있는 지원을 요청하지만, 정부와 개발업자들은 이들의 생존과 관련된 요구사항에 명확하게 반응을 보이고 있지 않다는 것이다. 따라서 세 영역의 이해관계자들이 공동참여 과정을 통해 개발 전부터 개발 이후까지의 환경적 사회적 영향을 사전에 예측하고 개발계획을 수립할 뿐만 아니라 개발이익의 지역환수에 대해서도 충분한 교감이 전제되어야 할 것이다.

http://kenyea.blogspot.kr/2012_06_01_archive.html

02 토속문화관광의 분류

본 연구의 진행을 위해 저자는 다음과 같이 토속문화관광을 분류하였으며, 장소적 관점에서 접근하여 분류체계를 구조화하였음을 밝힌다.

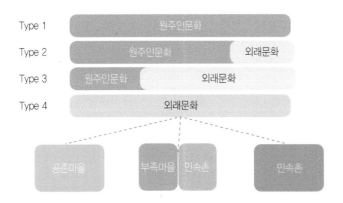

현재 알려진 지구촌의 숱한 부족이나 종족들과 외래문화의 관계를 볼 때, '토속문화관광목적지'가 되는 '원주인마을'은 이미 오래 전에 문화전파의 과정을 통해 문화충돌로 사라진 경우도 있고, 문화공존의 과정을 겪는 경우도 있고, 여전히 갈등관계를 표출하는 경우도 있을 것이다. 오늘날 직간접으로 외래 문화의 영향권에 속하지 않는 부족이나 종족이 있을까? 원주인 문화만을 시초부터 현재까지 계승 및 유지 하면서 살아가는 부족이나 종족이 이론적으로 존재할 수는 있겠지만 찾아내기란 쉽지가 않을 것이다. 따라서 분류의 원칙은 외래문화의 영향에 대한 유무의 관점이 아니라 많고 적음의 관점에서 어떤 문화의 형태가 그 사회를 지배하면서(dominated) 우월한 영향력으로 표현되고 있는가의 관점에서 체계화 시켰음을 밝힌다. 특히, 이동을 전제로 하는 관광은 어떤 형태든지, 자신이 그 부족이나 종족의 '최초 방문객'인 경우는 없기 때문이다.

상기 분류에서 Type 1 경우는 외래문화의 영향이 아주 미미한 상태로 원주인 문화가 거의 보존 및 전승되고 있는 경우로 이해하면 된다. Type 2는 원주인문화에 외래문화가 유입되었지만 아직은 외래문화보다 원주인문화의 영향력이 더욱 높거나 유지되는 상태이다. Type 3는 외래문화의 유입으로 현재 원주인문화보다 더 많은 지배력을 가지고 있는 것이다. 마지막은 원주인문화는 거의 사라지고 외래문화가 이미 일상 깊숙히 자리 잡은 경우이다. 특히, Type 4는 공존마을과 부족마을은 따로 있고 민속촌이라고 하는 체험센터를 조성해놓은 형태, 과거 있었던 원주인문화의 형태만 조성하고, 실제 원주인들은 일상행활을 하지 않으며, 관광객에게 체험할 수 있도록 인공적인 민속촌형태가 있다.

1. Type 1 : 원주인문화 우세 마을

원주인문화의 특징은 외래문화의 수용이 발생되지 않았지만 향후 관광상품화 가능성을 가지고 있는 경우이다. 과거의 전통과 문화를 유지하고 있으며, 외래문화가 들어왔지만 거의 반영되지 않았다고 할 수 있다. 소수의 관광객만이 방문하는 형태가 된다.

사례 1

아프리카 '피의 부족' 수리족

수리족은 아프리카 북동부에 위치한 에티오피아 오모 계곡에서 살고 있으며, 고유의 수리어를 사용하고 있다. '피의 부족'이라고 불릴 만큼 '소의 피'를 중요시하며, 결혼한 여자는 입술에 원반인 '아발레'를 , 처녀는 문신을 하여 구분하고 있다. 외부의 영향을 거의 받지 않는 가장 원시적인 삶을 고수하며 살고 있으며, 남자들은 항상 소와 함께 생활하는 특징을 가지고 있다. 복식과 관련해서는 천으로 몸을 두르는 형태이며, 주식은 거의 구운 옥수수 이다. 주거는 진흙이나 소 배설물로 만든 집을 짓고 살며, 공동체 생활을 하고 있다.

수리족의 여자(원반- 결혼, 문신 – 처녀)

출처 : http://enews.imbc.com/News/RetrieveNewsInfo/25818

인도네시아 지파 'Loaves Korowai' 부족

인도네시아 파푸아 부근에 거주하며, 나무 위에 집을 짓고 산다. 바나나 잎과 나무를 이용하여 집을 지으며, 권력이 높을수록 더 높은 집에서 산다. 원시시대의 삶을 보여주듯 돌도끼를 활용하여 사냥을 한다. 거의 옷을 입지 않고 생활하며, 유충, 물고기, 곰 등이 주식이다.

지파 'Loaves Korowai' 부족의 모습

출처 : http://blog.daum.net/househome/16877277

2. Type 2 : 원주인문화가 외래문화 보다 우세한 지역

원주인문화에 외래문화가 어느 정도 수용된 경우를 말한다. 전통적 토속문화를 기본적으로 유지하고 있지만, 외래문화를 부분적으로 수용하여 일상생활의 편의를 추구하고 있다. 하지만 토속문화와 산업이 외래문화보다는 훨씬 우세하게 지배하고 있는 지역이다.

파푸아뉴기니의 '파푸아족'

남태평양 포트모레스비에 살며, 고유의 언어는 파푸아어이다. 전통문화 및 관습은 단신이며, 장발(長髮)에 고수머리를 고집하고 세계에서 가장 원시부족으로 간주되고 있다. 가장 최근까지 식인문화가 존재하였지만 현재는 행해지지 않는다고 할 수 있다. 돌도끼로 나무를 베는 석기시대 생활을 하고 있으며, 조개껍질이 화폐로 통용되고 있다. 여자들은 볏짚으로 만든 치마를 입으며, 뚱뚱하고 힘센 여자가 일등 신부감이라고, 남자는 축제 시에만 옷을 입고, 평소에는 옷을 입지 않는다. 13세에 성인식이 이루어진다고 한다. 고구마와 야자나마의 열매가 주식이며, 공동체 생활을 영위한다고 한다.

파푸아뉴기니의 '파푸아족'의 일상생활 모습

출처 : http://blog.joins.com/media/folderlistslide.asp?uid=vitant&folder=26&list_id=5366870

쉬어가기

토착부족들의 외래문화의 수용

MBC 특집 다큐멘터리 '생존'에 나온 부족들은 현재 외래문화를 어느 정도 수용하여 생활하고 있다고 보여주고 있다. 사냥만으로 먹고 살 수가 없어서 근처 도시에 나와 장을 보거나, 사냥하는 모습을 보여주면서 관광객들에게 돈을 받으며 생활하고 있었다.

다큐멘터리 '생존'의 장면들

출처 : MBC 다큐멘터리 '생존'

3. Type 3 : 외래문화 우세지역

원주인문화보다 외래문화의 지배력이 더 크게 영향을 미치며, 우세한 지역을 말한다.

지구상에 남은 마지막 식인전사의 후예 '아스맛족'

웨스트 파푸아뉴기니인 이리안 자야 지역에 사는 이 부족은 현재 위성 TV, 전기시설이 모두 들어와 있으며, 젊은 아스맛 족 남자들은 대부분 도시경험을 원한다. 인도네시아에서 가장 호전적인 부족으로 과거 전쟁에서 이기면 승전의 축하의 의미로 적의 인육을 먹었다고 한다. 지역에 여러 종족이 존재하고 있다. 복식과 관련해서는 화려한 장신구 '꼬떼ㄲ·'라는 고깔 모양의 가리개를 착용하며, 사구야자나무 열매를 주식으로 하며, 나무로 만든 집에서 기거한다.

아스맛 족의 문명 받아들이기 : 부족의 특성을 살린 의상을 제작하여 판매하는데, 아스맛 홈페이지(www.asmat.de)에서 직접 구매할 수 있다. 젊은 아스맛 부족들 사이에서는 부족의 문양과 양식을 살리되 현대 의상양식을 접목한 다양한 의상을 선호하여, 종래의 전통 부족양식을 현대적으로 재 탄생시키기도 한다.

아스맛 족의 모습

출처 : http://blog.daum.net/hsspa34/2

아스맛 족의 삶을 보여주는 나무

http://www.alpsnature.com/board/view.asp?schoption=&schword=&page=&idx=29&bid=&board_type1=&bunlu=

두번째로 아스맛의 원시조각전이 국내에서 개최된 적이 있는데 제주 조각공원에서 상설전시를 했었다. "Asmat Art"라는 용어를 사용하여 최초로 석기시대에 살고 있는 아스맛족의 원시조각품과 사는 모습을 소개하였다.

4. Type 4 : 외래문화 우세지배지역

현대 문화의 영향력 아래 외래문화가 지배적으로 우세한 지역으로 3가지 종류로 구분한다.

❶ 공존마을

공존마을은 원주인문화와 외래문화가 조화를 유지하면서 공존하는 경우이다. 우리나라의 민속마을로 지정된 곳이 모두 공존마을이라고 할 수 있다. 안동하회마을은 국가 지정아래 보호받고 있으며, 토착문화체험 프로그램이 있으나 그 다양성과 차별성은 부족한 편이다.

안동하회마을

주민등록상 경상북도 안동시 풍천면 하회1리 : 121세대 229명 (풍산 류(柳)씨 67%)
건물 : 458동 (기와집 162, 초가 211, 기타 85)
보호구역 : 5.0㎢(하회, 병산, 광덕, 인금 일원)
토착문화체험 프로그램 있음

안동하회마을의 전경과 문화체험

다음은 우리나라에 선정된 민속마을의 현황이다.[1]

1. 문화재청

전국 민속마을 지정 현황

구분	소재지	지정번호	지정면적(㎡)	지정일
낙안읍성 민속마을	순천시 낙안읍 낙안면 동내리, 서내리, 남내리	사적 302호	223,108	1983.06
안동 하회마을	안동시 임하면 하회리	중요민속자료 제 122호	5,288,008	1984.01
성읍 민속마을	남제주군 표선면 성읍리	중요민속자료 제 188호	790,747	1984.06
월성 양동마을	경주시 강동면 양동리	중요민속자료 제 189호	969,430	1984.12
고성 왕곡마을	고성군 죽왕면 오봉리	중요민속자료 제 235호	246,427	1988.09
아산 외암마을	아산시 송악면 외암리	중요민속자료 제 236호	205,073	1988.08

❷ 부족마을과 민속마을 공존

토속문화에 의거, 원주인들이 일상생활을 유지하는 지역과 관광객을 위한 별도의 장소에 민속촌 또는 문화촌을 조성한 경우가 해당된다.

사례 1

호주 애버리진(Aborigine)

애버리진의 전통음식과 춤, 주거공간

호주의 최초 종족으로 호주 전역에 걸쳐 있다. 케언즈에 민속촌을 조성하여 관광객들에게 자신들의 과거 생활모습을 보여준다. 대략 250개 언어를 사용하는 소규모 집단들이 있었지만, 현재 200개 언어만 존속하고 대부분 사멸 위기에 처해 있다. 특징적으로 한 부족이 여러개 언어를 구사하기도 한다. 수렵, 채집생활과 유목생활을 하며, 가족구성은 보통 씨족형태(10~15명), 일부다처제, 다른 부족과 결혼하는 풍습이 있었다. 보통 집은 돔 형태로 확장이 가능하도록 설계하였고, 복식은 계절별로 신의 축복에 감사하는 전통적인 코로보리 춤을 춘다.

호주 케언즈 애보리진 체험 : 레인 포레스테이션 공원(Rain Forestation Park)

디저리두(Didgeridoo)라는 호주 전통악기 연주, 환영의 춤(BIBA MYON), 모기춤(NGUKUM), 경고춤(GURRUNGA), 침묵의 뱀춤 (PAMAGIRRI), 설탕가방춤(MUGUY), 캥거루춤 (MARLOO)등을 공연하며, 체험의 기회 제공(디저리두 불기, 부메랑 날려보기 등)한다.

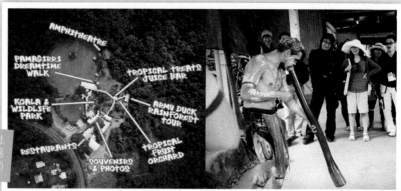

레인 포레스트 공원의 전경, 공연하는 애보리진 전통 계승자(원주인)

❸ **민속마을**(과거 원주인이 생활했던 공간을 인위적으로 조성한 경우)

원주인문화는 사라지고 과거가 된 문화를 경험할 수 있도록 꾸며진 야외 세트장과 같다.

사례 1

용인 한국민속촌

위치 : 경기도 용인시 기흥구 보라동 107
총면적 : 약 100만 ㎡
설립시기 : 1974년
성격 : 민속촌, 테마공원

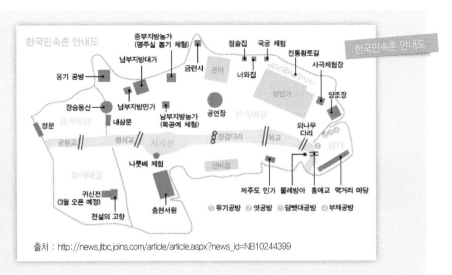

출처 : http://news.jtbc.joins.com/article/article.aspx?news_id=NB10244399

전국 각지에서 옮겨온 가옥들과 30년 동안 가꿔온 수목들이 있으며, 150년 전 우리 선조들의 생활을 그대로 재현해 놓았다. 누에고치실뽑기 체험, 그네 체험, 죽제품 만들기, 무명 실뽑기 체험, 가마니 짜기 체험, 곡식 도정 체험 등 각종 체험의 장이 마련되어 있는 일종의 테마파크 형태이다.

 사례 2

하와이 – 폴리네시안 문화 센터(Hawaii's Polynesian Cultural Center)

하와이의 토착민족인 폴리네시안(Polynesian)은 피부는 밝은 갈색, 머리칼은 직모, 키가 크고, 몽골로이드 특성을 가지고 있다. 조상의 본향은 아시아이며, BC 4,000~BC 3,000 무렵 중국남부에서 동남아시아 섬들을 거쳐 뉴기니 섬까지 건너왔을 것으로 추정되고 있다. 뛰어난 항해술을 바탕으로 300년 경 하와이제도로 이주하였다고 알려져 있다.

하와이 원주민 법안이 있는데 이는 하나의 종족으로 공식인정하는 법으로 폴리네시안 원주민을 대표하는 자치기구 구성에 관한 권한을 부여하고 있다. 또한 1898년 미국에 합병될 당시 빼앗긴 토지 문제에 대한 협상 권한을 가진다. 그러나 일부 원주인은 이러한 법안은 미국의 다인종 다문화 이상을 거부하는 것이며, 오히려 분리주의를 야기시켜 혼란을 가중한다고 하며, 또 일부는 미국에서 완전독립을 주장하기도 한다.

폴리네시안

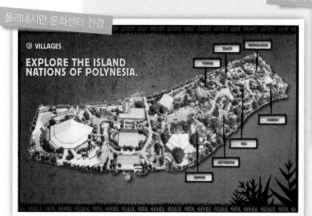

폴리네시안 문화센터 전경

폴리네시안 문화센터 현황

위치	Oahu
홈페이지	http://www.polynesia.com/
설명	하와이, 타히티, 사모아, 피지, 마퀘사스, 뉴질랜드, 통가 등의 태평양에 흩어져 있는 다양한 민족의 생활상을 재현한 촌락
크기	42에이커
특징	• 연못이 조성 • 연못 주변에 하와이, 타히티, 사모아, 피지, 마퀘사스, 뉴질랜드, 통가의 남태평양 7개 섬 마을을 재현

폴리네시안 문화센터의 내부

생각하기

미국내 유일한 왕국, 하와이[2]

미국 영토 내에서 유일하게 왕국으로 존속했던 하와이. 1893년 미국인들에 의해 왕정이 폐지되고 1898년에 미국령이 되었는데 당시 하와이왕실이 가지고 있었던 토지는 하와이왕국의 정부 토지와 함께 공공토지로 미국 정부로 넘어가게 되었다. 1920년 미 의회에서 하와이원주민들을 위한 토지대여법이 통과되고 이들에 대한 연방의회의 "신탁의무"가 규정되었지만 대상토지는 전체 공공토지의 1/10에도 미치지 못했다.

1959년 하와이가 미국의 한 주가 되면서 주정부가 공공토지에 대해 관리를 맡게 되었다. 이후 개정된 하와이 주 헌법(1978)은 하와이사무청을 설치해서 하와이원주민들의 복지를 담당하게 했다. 연방행정부가 통과시킨 다양한 법률에서도 하와이원주민들을 미국원주민으로 간주했지만 연방의회차원에서 공식적으로 그것을 인정한 것은 아니었다.

2000, 2009년의 미연방대법원 판례(Rice v. Cayetano; Hawaii v. Office of Hawaiian Affairs)와 관련하여 전자는 하와이원주민에게만 하와이사무청의 이사선출을 위한 투표권을 부여한 것을, 후자는 하와이원주민 문제가 해결될때까지 공공토지의 불하를 제한하는 것을 연방대법원이 위헌이라고 판결한 것이다. 미연방대법원은 하와이원주민에 대해 매우 보수적인 접근을 하고 있는데 이에 대한 대응으로 미 의회를 통해서 하와이원주민을 미국원주민으로 인정하려는 움직임이 현재 진행 중이다. 연방대법원의 판결은 한국과 일본의 과거사 문제에도 시사점을 던져준다.

2. 안종철(2013). 하와이 원주민 문제의 역사적 쟁점과 미 연방대법원의 관련 판결분석, 法史學研究 제48호, 275-305

사례 3

노르웨이 – 노르웨이 민속 박물관 (Norwegian Folk Museum)

노르웨이의 원주인인 노르드인(바이킹)은 서기 800년~1050년경에 나타난 토착민족으로 맨섬(Isle of Man), 헤브리디스제도(Hebrides Is.), 북부 스코틀랜드, 아일랜드 등을 정복하였다. 대부분 그린란드와 아이슬란드에 정착하였다. 바이킹의 강인한 인내심과 모험심은 오늘날 세계적인 해운국가를 이룩하는 바탕이 되었고, 그리스어로 작성된 한 기록에는 숲에 사는 유쾌한 민족으로 춤과 노래를 즐겼고 장수하는 민족이라고 묘사하고 있다. 그러나 8세기부터 11세기에 걸쳐 활동한 유럽의 해적으로 왜곡되어 나타난다. 원래 이들은 뛰어난 선박 제조술과 항해술을 바탕으로, 세금을 터무니없이 많이 징수하며 횡포를 부리던 부족장들로부터 벗어나 새로운 세계를 찾아 나선 사람들로써 최근에는 바이킹이 북아메리카 대륙에 상륙했던 흔적도 발견되었다고 한다. 이는 콜럼버스의 신대륙 발견(1492년)보다 5백여 년 앞선 것이다.

바이킹 노르드인

출처 : http://ko.wikipedia.org/wiki/%EB%B0%94%EC%9D%B4%ED%82%B9

노르웨이 민속 박물관 (Norwegian Folk Museum) 현황

위치	Museumsveien 10, Oslo
설립연도	1894년
전화	+47 22 12 37 00
홈페이지	www.norskfolke.museum.no
설명	노르웨이 각지에 있던 170채 정도의 목조가옥을 해체한 후 옮겨놓은 최대의 야외박물관

Norwegian Folk Museum, Bygdoy

http://www.planetware.com/norway/oslo-surroundings-n-osl-osur.htm

바이킹 박물관 현황

위치	Huk Aveny 35, Oslo
전화	+47 22 43 83 79
홈페이지	www.ukm.uio.no
설명	피오드르에서 발견된 오세베르그호, 고크스타호, 투네호 3척의 바이킹선을 보존 전시

Vikingship Museum

http://blog.daum.net/_blog/BlogTypeView.do?blogid=0c34l&articleno=14&categoryId=3&regdt=20120715205236

일본 – 아이누 민속박물관(민속촌)(アイヌ民族博物館)

아이누는 오늘날의 일본 홋카이도와 혼슈의 도호쿠 지방(東北地方), 러시아의 쿠릴 열도, 사할린 섬, 캄차카 반도에 정착해 살던 선주민이다. 일본의 주를 이루는 야마토 민족과는 다른 북방 몽골리안의 한 민족으로, 역사적으로 개별적인 부족 국가 형태를 지녔으며, 독자적인 언어인 아이누어를 가지고 있다.

'아이누'는 신성한 존재인 '카무이'와 대비되는 '인간'이라는 의미의 홋카이도 지방의 아이누어에서 비롯되었다. 일본어로는 '에미시', '에조(蝦夷)'로 불리는데, 이는 사할린 아이누의 '인간'을 뜻하는 '엔츄' 또는 '엔주'에서 비롯된 것으로 추측되기도 한다. '아이누'란 단어가 일본 내에서 차별적 의미로 쓰이고 있다는 생각에서 스스로를 우타리(Утари : 친척, 동포라는 뜻)라고 부르는 아이누 사람들도 일부 있다.

이들은 류큐민족과 함께 일본의 근대화 이후 대동아정책의 일환으로 일본에 편입되었다. 일본 내 아이누족은 대부분 일본에 동화되어 일본어를 쓰지만, 현재도 홋카이도에 살고 있는 고령자들 중 일부는 아이누어를 사용하고 있다. 러시아에서는 아이누 문화가 보존되어 아이누어가 쓰이고 있으며, 일부 러시아화된 아이누족은 러시아어를 쓴다. 종교로는 샤머니즘이 대다수이고, 러시아에는 러시아 정교회로 개종한 아이누족도 소수 있다.

3. http://ko.wikipedia.org/wiki/아이누

공식적으로 인정된 일본 내의 아이누족은 약 2만5천 명이다. 그러나, 극심한 차별 때문에 아이누족임을 숨기거나 인종차별로부터 자녀를 보호하기 위해 부모가 알려주지 않아 아이누족 출신임을 모르는 경우도 있어서 정확하지는 않으며, 비공식적으로는 20만 명까지 추산되기도 한다. 러시아에는 약 5만 명이 살고 있다.[3]

아이누 족의 모습

출처 : http://ko.wikipedia.org/wiki/%EB%B0%94%EC%9D%B4%ED%82%B9

<h3 style="text-align:center">아이누 민속촌 현황</h3>

주소	홋카이도 시라오이도 시라오이쵸 와카쿠사쵸 2-3-4 (北海道白老都白老町若草町 2-3-4)
설립년도	1976年9月10日
홈페이지	http://www.ainu-museum.or.jp/index.html
영업시간	오전 8:45~오후 5:00
방문객수	平成18年(2006년 4월 ~2007년 3월) : 246,963명
특징	아이누족의 문화를 살펴 볼 수 있으며 직접 체험 할 수 있음
위치	JR무로란선 시라오이역 하차 도보 13분(JR室蘭線「白老駅」下車 徒步13分)

아이누 민속촌

http://blog.daum.net/_blog/BlogTypeView.do?blogid=0c34l&articleno=14&categoryId=3&regdt=20120715205236

Buultjens, J., Brereton, D., Memmott, P., Reser, J., Thomson, L., & O'rourke, T. (2010). The mining sector and indigenous tourism development in Weipa, Queensland. Tourism management, 31(5), 597-606.

Buultjens, J., Gale, D., & White, N. E. (2010). Synergies between Australian indigenous tourism and ecotourism: possibilities and problems for future development. Journal of Sustainable Tourism, 18(4), 497-513.

Cardow, A., & Wiltshier, P. (2010). Indigenous tourism operators: The vanguard of economic recovery in the Chatham Islands. International Journal of Entrepreneurship and Small Business, 10(4), 484-498.

Higgins-Desbiolles, F., Trevorrow, G., & Sparrow, S. (2014). The Coorong Wilderness Lodge: A case study of planning failures in Indigenous tourism. Tourism Management, 44, 46-57.

Hunter, W. C. (2011). Rukai indigenous tourism: Representations, cultural identity and Q method. Tourism Management, 32(2), 335-348.

Lemelin, R. H., Whyte, K. P., Johansen, K., Desbiolles, F. H., Wilson, C., & Hemming, S. (2013). Conflicts, battlefields, indigenous peoples and tourism: addressing dissonant heritage in warfare tourism in Australia and North America in the twenty-first century. International Journal of Culture, Tourism and Hospitality Research, 7(3), 257-271.

Miiller, D. K., & Pettersson, R. (2010). What and Where is the Indigenous at an Indigenous Festival?—Observations from the Winter Festival in J okkmokk, Sweden. Indigenous Tourism, 201.

Neto, J. (2014). Indigenous tourism as alternative cultural enhancement. Revista Brasileira de Ecoturismo, 7(2), 223-239.

Okada, M., & Kato, H. (2014). Indigenous Heritage and Tourism: Theories and Practices on Utilizing the Ainu Heritage.

Pearson, C. A., & Helms, K. (2013). Indigenous Social Entrepreneurship: The Gumatj Clan

Enterprise in East Arnhem Land. Journal of Entrepreneurship, 22(1), 43-70.

Pomering, A., & White, L. (2011). The portrayal of Indigenous identity in Australian tourism brand advertising: Engendering an image of extraordinary reality or staged authenticity&quest. Place Branding and Public Diplomacy, 7(3), 165-174.

Ruhanen, L., & Whitford, M. (2014). Indigenous Tourism and Events for Community Development in Australia. Bridging Tourism Theory and Practice, 5, 183-194.

Ruhanen, L., Whitford, M., & McLennan, C. (2013). Indigenous tourism in Australia: an analysis of international demand and supply. In The Proceedings of 1st World Conference on Hospitality, Tourism and Event Research and International Convention and Expo Summit 2013, Bangkok, Thailand, 25th-28th May 2013. (pp. 377-382). International Program in Hotel and Tourism Management, Siam University.

Strickland-Munro, J., & Moore, S. (2013). Indigenous involvement and benefits from tourism in protected areas: a study of Purnululu National Park and Warmun Community, Australia. Journal of Sustainable Tourism, 21(1), 26-41.

Strickland-Munro, J., & Moore, S. (2013). Indigenous involvement and benefits from tourism in protected areas: a study of Purnululu National Park and Warmun Community, Australia. Journal of Sustainable Tourism, 21(1), 26-41.

Theodossopoulos, D. (2010). Tourists and Indigenous Culture as Resources: Lessons from Embera Cultural Tourism in Panama. Tourism, Power and Culture: Anthropological Insights, Clevedon: Channel View Publications, 115-33.

Theodossopoulos, D. (2013). emberá indigenous tourism and the trap of authenticity: Beyond inauthenticity and invention. Anthropological Quarterly, 86(2), 397-425.

Weaver, D. (2010). Indigenous tourism stages and their implications for sustainability. Journal of sustainable tourism, 18(1), 43-60.

Whitford, M. M., & Ruhanen, L. M. (2010). Australian indigenous tourism policy: practical and sustainable policies?. Journal of Sustainable Tourism, 18(4), 475-496.

Whyte, K. (2010). An environmental justice framework for indigenous tourism. Journal of Environmental Philosophy, 7(2), 75-92.

다크투어리즘
Dark Tourism

9 Chapter

Be open to your dreams, people.

Embrace that distant shore.

Because our mortal journey is over all too soon.

사람들이여, 마음을 열어 꿈을 꾸라.

저 멀리 보이는 해안가를 향해 나아가라.

죽음을 향해가는 우리의 여행은 너무도 빨리 끝나고 말테니.

– 데이비드 아셀

Dark 라는 단어를 듣게 되면 무엇을 가장 먼저 떠올릴까? 게임을 좋아한다면, 2014년3월 출시된 'Dark Soul 2'. "던전을 탐험하는 긴장감, 적과 조우했을 때의 공포, 새로운 발견으로 느끼는 기쁨 등 RPG 본연의 재미와 성취감을 제공하는 게임 디자인을 추구한 액션 RPG '다크 소울'의 정식 후속작이다. 전작과 마찬가지로 수없이 죽음을 경험하게 만드는 높은 난이도와 자유도 높은 공략, 전술을 중시한 전투 등을 경험할 수 있다"라는 광고 메시지가 생각날 것이다.

초콜릿을 좋아하는 사람은 다크 초콜릿을 생각할 수 도 있다. 다크 초콜릿이 건강에 좋다는 이야기를 많이 들었기 때문일 것이다. 사실 초콜릿 안에 들어 있는 플라바놀(flavanol)이라는 성분이 주목받기 시작하면서 부터 다크 초콜릿이 스트레스를 줄이는 데도 효과적이라는 의학적 결과가 미디어에 알려진 이유도 있을 것이다. 그런데 다크 초콜릿이 뭐야라는 질문을 던지면 당황한다. '그냥 초콜릿인데 색깔이 다크 해서 그렇게 불러'라는 궁색한 답변을 하기도. 다크 초콜릿이란 카카오 성분을 대폭 높이고 설탕 함량은 줄인 검은색의 초콜릿을 말한다. 카카오 함량을 기

준으로 56%, 70%, 72%, 76%, 99% 등으로 표기된
상품들을 볼 수 있다.

커피를 좋아하는 사람은 Dark Coffee를 떠올릴
것이다. "진하고 강렬한 다크 로스트 커피 한 잔
은 첫 모금을 마시는 그 순간 부터 정신을 번쩍 들
게합니다. 이 진하고 강렬한 풀바디 커피는 가득
찬 바디감과 곳곳에 숨겨진 매력적인 풍미가 특징
입니다. 각각의 다크 로스트 커피가 마지막 한 방
울까지 흥미를 자극하여 우리의 감각을 사로잡습니다."의 광고문고를 떠올리면서
커피한잔!

이와 같이 "Dark"라는 영어단어는 색깔과 관련해서는 black과 동일시하며, 어감
과 관련해서는 어둠, 암흑을 연상하면서 어둠과 함께 따라오는 공포, 블랙홀 등을
생각나게 한다.

다크투어리즘! 'black'과 공포와 관련된 관광을 막연하게 생각할 것이다. 본 장
에서는 dark tourism에 대한 정확한 개념을 이해하면서 관련된 여러 가지 사례들을
검토해보고자 한다.

01 다크투어리즘의 이해

1. 다크투어리즘의 개념

우리나라 국립국어원은 'Dark Tourism'을 다듬은 말로 '역사교훈여행' 이라고
명명하고, 그 정의를 '재난현장이나 참상지 등 역사적인 비극의 현장을 방문하는
여행'이라고 소개하고 있다. Dark Tour는 재난이나 역사적 비극현장 혹은 죽음이
나 고통과 관련된 장소를 여행하는 관광이라고 할 수 있으며, 인간의 반인륜적인
행위로 얼룩진 역사적인 비극의 현장을 방문하여 자기반성을 하고 교훈을 얻기 위

1. 김민주, 키워드로 읽는 오늘의 세상 2009 트렌드 키워드,미래의 창,2008,p.149

한 여행을 의미한다. 그러나 요즘은 비극적 역사의 현장을 재현하는 것에 그치지 않고 그 이상의 효과를 더하는 것을 일컫기도 한다. 이는 방문하는 사람들로 하여금 희생자들에게 애도의 마음을 갖게 하고 더 나아가 두 번 다시 이러한 일이 일어나지 않도록 학습의 효과까지 더한 것이다.[1]

다크투어리즘이라는 용어는 2000년 영국의 John Lennon과 Malcolm Foley(2000)의 공저 〈Dark Tourism〉 출간을 계기로 본격적으로 사용되었다. 그들은 다크투어리즘을 관광상품이 죽음이나 재난, 잔학행위와 관련된 관광으로 해석을 하였다. 즉, 죽음을 실재나 가공의 상태로 재현을 하여 관광객을 위한 소비를 위해 관광상품화한 것을 말한다. 흔히, 다크투어리즘이 블랙 투어리즘(Black Tourism), 애도관광(Grief Tourism), 역사교훈여행 등 다른 이름으로 불리는 이유도 여기에 있다.

Stone(2003)은 다크투어리즘을 죽음이나 극심한 고통이 자신의 존재이유와 연관되어 재현이나 해석을 제공해주는 공식적 또는 비공식적 관광매력물이나 현장, 전시회 등을 일시적으로 방문하는 것이라고 주장한다.

다크투어리즘은 죽음이나 재난과 재해와 관련된 장소, 전쟁이나 학살 등 비극적 역사의 현장을 회상, 추억 등의 목적으로 방문하는 역사 및 교육의 목적을 내포하고 있다. 따라서 다크투어리즘은 죽음과 관련된 사건이나 사고의 정당성이나 진위 여부를 입증하고 찾아내기 위해 직접 현장을 방문하여 근심이나 의심의 요소들을 찾아서 해결하는 카타르시스의 기능을 제공하기도 한다. 또한 다크투어리즘은 사건이나 사고와 관련하여 현재 생존자들인 '마지막 기억 전승자'에게서 직접 그 이야기를 듣고 또는 알고 싶어서 방문(예: 아메리카 인디언 추장의 마지막 이야기)하는 경우도 있다. 또한 죽음과 관련된 사건이나 사고의 직접 당사자로써 옛 현장을 방문하여 함께한 동료나 사고유발자나 사고관계자를 기억해내려는 방문(예: UN기념공원을 방문한 625 참전용사)도 있다는 것이다. 다크투어리즘을 하는 다크 투어리스트는 이렇게 다양한 동기를 가지고 그 관광목적지를 방문하게 되는 것이다. 이러한 다크투어리즘은 문화유산이나 종교적 성지를 향한 순례, 순교지 방문 등을 포함하며 역사적 교훈과 유산의 장엄함과 고귀함 등을 얻는 문화유산관광(Heritage Tourism)의 한 형태라고 생각된다.

그러나 최근에는 다크투어리즘 목적지가 역사 및 교육 기능 이외 엔터테인먼트 기능을 추가하여 공포체험이나 참혹하고 잔인한 살인현장의 참상지를 방문하는 것도 포함하면서 기존의 역사 및 교육의 목적 이외의 '재미(fun)'가 추가되면서 SIT(Special Interest Tour)의 한 형태로 자리잡아가고 있다.

다크투어리즘. 인간본능의 또 다른 부분에는 공포와 잔학행위에 대한 암울한 집착이 있기 때문에 '치명적인 매력(fatal attraction)'과 연관된 장소가 관광목적지나 관광매력물로 상품화 및 상업화되지 않을까?

2. 다크투어리즘의 분류

다크투어리즘의 분류와 관련하여 Dann과 Stone의 분류를 일반적으로 많이 소개하고 있다.

Dann은 크게 다섯 가지 유형 즉, 위험장소, 감옥, 참사현장, 살인이나 살해현장, 죽음을 주제로 한 박물관등으로 분류하고 있다. 반면 Stone(2006)은 일곱 가지 유형으로 분류하고 있다: 흥미중심의 체험관, 전시회, 지하감옥, 공동묘지, 성지, 분쟁지역, 포로수용소. 본 장에서는 Stone의 분류를 사례를 통해 구체적으로 설명하기로 한다.

첫째, 흥미중심의 체험관(Dark Fun Factories)으로 엔터테인먼트와 재미(fun)이라는 상업적 목적으로 조성된 경우가 해당된다.

에버랜드 미스터리하우스

둘째, 죽음, 고통, 무시무시한 현장 등과 관련된 전시회로 추모와 교육적 메시지를 전달하는 목적으로 기획된다.

셋째, 지하감옥으로 과거 죄수에 대한 형벌이나 법의 집행과정이나 얼마나 끔찍하였는지 또는 감옥의 환경 자체가 얼마나 열악하였는지 등과 관련하여 그곳의 환경을 가능한 옛모습 그대로 재현해놓은 장소가 된다.

넷째, 공동묘지나 무덤과 관련된 곳이다. 우리나라 부산에 있는 UN기념공원의 경우, 세계에서 유일한 다국적 군인들의 유해가 한 장소에 안치된 곳이며, 동시에 매년 10월24일 UN기념의 날을 제정하여 다양한 이벤트를 펼치며, 부산의 중요한 관광매력

물로서 자리매김을 하고 있다.

다섯째, 보통 성지(shrines)라고 불리며, 사건이나 사고가 발생한 장소를 성지화 하여 가족이나 지인 뿐만 아니라 일반인의 참여를 유도하여 추모와 존경을 표하도록 일시적으로 조성된 장소가 된다. 대표적인 장소로 911사태의 현장인 그라운드 제로가 해당된다.

원래 Ground Zero는 폭탄을 맞은 지점을 뜻하는 용어인데, 요즘 뉴욕 WTC가 있던 자리를 명명하는데 사용된다. 현재 뉴욕의 Ground Zero 에는 박물관과 추모를 위한 공간이 마련되어 있다.

여섯째, 전쟁지역이나 휴전지역의 경우로써 과거부터 현재에 이르기 까지 계속적으로 갈등이 표출되어 분쟁이 발생하고 있는 현재진행형인 장소이다. 우리나라의 DMZ이 해당된다.

판문점관광, DMZ 제3땅굴 투어, DMZ 철책선 투어, DMZ 동시투어등 다양한 다크투어리즘 상품들이 관광객의 관심을 끌고 있다.

일곱째, 포로수용소. 단순히 포로를 수용한 곳이 아니라 포로를 대상으로 대량 학살이 자행된 장소와 관련된 곳으로 인간의 잔학성을 보여주는 곳이다. 유태인 포로수용소와 캄보디아의 킬링필드.

와트마이의 박물관

다하우 유대인
포로수용소

02 다크투어리즘의 역사

다크투어리즘은 새로운 현상이 아니다. 죽음과 연관된 비일상권의 장소방문은 과거로부터 현재까지, 전 세계에 걸쳐 관광경험의 중요한 부분을 차지하고 있다. 예를 들면, 전장(戰場, battlefields), 유명인사들(celebrities) 공동묘지와 저택방문, 사건이나 사고 현장방문 등을 포함한다. MacCannell (1976)은 '노동자 계층의 시체가 마지막 모습을 드러내는 곳일 뿐만 아니라 끔직한 상태로 죽임을 당한 모습 그대로 보여지는 장소인 시체보관소가 다크투어리즘의 중요한 관광목적지가 되곤 하였다고 주장한다. 유럽을 중심으로 다크투어리즘의 대상이 되는 매력물이나 장소를 중심으로 그 역사를 구분하여 살펴보고자 한다.

1. 다크투어리즘 : 11세기 유럽

왕의 죽음과 전투와 관련된 다크투어리즘의 대표적인 문화재로 바이유 태피스트리(Bayeux Tapestry, 70.10m X50.8cm)를 들 수 있다.

전쟁을 배경으로 한 예술작품으로 그 당시의 역사를 알려주는 사료이기도 하다. 1066년 프랑스의 영국 노르만(Norman) 정복과 크리스마스 날에 죽은 해럴드(Harold)왕 사건을 자수로 만든 것에서부터 시작되었다고 한다. 해럴드가 프랑스를 방문한 장면부터 잉글랜드인들이 헤이스팅스 전투에서 패해 달아나는 것까지 노르만 정복의 70여 개 장면을 수놓고 있다. 11세기 역사 서사물 이자 중세 생활상과 전투 방식, 사상, 헤이스팅스 전투(Battle of Hastings), 신화 등을 자세히 알 수 있다. 이 태피스트리가 특별히 귀중한 이유는 그 당시의 무기와 전술을 자세히 묘사하고 있기 때문에 귀중한 문화재가 되었다. 이 태피스트리는 아마 정복왕 윌리엄의 이복동생이자 노르망디의 바이유 주교였던 오도가 주문한 것으로 추정된다. 이것은 15세기 말부터 바이유 대성당 본당에 전시되어 있었는데 1720년대에 베르나르 드 몽포콩에게 발견되어 여러 차례 옮겨다니다가, 바이유 주교궁이었던 곳에 영구 전시실을 마련하게 되었다. 18세기초 발견된 이래 이 태피스트리를 주제로 한 출판물이 500종이 넘게 발간되었다. 2007년에는 그 뛰어난 역사 문화적 가치를 인정받아 세계 기록유산(Memory of the World)에도 선정되었다. 바이유 태피스트리 박물관도 있을 뿐만 아니라 파리의 지하철 역사에도 재현하여 관광객의 관심을 끌고 있다.

또한 이 문화재는 다른 예술가에게 영감을 주었다. "프랑스 파리 몽파르나스 지하철역에 그려진 대형벽화 앞을 지하철 이용자들이 지나고 있다. 이 벽화는 제1차세계대전 100주년을 기념해 그려졌다. 만화가이자 저널리스트인 조 사코가 그린 이 그림은 1916년 솜 전투 첫날을 묘사한 대형 만화 작품이다. 길이가 130여 미터에 달하는 이 작품은 바이유 태피스트리(Bayeux Tapestry)에서 영감을 받아 만들어 졌다. 조 사코는 만화저널리즘으로 유명하며 만화로 표현한 '팔레스타인(1996)', '가자에 대한 단신(2009)' 등을 발표했다."

2. 다크투어리즘 : 중세시대 유럽

❶ 성인(聖人)과 다크투어

14~15세기의 성지순례와 관련된 스트리를 담은 다크투어리즘도 있다. 종교와 관련된 이야기는 대부분 비밀(secrets)과 어두운 면을 많이 담고 있기에 다크투어리즘에서 중요한 테마가 되고 있다. Geoffrey Chaucer(1342~1400)의 〈캔터베리 이야기, Canterbury Tales〉은 캔터베리 대성당 대주교인 토마스 베켓(Thomas a Becket)이 암살

당했던 대성당을 방문하는 순례 이야기를 담고 있는 소설로 대주교의 죽음으로 대성당이 유명한 문화관광목적지가 된 경우이다.

이우혁의 소설 〈퇴마록〉에는 초자연적 능력을 가진 것으로 묘사되는 역사적 인물들이 여럿 등장한다. 그리고 그 가운데 가장 자주 언급되는 이름 중 하나가 바로 토마스 베켓이다. 소설 속 주인공이 사용하던 무기가 "베켓의 십자가"인데 주인공의 영적 능력을 크게 증가시키며, 사악한 것을 제압하는 힘이 있는 것으로 묘사되고 있다. 흥미로운 것은 베켓이 지닌 초자연적 힘에 관한 이러한 믿음이 이미 중세부터 전 유럽에 널리 퍼져 있었다는 사실이다.

토마스 베켓 대주교의 죽음

Geoffrey Chaucer's (1342-1400) Canterbury Tales

출처 : http://mostfamouswork.yolasite.com/resources/canterburylldl.jpg

캔터베리 대성당

중세 유럽에서 가장 유명한 순례지 가운데 하나였던 베켓 대주교의 무덤은 기적적인 치유의 힘을 가진 곳으로 유명했다. 불치병으로 고생하던 사람들도 일단 베켓의 무덤을 방문하여 그의 관에 키스하면 병을 고칠 수 있다는 믿음이 퍼져있던 것이다. 심지어 직접 방문하지 못하는 사람들을 위해 베켓의 시체를 닦은 물, 베켓의 피를 섞은 물을 담은 작은 병이 만들어져 불티나게 팔리기도 했다. 현재까지도 캔터베리 지방 곳곳에 남아있는 베켓에 관한 수십 가지의 전설과 일화들은 그에 대한 믿음이 얼마나 뿌리깊은 것인지 짐작하게 한다.[2]

2. K. O. 모건, 영국사학회 역, [옥스포드 영국사], 한울아카데미(1994)

❷ 흑사병과 다크투어

질병, 유행병과 관련된 다크투어리즘의 사례도 있다. 14~17세기 까지 유럽/아시아 등지에서 발생한 흑사병을 주제로 다크투어리즘의 관광상품화로 발전된 경우이다. 흑사병(The Black Death, 黑死病)은 유럽인구 25-50%를 죽음으로 몰았던 병으로 페스트균의 감염에 의해 급성으로 일어나는 전염병. 유럽에서 14세기에 창궐한 이래 흑사병(Black Death)이라고 불리게 되었는데 그 이유는 살덩이가 썩어서 검게 되기 때문이다. 원래는 야생 다람쥐나 들쥐 등의 전염병으로써, 쥐의 벼룩을 통해 병원균이 다른 동물에게 전염된다. 환자가 기침이나 재채기를 하면서 튀어나오는 균이나 분비물 또는 배설물에 의해 다른 사람에게 전염되는 경우도 있다. 전염성이 강한데다가, 증세가 심하고 사망률도 높다. 증세는 열과 현기증과 구토를 호소하면서 의식이 흐려진다.

14세기 중엽부터 17세기 중엽까지 300년 동안 유럽은 흑사병으로 인해 많은 사람들이 죽어 인구가 감소하였다. 장원 경제에서 흑사병으로 인해 노동력이 부족하게 되는 현상이 일어나고 농민들은 더 나은 노동 조건을 찾아 다른 도시로 이동하였다. 그 결과 오히려 유럽 사회가 장원 경제에서 벗어나 변화하는 데 흑사병이 도움을 준 셈이다. 흑사병은 1665~1666년의 런던 대역병을 마지막으로 자취를 감추었다. 파스퇴르가 19세기 말 페스트균의 발병 원인과 치료법을 알게 된 후 흑사병은 한 시대의 막을 내리게 되었다.

그 이후 수세기 동안 흑사병 발생지역들이 관광목적지로 발생경로가 관광루트로 변화하여 다크 투어리스트의 관광목적지가 되기도 하였다. 또한 이 당시 프랑

스의 Charles de Lorme(1584~1678)는 흑사병 치료를 위해 의사들 복장을 만들었다고 하는데 아래 그림과 같다. 오늘날 이러한 복장은 가면무도회, 할로윈복장, 코스프레에서부터 만화 베르세르크에 나오는 모즈구스의 제자 복장, 바이오테러를 다룬 비디오게임 레지던트 이블 등 다양한 문화에서 이러한 복식이 재현되고 있다.

흑사병 치료하는 의사 복장

코스프레(costume play) 복장

3. 다크투어리즘 : 19세기 유럽

19세기의 다크투어리즘은 실제 관광가이드가 동행하는 오늘날 패키지 투어의 모습으로 실제 다크투어리즘이 있었다고 한다. 영국에서 최초로 가이드가 포함된

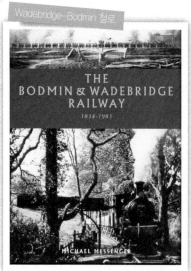

Wadebridge-Bodmin 철로

Bodmin 기차역

프랑스의 파리 투어 상품이 있었다고 한다. 관광투어에 포함된 목적지로는 도살장(屠殺場), 하수구(sewers), 시체공시소, 담배공장 등으로 그 당시 뿐만 아니라 오늘날에도 어두운(dark) 측면이 강조된 장소 방문이었다고 한다.

또한 Boorstin(1987)에 의하면, 1838년 영국에서 Wadebridge 주민을 인근 Bodmin 타운으로 실어 나르는 특별기차편이 존재했다고 한다. 그런데 그 목적이 Bodmin 에서 처형되는 살인죄수의 처형장면을 구경하는 것이었다고. Bodmin의 교수형대가 설치된 장소가 기차역(지붕없음) 안에서도 눈에 쉽게 보여지는 곳에 있었기 때문에 관광객은 객차 안에서 그 '재미(fun)'를 지켜볼 수 있었다. 이처럼 교수형이 진행되는 모습을 구경하는 다크투어리즘은 그 당시에도 주요한 관심의 대상이었다.

4. 다크투어리즘 : 20세기 세계대전의 시대

'Fatality is a striking feature in the landscape of postmodernism.' – Rojeck(1993)

20세기 이전과 이후 죽음의 양상은 전혀 다르게 전개된다. 이전에 볼 수 없었던 계획되고 조직화된 대량학살과 대규모 사망자가 발생한 시대가 도래하였다. 1차와 2차에 걸친 세계대전은 전쟁의 규모 면에서 동원된 군인과 물자, 그리고 사상자, 피해규모 등등 측면에서 이전에 경험할 수 없는 전혀 다른 차원의 전쟁이었다. 원자폭탄의 투하는 도시와 도시인구 전체에 그 파괴적인 흔적을 남겼다.

20세기의 전반 50년 동안 지구상에 있는 모든 국가와 민족은 세계전쟁은 상호 영향을 주고받을 수밖에 없는 숙명임을 깨닫게 하였다. 그 결과, 인류는 대규모 전쟁에 대한 엄청난 공포감을 받았으며, 인간의 잔학상은 인간의 의미와 실존에 대한 많은 회의와 반성 그리고 자성을 낳게 하였다. 그리고 나머지 50년. 대규모 전쟁은 없었지만 지구촌 곳곳에서 끊임없이 전개되었던 국지전 등은 간혹 초강 대국의 대리전을 띄기도 하였고, 때로는 인종, 민족, 종족간 전쟁의 양상을 낳았 다. 1989년 베를린 장벽의 붕괴는 초강대국 소련이 다수의 독립국가로 분리되면 서 그 과정에서 분리를 위해 많은 독립전쟁을 낳았다. 이러한 숱한 전쟁의 폐해 는 직접적으로 해당 국가와 지역에 그리고 그곳에 살고 있는 국민과 주민들의 생 존을 위협에 빠뜨렸다. 2차적으로 인근 국가와 지역 그리고 지구촌 전체의 사회 적 경제적 불안을 유발시켰다.

이러한 과정에서 전쟁은 동원된 군인 개인의 죽음, 지역 민간인 개인의 죽음으 로 끝나지 않고, 가족과 지역사회, 그리고 국가에 직간접적인 영향을 주면서, 죽음 과 애국주의(patriotism)와 영웅주의(heroism), 희생(sacrifice) 등의 새로운 가치를 제시하면 서 일방향으로 몰아붙이고 있다.

이러한 과정에서 전장터와 전쟁과 관련된 장소들은 다크투어리즘의 주요한 목 적지로 부상하였으며, 국가나 지방자치단체는 숨기고 싶었던 과거의 유산들을 드 러내면서 관광산업과 연계시키는 전략을 구사하게 되었다. 그러면서 동시에 과거 의 왕이나 영웅들의 소재와 관련된 장소를 발굴하면서 세계관광시장에 문화관광 상품으로 출시하곤 하였다.

이러한 현상은 '죽음의 산업화'를 통한 상품화 과정으로 연계되면서 묻어두었던 사실(facts)을 전문적으로 조사하여 발굴해내고 사람들에게 알리는 방법을 강구하면 서, 실제 장소가 관광목적지화 되면서 관련된 내용을 관광매력물로 조성하는 형태 를 보이고 있다.

그러나 이러한 흐름에 대해 동시대 사회 내 만연되고 있는 문화상품의 이름 하 에 재난과 죽음을 지나치게 상품화 시켜 죽음의 숭고한 가치를 떨어뜨린다는 비난 과 더불어 '위험지역'을 홍보하므로 오히려 그곳을 찾도록 하는 관광객의 안전을 위협하는 현상도 자행되고 있다고 지적하고 있다.

❶ 왕이나 영웅의 죽음과 다크투어리즘

병마용

시대를 뛰어넘어 대부분의 왕조사회에서 죽은자는 잠재적 방문자의 기억에 영원히 남을 목적으로 생전에 설계(준비)한 거대한 장소에 묻힌다.

세계문화유산으로 지정된 진시황릉

첫째, 진시황릉(秦始皇陵, Mausoleum of the First Qin Emperor)은 가장 대표적인 사례가 된다. 중국을 최초로 통일한 진시황의 묘지로 부지 50km², 70만명이 동원되어 37년간 착공했다고 알려져 있다. 당시에는 병마용에 이르는 넓은 구간이 화려한 궁전으로 둘러싸여 있었지만 현재는 석류나무로 덮힌 야산에 묻었다. 2200년 전 황릉을 쌓았을 때는 지상 200m 이었으나 현재는 76m만 남았다.

넬슨 경의 동상

둘째, 넬슨 주상(Nelson's Column)이다. 이 주상은 프랑스를 상대로 거둔 전쟁의 승리를 선언하고, 영국 해군의 가장 위대한 영웅을 기리는 탑이다. 1843년 완공되었으며, 넬슨 경은 1805년 트라팔가(Trafalgar) 해전에서 사망하였다. 영국의 트라팔가 광장에 위치해 있다.

❷ 명사(celebrities)의 죽음과 다크투어리즘

개인적인 장소(집, 공연장)가 관광목적지가 되기도 한다. 유명인사들의 죽음이 이슈화 되면서 죽은 장소 혹은 기념하는 장소를 만들어 관광객의 방문을 유도하여 그 목적지를 관광상품화하는 경우이다. 존 케네디(John F. Kennedy), 마릴린 몬로(Marilyn Monroe) 등.

미국 시카고 파이오니어 광장에서 철수(10개월만인 2012년5월2일)

가. 엘비스 프레슬리(Elvis Aaron Presley)와 그레이스랜드(Grace Land)

엘비스 프레슬리(Elvis Presley, 1935년 1월 8일 ~ 1977년 8월 16일)는 20세기 가장 잘 알려진 미국 가수 중 한 명이었다. 하나의 문화 아이콘으로, 주로 엘비스로 많이 알려져있다. 아프리카계 미국인 음악 사운드를 대중들에게 널리 알리고 싶었던 선 레코드의 사장 샘 필립스의 협력에 의해 1954년부터 음악 경력을 쌓기 시작했다. 1956년 1월, 엘비스는 RCA에서 발매한 첫 싱글 "Heartbreak Hotel"을 발표했고 빌보드 싱글 차트 1위를 하며 히트를 쳤다. 엘비스는 텔레비전 출연과 차트를 휩쓸며 인기를 얻었고 로큰롤을 새로운 인기있는 장르로 유행시켰다. 1956년 11월에는 《러브 미 텐더》에 출연하며 영화 데뷔도 했다. 그레이스랜드는 엘비스의 저택을 리모델링하여 문화관광명소화에 성공한 경우가 된다.

Elvis Aaron Presley의 집과 죽음을 기리는 장소

나. Diana와 Diana Princess of Wales Memorial Park

Diana의 죽음으로 사고 현장과 일대가 관광목적지가 된 경우이다. 파리(Paris) 거리를 검은색 벤츠(The Mercedes S-class)를 탔던 Diana 왕세자비의 마지막 여정을 따라가는 여행이다.

웨일스 공작부인 다이애나(영어: Diana, Princess of Wales, 1961년 7월 1일~1997년 8월 31일)는 영국의 전 왕세자빈이며 현재 영국 왕가의 승계순위 2위인 윌리엄 왕자와 4위인 해리 왕자의 친어머니이다. 이혼 이후에도 파파라치의 관심대상이 되어 왔으며 다이애나는 이를 피하거나 선글라스, 스카프 등으로 변장을 하기도 하였지만 파파라치들의 추적은 계속되었다. 1997년 8월 31일, 다이애나는 알파예드와 함께 파리의 리츠 호텔에서 둘은 식사를 마치고 호텔 식당에서 제공한 차에 탔는데 파파라치들이 추격하기 시작했다. 그들은 이를 피하기 위해 과속으로 달렸으며 파파라치들을 피하다 터널에서 교통사고를 당했다. 이후 수술을 받았으나, 수술 끝에 숨을 거두었다. 향년 37세. 다이애나는 즉사하지 않았으며 빨리 치료하면 살 수 있었다. 1997년 9월 6일 시신은 영국으로 운구되어 많은 영국 국민들과 세계인들이 지켜보는 가운데 장례식이 치러졌으며, 스펜서 가문의 영지에 있는 섬에 무덤

다이애나 비의 죽음과 관련된 이야기

이 만들어졌고 그 곳에 기념관이 설립되었다.

다. 독재자 니콜라에 차우셰스쿠(Nicolae Ceauşescu)와 다크투어리즘

루마니아의 독재자로, 1965년부터 1989년 총살되기 며칠 전까지 공산주의국가 루마니아 사회주의 공화국의 국가 원수(1974년부터는 대통령)를 지냈으며 1989년 공산주의 정권이 무너지자 도주를 시도하다가 총살당했다. 사후 Ceausescu 궁전과 그의 차량을 이용한 투어를 상품화한 Romania Bucharest 여행이 관광상품으로 인기를 끌었다.

Ceausescu's Palace and His Cars

5. 다크투어리즘 : 21세기 글로벌 미디어 시대의 도래

20세기처럼 지금도 지구촌 곳곳에서 국지적으로 게릴라 전투가 일어나고 있고, 때로는 국경분쟁으로 전쟁의 위협으로 치닫고 있다. 그러나 21세기의 시작과 함께 지구촌 전체 엄청난 공포를 던진 사태가 발생했다. 전쟁이 아니었다. 2001년9월 11일 미국 본토가 외부세력에 의한 무차별적 공격을 받은 것이다.[3] 다른 국가로부터 침입을 받은 국가간 전쟁도 아니었고, 선전포고도 없었고, 군인에 의한 공격도 아니었고, 전쟁터와도 상관없는 곳이었다. 전쟁과 전투가 아니었다. 테러(terror)! 과거 이러한 비슷한 유형의 공격은 특정시간 특정장소를 목표로 이루어졌고,

9·11 현장

3. 9·11 테러(September 11 attacks)는 2001년 9월 11일에 미국에서 벌어진 항공기 납치 동시다발 자살 테러로 뉴욕의 110층짜리 세계무역센터(WTC) 쌍둥이 빌딩이 무너지고, 버지니아 주 알링턴 군의 미국 국방부 펜타곤이 공격을 받은 대참사이다. 더불어, 21세기에 처음 발생한 테러이다.

일상생활권이 유지되는 거주지역이나 일터와 관련된 장소는 상호불가침의 묵시적 합의가 존재하였다고 할 수 있다.

그러나 테러는 전혀 다른 차원이었다. 시간과 장소를 가리지 않았다. 무장한 단체에 의한 침략행위였다. 종교와 신념으로 뭉쳐진 세력이었다. 과거 대규모 전쟁에서 발생했던 죽음의 유형과도 전혀 다른 의미의 사망자를 낳았다.

테러가 가장 위협적인 것은 전장터가 아닌 일상생활권도 공격의 타겟이 될 수 있다는 불안감을 야기시킨다는 것이다. 테러는 예측불가능한 죽음과 연관되어지기 때문이다. 또한 대부분의 피해자가 군인이 아닌 민간인이라는 것이다. 그렇다. 테러는 민간인이 타겟이 된다. 민간인의 죽음.

테러 현장은 24시간 방송되는 미디어를 통해 시간과 공간을 초월하여 지구촌 곳곳에 아주 빠르게 실시간으로 현장의 소식과 관련된 사고경위, 피해규모, 영향 등을 현지 리포트와 전문가나 관련 인사들의 분석과 해석을 곁들인 뉴스를 통해 일반 가정으로 전달한다. 일반인은 자기의지와 무관하게 전달된 뉴스에 민감하게 반응을 하면서 자신과 자신이 속한 커뮤니티와 국가와 연관을 짓게 된다.

글로벌 미디어의 도래는 일상과 비일상의 경계를 허물어 버린다. 나와는 상관없는 일이 없도록 만든다는 것이다. 일상가운데 끊임없이 이러한 '비일상'과 접촉을 강요받으면서, 그 시간과 공간의 차이에 의한 문화차이에 따른 충돌과 충격을 스스로 흡수하도록 요구받는다. 또한 뉴스를 접한 시청자에게 그 차이 따른 심리적 갈등을 이겨내고 사건이나 사고 현장에 대한 방문을 하도록 동기를 유발시키거나 참여의 메시지를 직간접으로 전하게 된다.

사건이나 사고 현장의 급박하고 긴박한 상황을 영상으로 텍스트로 송출하면서, 자원봉사나 기부를 통한 다양한 루트의 동참을 촉구한다. 고통분담이나 자립지원이나 생명구조활동, 의료지원, 물자지원, 식수지원 등등.

이러한 글로벌 미디어가 만들어내는 트렌드는 많은 사람들이 기회가 주어질 때 죽음(death)과 재난(disaster)의 장소들 방문을 하기로 결정을 내린다는 것이다.

2014년. 제1차 세계대전 발발 100주년을 맞이하는 해다. 지구상에 인류가 존재하는 한 전쟁은 멈추지 않을 것이다! 단지 전쟁규모, 전쟁에 동원되는 무기의 양과 질의 문제일 것이다. 21세기에도 자국의 평화를 유지하기 위해 전쟁억제능력을 향상시키기 위해 첨단 현대화된 무기를 개발하고, 또 수입을 하고 있다. 인간의 이러한 무모한 평화논리와 전쟁논리는 22세기에 또 다른 지난 세기의 다크투어리즘 관광목적지를 양산할 것이다.

그러나 긍정적 시그널은 21세기 다크투어리즘은 이전의 세기에서 펼쳐진 것과 전혀 다른 양상을 보이고 있다. 여기에는 사고와 사건, 그리고 전장의 현장에서 죽음과 상처, 상실 당한 당사자와 유가족 남겨진 들의 고통과 상실에 대한 공감과 공유 그리고 생명구조라는 인류애의 보편적인 가치가 다크 투어리스트를 통해 표현되어진다는 것이다.

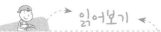

다크투어리즘을 위한 관광목적지 상위 10위(Telegraph 선정, 2013.08.19)

10위 베트남 미라이(Vietnam My Lai)

- 위치 : 베트남 꽝응아이
- 주제 : 베트남 전쟁 대량학살
- 선정배경 : 미라이학살은 베트남 전쟁 중인 1968년 3월 16일, 남베트남 꽝응아이주의 작은 마을 미라이에서 발생한 미군에 의해 벌어진 민간인 대량 학살이다. 최소 347명이었으며(베트남측 주장 504명) 희생자는 모두 비무장 민간인이었으며, 상당수는 여성과 아동이었다. 더욱이 몇몇 희생자는 성폭행을 당하거나 고문을 당하기도 하였으며, 시체 중 일부는 절단된 채 발견되기도 하였고, 임산부의 배를 가르기도 했다. 이 사건에는 미군 26명이 가담하였으나, 입대한 지 4개월 2주 밖에 되지 않은 윌리엄 캘리 중위만 유죄 판결을 받았다. 캘리 중위는 계획적 살인 혐의로 종신형을 언도 받고 3년 반 동안 가택 연금에 처해졌지만 바로 감형되어 얼마 지나지 않아 사면되었다.

자세한 내용은 Seymour Hersh의 〈MY LAI 4 : A Report on the Massacre and its Aftermath〉를 읽어보기 바란다.

9위 스리랑카 내전 유적(Sri Lankan civil war sites)

- 위치 : 스리랑카
- 주제 : 내전 종족전쟁
- 선정배경 : 1983년 7월부터 2009년 5월까지 진행된 스리랑카 내 싱할리족과 타밀족 간

의 내전이다. 300년간 분리독립 운동을 벌여온 스리랑카 북부 타밀지역 반군들이 결국 무너졌다. 2009년 5월 19일 사살된 반군 지도자의 시신을 언론에 공개하며 승전선을 했다고 한다.

아시아 역사상 최장기 내전으로 알려져 있다. 스리랑카 내전의 결과 26년간 7만 명 이상이 사망하였으며 민족박해와 인권탄압, 난민문제 등이 발생하였다.

8위 히로시마 평화기념공원(Hiroshima's Peace Memorial Park)

- 위치 : 일본 히로시마
- 주제 : 전쟁
- 선정배경 : 1945년 8월 6일 인류 역사상 최초로 원폭이 투하되어 폐허로 변해버린 히로시마에 세워진 기념공원이다. 항구적인 세계평화를 실현하고자 하는 이상의 상징으로 조성된 공원. 녹음이 우거진 공원 내에는 평화를 기원하여 설치된 원폭위령비를 비롯하여 원폭의 어린이상, 폭풍 속의 모자상 등 수 많은 전시물이 있으며, 세계의 평화와 희생자들의 명복을 빌며 종이학이나 사계절의 꽃이 끊임없이 바쳐지고 있다. 또한 공원 내에는 피폭자의 유품이나 피폭의 참상을 알리는 사진과 자료를 전시한 히로시마 평화기념자료관, 세계문화유산으로 등록된 원폭돔, 국립 히로시마 원폭사망자추도 평화기념관, 히로시마국제회의장 등이 있다.

7위 에이야프얄라요쿨 화산(Eyjafjallajökull)

- 위치 : 아이슬란드
- 주제 : 화산폭발
- 선정배경 : 2010년 3월 중순에 폭발해 일주일 동안 유럽발 항공대란을 일으킨 아이슬란드 화산이다. 화산이 폭발하는 과정에서 발생한 화산재로 인해 유럽 전 지역의 항공기가 발이 묶이면서, 전 세계의 이목이 북유럽의 작은 섬나라에 쏠렸다. 해외 네티즌들 또한 아이슬란드 해안 경비대가 촬영한 것으로 전해지는 레이더 이미지 한 장에 시선을 집중하고 있다. 흑백사진으로 공개된 레이더 이미지는 하늘에서 본 에이야프얄라요쿨의 생생한 모습이 담겨 있는데, 화산의 3개 구멍 실제 크기는 200~500m인데, 엄청난 화산재를 분출하고 있는 3개의 구멍 이미지가 '섬뜩한 느낌'을 준다고 한다.

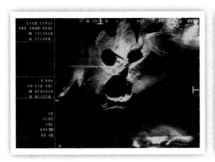 

6위 뉴올리언스(New Orleans)

- 위치 : 미국 루이지애나
- 주제 : 자연재해(허리케인 카트리나)
- 선정배경 : 허리케인 카트리나(Hurricane Katrina)는 2005년 8월 말, 미국 남동부를 강타한 초대형 허리케인으로 북대서양에서 발생한 허리케인 중 6번째로 강했다. 허리케인 카트리나로 인해 가장 큰 피해를 입은 지역은 미국 뉴올리언스이다. 8월 30일 허리케인으로 인해 폰차트레인 호의 제방이 붕괴되면서 이 도시의 대부분의 지역에 물난리가 일어났다. 뉴올리언스는 지역의 80% 이상이 해수면보다 지대가 낮아 그 당시 들어온 물들이 빠지지 못하고 그대로 고여있는 상황이었다.

이 지역의 살고 있는 주민 중 2만 명 이상이 실종된 상태이며, 구조된 사람들은 인근 슈퍼돔에 6만 명 이상, 뉴올리언즈 컨벤션 센터에 2만 명 이상 수용되었다. 두 수용시설은 전기가 끊긴 상황에서 물공급 및 환기마저 제대로 되지 않아 이재민들의 불만을 더욱 키웠다. 또한 수용시설과 폐허가 된 시가지에서 약탈, 총격전, 방화, 강간 등 각종 범죄가 계속 일어나고, 이재민의 대부분을 차지하는 흑인들의 인종갈등 조짐까지 보여 주정부 및 연방정부는 이 지역에 군 병력을 투입하는 등 대책을 마련하였다.

5위 아우슈비츠(Auschwitz)

- 위치 : 폴란드 마우폴스키에
- 주제 : 전쟁 포로수용소
- 선정배경 : 제2차 세계대전 중 독일 최대의 강제수용소이자 집단학살수용소인 아우슈비츠 수용소가 있었던 곳. 독일군들이 황급히 퇴각하면서 미처 시설과 증거물들을 파괴하지 못해 당시의 상황들이 거의 그대로 남아 보존되었다. 1970년 독일 수상 빌리브란트가 폴란드를 방문하여 유대인 위령탑 아래에 무릎 꿇고 눈물을 흘리며 사죄를 했다.

4위 코스타 콩코르디아호(Costa Concordia)

- 위치 : 이탈리아
- 콩코르디아호는 코스타 크루즈를 대표하는 이탈리아의 초대형 호화유람선. 2012년 1월

13일 저녁 라치오주(州) 치비타베키아 항구에서 출발한 지 3시간여 만에 티레니아해 질리오섬 인근에서 암초와 충돌해 좌초됐다. 당시 승객들이 배에 남아 있는 상황에서 먼저 대피한 선장 프란체스코 스케티노는 과실치사와 직무유기 등 혐의로 재판을 받고 있다. 제2의 타이타닉 비극'으로 불린 이 사고로 32명이 사망하고 2명이 실종됐다. 사고 20개월 만인 2013년9월16일(현지시간) 콩코르디아호를 똑바로 세워 인양하는 작업이 시작됐다. 무게가 11만4000t에 이르는 초대형 유람선을 일으켜 세우는 유례없는 작업인 만큼 인양팀은 지난 20개월간 치밀하게 준비를 해왔다.

3위 그라운드 제로(Ground Zero)4

- 위치 : 미국 뉴욕
- 주제 : 테러
- 선정배경 : 그라운드 제로는 2001년 9월 11일 오전 8시 45분부터 오전 10시 30분에 19명의 알카에다 테러리스트들이 납치한 세대의 여객기의 자살테러로 미국 뉴욕 맨해튼에서 발생한 9·11 테러때 무너진 110층 세계무역센터(WTC) 쌍둥이 건물이 있던 자리를 일컫는다. 이 테러 공격으로 건물에서 발견된 시신 2,983명 중에는 한국사람 18명도 포함되어 있었고, 그날 피랍여객기 두 대의 승객과 승무원 266명, 초기에 출동하여 내부의 진화작업을 하던 소방관 343명과 경찰관 60명, 그리고 또 한 대의 납치한 비행기의 피격으로 승무원 6명, 승객 53명과 5명의 납치범 그리고 펜타곤 국방부 요원 184명이 산화 실종되었다. 그러나 911테러 이후 관광객들이 꾸준히 늘고 있으며, 추모관은 2011년에 완공되었다.

2위 캄보디아 킬링필드(Cambodia Killing Fields)

- 위치 : 캄보디아 프놈펜
- 주제 : 대량학살
- 선정배경 : 1967년 크메르 루즈를 만든 폴 포트 정권이 1975년 미군의 베트남 철수이후 약화된 친미 론놀 정권을 붕괴시킨 후 공산혁명을 통해 '민주캄푸치아'를 출범시켜 캄보디아 사회를 사회주의로 완전 개조하고자 시도하는 와중에서 이른바 '킬링필드(killing field)'로 알려진 대학살을 자행되었다. 1979년까지 새로운 농민천국을 구현한다며 도시인들을 농촌으로 강제이주시키고, 화폐와 사유재산, 종교를 폐지하였다. 과거 친미정권이었던 론놀 정권에 협력했다는 이유로 지식인, 정치인, 군인은 물론 국민개

조한다는 명분아래 노동자, 농민, 부녀자, 어린이까지 무려 캄보디아 전 인구의 1/4에 해당하는 200여만명을 살해하였다. 크메르 루즈 정권은 1979년 베트남의 지원을 받은 캄보디아 공산동맹군에 의해 전복되었다.

'킬링필드(The Killing Field)'란 학살된 양민이 매장된 집단 무덤을 뜻하며, 롤랑조페 감독이 1985년 제작한 영화 제목이기도 하다. 아래 사진은 왓트마이 사원의 사진.

1위 프리피야트(Prypiat)

- 위치 : 우크라이나 북부
- 우크라이나(당시 소련) 프리피야트(Prypiat)는 지난 1986년 4월 26일 오전 1시23분 제4호 원자로 폭발로 발생한 체르노빌 원전 사고 이후 '오염 지역' 안에서 26년 넘게 버려진 도시이다. 이 참사는 정부공식통계 4365명 사망(비공식 1만5천명 추정. 유엔추정 최소 900만명 영향), 발전소 인근 1800여개 마을에서 50만명 이상 소개시켰고, 토양오염 발생하였다. 체르노빌 인근에 자리 잡은 프리피야트는 1970년대 원자력 발전소 노동자와 그 가족이 거주하기 위해 만들어진 도시로 당시 약 5만 명의 인구가 살고 있었다. 그러나 원전 사고 뒤 정부가 내린 대피령으로 주민들은 모두 도시를 빠져 나갔고, 프리피야트는 현재 '유령 도시'로 변했다. 일반인의 출입과 거주가 제한되어 있지만 관광지로 유명. 방사능 보호복을 착용하고 일부 출입허가지역을 둘러보는 코스. 방사능계측기의 소리 청취가능!

03 다크투어리즘의 국내 및 국외 사례

우리나라의 다크투어리즘 대상은 최근의 대형사건, 민주주의 운동, 625전쟁, 일제강점기, 임진왜란 등과 관련된 자원이 대표적이다.

우리나라 다크투어리즘 대상

구분		장소	내용
전쟁	임진왜란, 정유재란	경기	행주대첩(행주산성)
		경남	한산대첩(통영), 진주대첩 · 국립진주박물관(진주), 노량대첩(남해)
		전남	명량대첩(해남)
	6 · 25	서울	서울 전쟁기념관
		인천	인천상륙작전기념관
		강원	고성 DMZ박물관, 양구 펀치볼, 철원 철의 삼각지 전적기념관
		경북	칠곡 다부동 전적기념관
		부산	UN기념공원
묘지방문		서울	국립 서울현충원, 국립 4 · 19민주묘지, 서울외국인묘지공원 (양화진외국인선교사묘지)
		경기	국립 이천호국원
		대전	국립 대전현충원
		광주	국립 5 · 18민주묘지
		경남	국립 3 · 15민주묘지(창원), 노무현 대통령 묘역(김해)
		부산	부산민주공원, UN기념공원
식민지역사 (일제강점기)		서울	서울 독립공원(서대문형무소 역사관)
		경기	화성 제암리 3 · 1운동 순국기념관, 안성 3 · 1운동 기념관
		충남	천안 아우내장터, 천안 독립기념관
		경북	안동독립운동기념관
		경남	통영 위안부 추모비
		제주	제주항일기념관
홀로코스트		경남	진주성 학살(계사순의), 산청 · 함양 양민학살 추모공원
		제주	제주 4 · 3평화공원
재난지역		서울	숭례문복원사업
		대구	대구시민안전테마파크
		충남	서해안 기름유출 현장(태안)
		인천	연평도 전적지
고스트		강원	정선 화암동굴 공포체험
감옥		서울	서울 독립공원(서대문형무소 역사관)
		경남	거제 포로수용소 유적공원

저자 재작성(출처: 호국민주의 정신과 경남의 다크투어리즘, 경남발전연구원, 2013)

최근 우리나라의 대표적인 다크투어리즘 목적지는 2003년 2월 18일 오전 9시 53분 중앙로역에서 일어난 대구 지하철 화재참사 현장이었다. 한 사람의 잘못된 행동이 12량의 지하철 객차를 뼈대만 남긴 채 모두 태워버린 대형 참사로서 192명이 사망하고 148명이 부상을 당하는 큰 인명피해를 주었다. 2008년 12월 29일 대구에는 사고의 아픔을 두 번 다시 되풀이 하지 않겠다는 일념으로 '대구시민안전테마파크'를 건립하여, 대구 지하철 참사 현장을 그대로 복원하고 연출하여 손실된 1079호를 전시하고 방문자들에게 공개, 시뮬레이션 교육을 통해 실제 화재상황에 대한 대피능력도 교육하고 있다.

또한 2008년 2월 10일 오후 8시 40분에 일어난 사건으로 대한민국의 국보1호가

왼쪽부터 서대문 형무소, 제주 4.3평화공원, 5.18 민주화운동 추모탑

화염에 휩싸이는 사건 숭례문 방화사건이다. 10일부터 숭례문을 휘감으며 타오르던 불은 11일 오전 0시까지 계속되었고 발화 5시간이 지난 새벽 1시 54분. 누각을 받치는 석축만을 남긴 해 모두 붕괴하여 숭례문이 전소되었다. 며칠 뒤 숭례문에는 가림막이 설치되었고 '아름답고 늠름한 모습 그래도..' 라는 문구와 함께 복원작업이 시작되었다. 역사적인 문화재를 손실하였다는 아픔과 우리의 역사를 잃었다는 마음에 다크투어리즘의 목적지로 되었다. 2013년 복원이 완료되어 재개방하였다.

1. 외국의 다크투어리즘 사례

공포감이나 인간의 잔학성을 보여주는 끔찍한 사고 현장이나 사건의 재현을 통한 직접 확인과 경험에 대한 욕구가 세계적으로 다크투어리즘에 대한 관심을 증가시키고 있다(The Guardian, 2013.10.31). 최근 미국에서는 1980년대 악명을 떨친 캘리포니아 연쇄 살인범의 집을 개방하고, 악명 높은 미주리 주립 교도소의 가스 사형실 등을 체험할 수 있는 다크 투어가 활성화되고 있다고 한다. 또한 일본에서도 후쿠시마 제1원자력 발전소의 재난장소를 관광지로 변모시키고자 하는 계획을 추진중이라고 한다.[5]

고대 그리스인이나 로마인들도, 유럽의 제국주의시대에도 이집트 왕들의 무덤인 피라미드를 방문하는 오늘날 다크투어리즘의 형태는 존재하였다. 그러나 2001년 9·11테러사건의 현장인 그라운드 제로나 중국 쓰촨성의 지진발생지역 방문 등이 본격적으로 다크투어리즘을 관광의 주요한 이슈로 부각시키는데 기여하였다고 생각한다. 다음은 국외 주요 다크투어리즘 목적지를 살펴보고자 한다.

5. 관광지식정보시스템 (2013.11.12.). 세계적 추세 '다크투어리즘'의 현황과 활성화 정책

구분	장소	내용
전쟁 (Battlefield)	미국	게티스버그 전쟁터 공원(펜실베니아), 진주만 애리조나호 기념관(하와이)
	영국	워털루 브릿지
	일본	오키나와 평화기념공원, 히로시마 평화공원, 나가사키 평화기념상
	사이판	만세절벽
	독일	베를린 전승기념탑
	태국	콰이강의 다리
묘지	미국	알링턴 국립묘지, 뉴욕 다코다빌딩(존 레논 피살장소), 포레스트 론 공원묘지(캘리포니아)
	프랑스	페르 라세즈 묘지공원(쇼팽, 발자크등), 노르망디 오마하비치, 파리(다이애나왕세자비 교통사고장소)
	오스트리아	빈 중앙묘지(모차르트, 베트벤, 슈베르트 등)
	이태리	Syracuse and the Rocky Necropolis of Pantalica(유네스코 세계유산)
	말타	Hypogeum신전(공동묘지로 사용된 신전)
	영국	Kensal Green 공원묘지
	스웨덴	Skogskyrkogården 묘지공원(유네스코 세계유산), 우드랜드 묘지공원(유네스코 세계유산)
	체코	올샌스케 묘지공원(프라하)
	아르헨티나	레꼴레따 묘지(아르헨티나 부자들 무덤)
	태국	칸차나부리 유엔묘지
	카자흐스탄	Khoja Akhmed Yassawi 묘지
식민지 역사	세네갈	고래섬
	멕시코	과나후아토타운
	스페인	그라나다
	쿠바	아바나 구시가지
홀로코스트	폴란드	아우슈비츠 수용소, 브재징카 수용소
	독일	다카우
	이스라엘	야드바셈 홀로코스트 역사기념관
	네덜란드	안네프랑크의집
	캄보디아	킬링필드
	중국	난징대학살 기념관
	오스트리아	에벤제의 마테우젠 구센
	미국	워싱턴DC 홀로코스트추모박물관, 뉴욕 홀로코스트기념관, 뉴잉글랜드 홀로코스트기념관, 마이애미 홀로코스트기념관, 펜실베니아 홀로코스트기념관, Legion of Honor 박물관(샌프란시스코)의 홀로코스트 조각
	독일	베를린 국립 홀로코스트기념관
	프랑스	파리 홀로코스트기념관

재난지역	이태리	폼페이 화산폭발지
	일본	시마바라 화산재피해 마을, 일본 동북지역 쓰나미, 후쿠시마 원전 사고지
	아이슬란드	에이야프얄라요쿨 화산
	러시아	체르노빌 원전사고
	미국	뉴올리언스 카트리나 허리케인재해, 뉴욕 그라운드제로
고스트	영국	콘월 Pengersick castle
	호주	포토아서
감옥	미국	알카트래즈(샌프란시스코)
	남아공	로벤섬
	영국	던전

저자 재작성(출처: 호국민주주의 정신과 경남의 다크투어리즘, 경남발전연구원, 2013)

2. 다크투어리즘의 활성화 대책

우리나라의 다크투어리즘 활성화를 위해서는 다음과 같은 정책이 요구된다.

첫째, 다크투어리스트에 대한 상품 잠재력이나 현재적 가치를 지닌 대상에 대한 체계적인 홍보와 관리가 요구된다. 특히, 해외의 경우, 유네스코 세계유산으로 선정된 경우를 고려하여 역사적 고증을 통하여 그 가치를 극대화시키도록 해야한다.

둘째, 다크투어리즘을 테마로 한 다양한 관광상품을 개발하기 위해 새로운 대상을 발굴하고, 기존의 것은 재해석하여 가치를 극대화하도록 해야한다. 특히, 세계 유일의 분단국가인 우리나라의 DMZ는 현재에도 전세계인의 관심의 대상이 되고 있다. DMZ는 21세기 우리나라 뿐만 아니라 세계의 가장 소중하며 가장 가치가 높은 관광상품으로 등장할 것이다.

셋째, 현재 국내에서 진행되는 대부분의 다크투어리즘 상품은 지나치게 역사성과 교육성을 강조하고 있는 경향이 있으며, 대부분 내부 전시관이나 박물관의 경우 시각적 디스플레이에 의존하고 있다. 그러나 다크투어리즘은 교훈적 측면을 강조해야 되기 때문에 다소 정적인 면을 부각시키지만 한편으로 관광의 속성을 내포하고 있기 때문에 흥미성을 고려하며 부분적으로 fun한 문화관광해설과 체험을 병행하는 다소 동적인 상품개발이 필요하다.

Ashworth, G., & Hartmann, R.(Eds.).(2005). Horror and human tragedy revisited : The management of sites of atrocities for tourism. Sydney : Cognizant Communication Corporation.

Biran, A., Poria, Y., & Oren, G. (2011). Sought experiences at (dark) heritage sites. Annals of Tourism Research, 38(3), 820-841.

Brand, S. & N. Platter.(2010). The commoditisation of suffering and death. In T. V. Singh(Ed), New Horizons in Tourism: Strange experience and Stranger practices(pp. 63-82). London: CABI Publishing.

Cooper, M(2006), The Pacific War battlefields: Tourist attractions or war memorials. International Journal of Tourism Research, 8(3), 213-222.

Dann, M. G. & A. V. Seaton.(2001). Slavery, Contested heritage and Thanatourism. International Journal of Hospitality & Tourism Administration, 2, 1-29.

Desforges, L.(2000). Travelling the world: Identity and world biography. Annals of Tourism Research, 27(4), 926-945.

Diem, T. L(2009). Segmenting visitors to battlefield site: International visitors to the former DMZ in Vietnam. Unpublished Master's thesis, Victoria University.

Dunkley, R., Morgan, N., & Westwood, S.(2011). Visiting the trenches: Exploring meanings and motivations in battlefield tourism, Tourism Management, 32, 860-868.

Dunkley, R.A.(2007). The thanatourist: Collected tales of the thanatourism experience. Unpublished PhD thesis, University of Wales Institute, Cardiff.

Foley, M. & J. J. Lennon (2000). Dark tourism : The attraction of death and disaster. London : Continuum.

Hartmann, R. (2014). Dark tourism, thanatourism, and dissonance in heritage tourism management: New directions in contemporary tourism research. Journal of Heritage Tourism, 9(2), 166-182.

Henderson, J .C.(2000). War as a tourist attraction : the case of Vietnam. International

Journal of Tourism Research, 2(4), 269-280.

Heuermann, K., & Chhabra, D. (2014). The Darker Side of Dark Tourism: An Authenticity Perspective. Tourism Analysis, 19(2), 213-225.

Kang, E., J., Scott, N., Lee, T. J., & Ballantyne, R. (2012). Benefits of visiting a A dark tourism site : The case of the Jeju April 3rd Peace Park, Korea. Tourism Management, 33, 257-265

Kim, S., & Butler, G. (2014). Local community perspectives towards dark tourism development: The case of Snowtown, South Australia. Journal of Tourism and Cultural Change, (ahead-of-print), 1-12.

Korstanje, M. (2014). Dark tourism and place identity: managing and interpreting dark places (contemporary geographies of leisures, tourism and mobility). Journal of Tourism and Cultural Change, (ahead-of-print), 1-3.

Lennon, J. & Foley, M.(2000). Dark tourism: The attraction of death and disaster. London: Continuum.

Miles, S. (2014). Battlefield sites as dark tourism attractions: an analysis of experience. Journal of Heritage Tourism, 9(2), 134-147.

Miles, W. F. S.(2002). Auschwitz: Museum interpretation and dark tourism. Annals of Tourism Research, 29(4), 1175-1178.

Seaton, A, V., & Lennon, J. J.(2004), Thanatourism in the early 21st century: Moral panics, ulterio rmotives and ulterior desire. In T.V Singh(Ed), New horizons in Tourism: Strange experience and Stranger practices (pp.63-82). London: CABI Publishing.

Seaton, A. V.(1996). Guided by the Dark: From thanatopsis to thanatourism. International Journal of Heritage Studies, 2(4), 234-244.

Shin, J. Y.(2009). A Study on the Segmentations of Dark Tourism market and their impacts on destination selections. The Graduate School of Sejong University.

Slade, P(2003), Gallipoli thanatourism : The meaning of ANZAC. Annals of Tourism Research, 30(4), 779-794.

Stone, P. R. & R. Sharpley.(2008). Consuming dark tourism: A thanatological perspective. Annals of Tourism Research, 35(2), 574-595.

Stone, P. R.(2004). Heritage that hurts- presentation, interpretation and meaning, University of Central Lancashire, UK, The Dark Tourism Forum, URL: http://www.dark-tourism.org.uk.

Stone, P. R.(2006), A dark spectrum : Towards a typology of death and macabre related tourist sites, attraction and exhibition. Tourism: An International Journal, 52(2), 145-160.

Tarlow, P. E.(2005), Dark tourism: The appealing "dark" side of tourism and more. In N. Marina(Ed), Niche tourism: Contemporary issues, trends and cases. Oxford: Elsevier.

Trinh, T. L. D.(2009). Segmenting Visitors to Battlefield sites: International Visitors to the former DMZ in Vietnam. A master's thesis of a student of Victoria University.

Willis, E. (2014). Theatricality, Dark Tourism and Ethical Spectatorship: Absent Others. Palgrave Macmillan.

Wilson, J. Z.(2008). Prison: Cultural memory and dark tourism. New York: Peter Lang.

Yuill, S. M.(2003). Dark tourism Understanding visitor motivation as sites of death and disaster. A master's thesis of a student of Texas A & M University.

영화관광
Film Tourism

10 Chapter

He who would travel happily must travel light.

행복하게 여행하려면 가볍게 여행해야 한다.

— 생텍쥐페리

"일상이 힘들면 힘들수록 영화를 더 많이 본다. 그러나 영화를 선택하는 취향은 더 편협해진다" 누군가 말했다. 영화를 보는 이유는 다양하다. 그리고 여러 가지 목적으로 영화관에 가게 된다. 그러나 내가 마주친 현실이 고달프게 느껴질 때, 영화에서 조차 그런 고민을 공유하고 싶어 하지는 않는다. 영화는 피난처가 되고 위안처가 되어야 한다. 삶이 힘들고, 사람들이 우리를 속이려고 할 때 영화는 우리에게 힘이 되기도 하고, 난처한 상황에서 해결의 기억을 떠올리게 한다. 영화를 보는 장소는 '일상권'에 속해 있지만, 영화는 '비일상'이다. 이러한 '비일상'인 영화는 자연스럽게 '비일상'이라는 중요한 키워드를 가진 관광과의 상호작용이 쉽게 일어난다. 영화관광은 자연스럽게 만들어진 개념이다.

〈영화란 무엇인가〉의 저자 앙드레 바쟁(1918-1958, 프랑스 비평가)1 은 '현실의 시공간을 물리적으로 보존하려는 인류의 욕망이 마침내 구현된 매체가 영화'라고 하였다. 그는 〈영화란 무엇인가〉라는 제목으로 책을 출간했지만, 늘 '영화로 무엇을 하는가'라고 물었다. 이러한 존재론적 리얼리즘적 접근은 오늘날 영화관광을 이해하는데 중요한 단서를 제공해준다. 본서는 이러한 질문에 대해 영화로 관광을 하고, 영화를 가지고 관광상품을 만든다라고 답변을 한다. 그리고 이러한 답변은 영화관광에 대한 인식의 지평선을 확장시켜준다. 그러나 여기에서 사용하는 영화라는 단어는 영

1. 프랑스 비평가. 앙제에서 태어났으며 30년대 말부터 비평가로 활동. 1940년대에는 앙리 랑글르와아와 함께 시네마테크 운동을 주도했으며 이때 시네마테크를 드나들던 영화청년들과 함께 50년대 초 〈카이에 뒤 시네마〉를 창간해 프랑스 비평문화를 선도. 훗날 누벨 바그 감독으로 데뷔한 이 〈카이에 뒤 시네마〉의 동인들에게 바쟁은 정신적 지주였으며 이들과 함께 바쟁은 할리우드영화와 프랑스영화를 재평가했으며 프랑스 영화산업에 누벨 바그라는 새로운 흐름이 나타나게 하는 데 결정적인 역할을 담당. 바쟁은 말을 더듬는 버릇 때문에 결국 대학 강단에 서지 못했지만 그랬기 때문에 더욱 집필 활동에 몰두. 개개의 영화를 꾸준히 비평했고 사후에 그의 평론을 모은 선집이 〈영화란 무엇인가〉라는 제목으로 발간.

화와 TV제작물을 모두 포괄하는 의미로 사용하였다. 특히, 우리나라에서는 Film이 영화로 인식하는 경우가 많은 이유가 정확한 의미의 영상관광이라는 단어보다는 영화관광이라는 용어를 사용한 이유가 된다.

01 영화관광의 이해

1. 영화관광의 개념

영화관광은 영어로 Film tourism 또는 Film-induced tourism, 또는 Screen tourism 등 다양한 용어로 사용되고 있으며, 단어의 의미도 아주 광범위하게 이해되어진다. 학문적으로 접근을 하면, 영화관광은 TV나 영화로 알려진 로케이션(location)이나 촬영장(set 또는 setting)을 방문할 목적을 지니고 목적지로 여행을 하는 것으로 정의된다(Busby & Klug, 2001). 그러나 이러한 개념은 다소 복잡해진다. 첫째, 영화관광객(film tourists)과 영화로케이션 관광객(film location tourists)간의 구분이 중요하기 때문이다. 후자는 영화 로케이션들을 방문하는 것에 초점을 맞춘 사람들인 반면, 전자는 스크린의 이미지에 동기부여가 되어 지역이나 국가를 방문하는 사람들이기 때문이다(Hudson & Ritchie, 2006). 또한 영화 로케이션을 방문하는 관광객들도 어떠한 사전지식도 없는 사람들과 전체 휴가기간 중 일부로서 방문한 관광객들을 구분해야 한다고 한다. 목적지에서 관광객에게 제공되는 투어종류에 대한 수요가 달라지기 때문이다. 이것과 별도로 Roesch(2009)는 'on-locations'와 'off-locations'간의 명확한 구분이 필요하다고 하였다. 전자에 속하는 관광은 영화 로케이션들을 방문하는 것을 말하는 반면, 후자는 유명인사들의 스튜디오나 집을 방문하는 것을 의미하기 때문이라고 한다.

다음 표는 영화관광의 다른 유형을 기술한 것이다. 또한 이 표는 영화관광을 낭만적인 시각으로 바라보며, 또는 영화의 한 로케이션을 보여주지만 실제 영화 로케이션이 아닌 장소를 방문하는 것도 포함하고 있다.

영화관광의 분류	유형(영화관광의 역할)	특 징
	1. 전체 공휴일의 일부분	사전 목적지에 대한 지식없이 공휴일 동안 영화를 예약하거나 영화 로케이션을 방문한다.
	2. SIT의 주요한 목적	영화 프로파일링을 통해 휴가에 맞춰 목적지를 예약한다.
	3. 방문의 중심점	자연미, 역사적 장소, 영화배우 등이 영화관광의 아이콘이 된다.
	4. 영화제작이 일어날 것만 같은 것으로 믿는 장소들	다른 세트장에서 촬영된 영화라 할지라도 그 영화 제작 장소를 방문한다.
	5. 낭만적인 시각의 일부분	영화가 고독감을 자극하므로 인해 강화조건을 갖춘 장소들을 찾거나 그 장소와의 반 영적인 관계를 만들고 싶어한다.
	6. 일상 탈출의 이유	영화 로케이션을 방문하는 것은 일상생활의 평범한 현실 너머로 관광객을 기운나게 만든다.

출처 : Busby & Klug, 2001

다음은 영화가 관광동기가 된 관광객들에 대한 분류가 된다. 여기서는 로케이션과 세팅을 구분하고 있음을 주목할 필요가 있다.

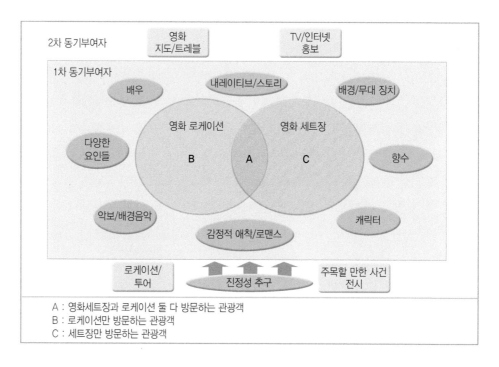

이상의 이러한 학문적인 분야에서의 개념을 정의한 것과 달리, 일반적으로 영화관광의 개념을 살펴보도록 한다. 영화관광은 영화가 만들어졌거나, TV시리즈가 제작중인 로케이션을 방문하거나 전 세계의 영화 페스티벌이나 팬 이벤트에 대한 정보를 통해 그 장소를 여행하는 것으로 간략히 이야기할 수 있다.

　또한 영화관광은 영화와 TV제작이 여행결정에 미친 영향으로 인해 사람들이 상영된 장소를 직접 경험하도록 동기부여를 하는 것으로 이해된다. 따라서 영화관광은 목적지 마케팅을 위한 탁월한 매개물일 될 뿐만아니라 신상품개발(로케이션투어, 영화박물관, 전시회, 영화와 연결된 현존하는 관광매력물의 테마화)기회를 제공해준다. TV드라마나 영화에 노출된 장소, 즉 영상촬영지를 방문하고 관광활동을 하는 영화관광(Film Tourism)의 등장이 그것이다.

　그러므로 영화관광(Film tourism)이란 영화와 TV드라마가 방영된 후 이에 영향을 받은 관광객들이 촬영지를 방문하고 체험하는 관광형태를 말한다(British Tourism Association, 2002). Tooke & Baker(1996)에 따르면 이러한 영화나 드라마의 시청각적 특성은 현실감이나 현장감의 표현에 있어 강력한 호소력을 지니고 관광객과 관광목적지 사이의 심리적 거리를 단축시키는 것은 물론 이를 통한 간접경험으로 관광목적지에 관한 무의식적 정보 획득을 넘어 장소에 대한 친밀성을 더해주고 매력을 느끼게 하여 잠재고객의 향후 관광목적지 선택시 영향을 끼친다고 하였다.

영화 로케이션서비스

　한국은 지난 15년 동안, 영상위원회가 없는 상태에서 영화를 만든 사람들의 노력에 의해 광범위한 전문서비스와 지원들을 누릴 수 있는 나라로 변모하였다. 초기에 시간이 걸리기는 했으나, 현지촬영에 대한 지원정책은 한국을 영화 속 풍경으로 선택하는 데에 중대한 기여를 하였다. 이러한 지원들로 인해, 많은 수의 해외 제작프로젝트들이 한국을 로케이션 장소로 선정하고 찾아오고 있다.

　부산영상위원회(Busan Film Commission, BFC)는 한국 내 10개의 지역 영상위원회들 중에서 가장 활발하고 종합적으로 활동하는 기관이다. 한국에서 두 번째로 큰 도시인 부산은 도시와 더불어 해안가, 산, 강 등의 다양한 풍경들을 겸비한 장소이기도 하다. 그런 논리에서 서울보다 부산에서 촬영이 용이하며, 부산영상위원회는 각각의 프로젝트에 담당자를 배정하여 로케이션 스카우팅, 촬영 허가, 교통관리, 장비 대여 등을 지원하도록 도와준다. 부산에는 부산영화스튜디오와 부산 후반제작센터가 자리 잡고 있기도 하다. 많은 수의 한국 장편영화가 부산에서 촬영된다. 또한 〈착신아리 파이널(One Missed Call Final)〉(2006), 〈히어로(HERO)〉(2007), 〈베벌리 힐즈 닌자(Beverly Hills Ninja 2)〉(2008) 등의 해외 제작 프로젝트들도 부산에서 촬영되었다. 로케이션 인센티브 프로그램은 최대 30%(10만 US달러)까지 현지에서 지출한 금액에 대한 환급금을 제공한다. 부산영상위원회는 현지독립영화들의 제작도 지원하고 있다.

서울영상위원회(Seoul Film Commission)는 수도에서 영화를 촬영할 때 맞닥뜨릴 수 있는 복잡한 행정 절차와 물류 등을 돕기 위한 다양한 지원을 제공한다. 이러한 서비스는 서울의 도시풍경과 더불어 점점 더 많은 영화와 TV프로젝트들이 서울을 로케이션으로 선택하도록 유혹한다. 서울영상위원회 역시 서울에서 촬영하며 소비하는 금액에 대한 환급금을 25%(최대 1억 원, 약 9만 US달러)까지 제작 인센티브로 제공한다(이 금액은 프로젝트의 시장가치에 따라서 변동될 가능성이 있다).

2011년에 개봉한 할리우드 영화 〈본 얼티메이텀〉은 서울 강남에서 짧은 장면을 촬영했고, 말레이시아 TV시리즈 〈멘신타이무(Mencintaimu)〉(2013), 인도네시아 TV시리즈 〈푸티 아부 아부 2(Putih Abu Abu)〉(2013), 중국영화 〈성시유희(Urban Games)〉(2013), 벨기에-한국 합작 다큐멘터리 〈스테이트 오브 플레이(State of Play)〉(2013), 대만 장편영화 〈러브 투모로우(Will You Still Love Me Tomorrow?)〉(2013), 필리핀 영화 〈키미 도라(KimmyDora 2)〉(2012) 등의 해외 프로젝트들이 서울을 촬영지로 다녀갔다. 서울영상위원회는 로케이션 스카우팅은 물론 항공료, 숙소, 물류 등을 지원한다. 해외 프로젝트가 촬영허가를 받을 수 있도록 도와주며, 촬영지에서 연락담당자로 활동하고 주차지원과 교통정리 등의 경찰력을 포함한 인적자원을 제공한다.

이 밖에 경기영상위원회, 인천영상위원회, 청풍영상위원회, 대전영상위원회, 전주영상위원회, 경남영상위원회, 전남영상위원회, 제주영상위원회 등 다른 지역의 영상위원회들도 전국적으로 활발하게 활동하고 있다. 주요 지역에 위치한 촬영설비로는 실내와 실외 세트를 제공하는 전주영화종합촬영소가 있으며 서울과 가까운 경기도에는 남양주종합촬영소와 아트서비스 파주스튜디오 등 두 곳의 촬영스튜디오가 있다.

영화진흥위원회에서도 서비스와 물품에 사용된 한국 내 제작비에 대해 20-30% 환급금을 제공하는 인센티브프로그램을 운영하고 있다. 환급금의 수준은 한국에서 촬영을 위해 보낸 날짜수에 따라 달라진다. 이 프로그램은 자본금 26억 원(대략 230만 US달러)으로 운영된다. 최근 이 프로그램의 수혜자로는 중국영화 〈성시유희〉, 미국영화 〈비욘드 더 보더(Beyond the Border)〉, 일본영화 〈백자의 사람:조선의 흙이 되다(Hakuji no Hito)〉, 일본 TV시리즈 〈레인보우 로즈(Rainbow Rose)〉, 중국영화 〈길 위에서(On the Road)〉 등이 있다.

– 영화진흥위원회 포커스온아시아 잡지에 실린 달시 파켓(Darcy Paquet)의 글입니다.

출처 : http://blog.naver.com/sangsaeng7/220053568832

2. 영화관광의 영향

　영화관광(Film tourism or Film-induced tourism)은 관광산업 중 빠르게 성장하는 영역 중의 하나에 해당된다. 영국과 뉴질랜드는 오래 전부터 이러한 사실을 주목하고 대처를 하고 있었다.

　2012년 10월, 007 영화 프랜차이즈 50주년 기념식을 준비하면서, VisitBritain을 선포했다. 영화관광 캠페인 가운데서 역대 최고규모로써 007시리즈 23편 "Skyfall" 출시에 맞추어 기획되었다. 이 캠페인은 특히 주요 인바운드 시장인 호주, 브라질, 독일과 미국에서의 영화개봉관에서 상영되었다. "Bond is GREAT Britain"을 선언한 빌보드와 대규모 전자미디어와 소셜미디어(Twitter, Facebook & Google+)를 통해서도 캠페인을 본 사람들은 세상에서 가장 멋진 비밀요원의 고향인 영국을 방문하기에 더 좋은 시간을 없을 것이라고 기억나게 해주었다.

　이러한 캠페인은 영국의 풍성한 유산과 문화가 영화제작자들에게 영국이 영화 제작을 위해 이상적인 로케이션이라는 생각을 연결시켜 준다.

　평균적으로 전세계 1억2천만명의 사람들이 영화개봉 첫 3주안에 블록버스터를 본다고 한다. 또한 연구에 의하면, 영화 로케이션은 해외 관광객들에게 중요한 유인요소(draw)가 될 수 있다고 한다. 잠재 방문객들 가운데 약 50퍼센트 미만은 영화나 TV에서 보여진 장소를 방문하고 싶어한다고 결과를 제시하고 있다.

The "Bond is GREAT Britain" campaign: (JP/Sita W. Dewi, the British Embassy)

"New Zealand is 100% Middle Earth".

Hobbit setting 방문

100% Middle-earth, 100% Pure New Zealand가 뉴질랜드관광(Tourism New Zealand : TNZ)캠페인을 견인하고 있으며, 특히, The Hobbit 3부작 출시와 맞물려 관광목적지로써 뉴질랜드를 홍보하였다. 특히 마케팅 캠페인은 Middle-earth 판타지가 뉴질랜드의 실제 현실이며, 영화장면 같은 자연경관들을 배경으로 영화 속 사람들과 경험을 할 수 있다는 것을 잠재관광객들에게 보여주려는 목적으로 제작되었다.

2012년 5월에서 7월까지 Tourism NZ의 조사에 의하면, 뉴질랜드로 여행을 고려하는 사람의 57퍼센트가 벌써 The Hobbit 3부작을 알고 있었으며, 그중의 87퍼센트가 뉴질랜드에서 그 영화가 제작되었고, 58퍼센트가 The Hobbit의 팬들이라고 알려졌다.

에어뉴질랜드와 공동캠페인 광고를 미국에 론칭하면서 잠재적으로 newzealand.com과 airnewzealand.com에서 각각 볼 수 있다. 특히, 뉴질랜드 수도인 wellington은 Hobbit artwork와 artisan festival을 개최할 것이라고 하였다. 그리고 3주동안 우체국과 지방신문은 비공식적인 Middle Earth라는 별명을 사용할 것이라 하면서 대규모 홍보에 참여하고 있다.

영화관광의 관광의 영향, 특히 관광객수를 중심으로 살펴보자. 로케이션이나 세팅장이 관광목적지가 되어 적게는 10%에서 많게는 300%의 증가세를 보여준 것으로 나타났다.

영화 제목	로케이션	방문객 수에 영향
Braveheart	Wallace Monument (스코트랜드)	방영 후 연 300% 증가
Captain Corelli's Mandolin	Cephalonia (그리스)	50% 증가
Field of Dreams	Iowa (미국)	1991년 35,00명 방문 이후 매년 안정적 증가추세
Four Weddings and a Funeral	The Crown Hotel (영국 Amersham)	최소 3년 동안 전 객실 예약
Harry Potter	영국내 다양한 로케이션	모든 촬영 로케이션에서 50% 또는 그 이상 증가
Mission Impossible 2	시드니 국립공원	2000년도 200% 증가
Notting Hill	Kenwood House (영국)	1달에 10% 증가
Pride and Prejudice	Lyme Park (영국)	150% 증가
Sense and Sensibility	Saltram House (영국)	39% 증가
The Beach	태국	2000년도 청소년 시장에서 22%증가
Troy	Canakkale (터키)	73% 증가

출처 : Hudson & Ritche, 2006

02 영화관광과 관광목적지 마케팅

영화와 관련된 관광목적지를 장소마케팅 차원에서 다음과 같이 다섯가지 유형으로 구분하고자 한다.

구분		특징	장소
영화테마파크		영화를 소재로 조성된 테마파크	Universal Studio, Disney/MGM Studio
로케이션	part	영화의 일부분이 된 특정장소	
	whole	지역이 영화제작장소가 된 장소	Hobbit, 양동마을
세트장	open set	영화촌	동촌(일본), 대장금테마파크
	스튜디오	영화를 위해 만든 실내 세트장	설국열차 등
영화제		영화를 위한 축제	BIFF, 칸느영화제

위와 같이 영화를 소재로 조성된 테마파크, 영화의 로케이션의 일부분이나 전체가 매력물이 된 곳, 세트장의 경우는 오픈세트장과 스튜디오로 관광매력물이 되는 곳, 영화제 개최지 등으로 구분할 수 있다.

1. 영화 테마파크

최근 '겨울왕국(Frozen, 2014)'의 대성공으로 다시한번 애니메이션 최강자로서의 저력을 드러낸 월트디즈니가 글로벌 미디어 그룹으로 성장한 배경에는 바로 원소스 멀티유즈(One Source Multi Use)라는 키워드가 있다. 하나의 콘텐츠를 이용해 영화와 방송, 테마파크 등 엄청난 규모의 부가 수익을 창출할 수 있도록 문화 분야의 다각화를 시도하는 것이다.

테마파크는 원소스 멀티유즈(OSMU)의 대표적 사례로 도시나 지역으로 관광객을 끌어들일 수 있는 최고의 상품이 되고 있다. 전 세계는 지역 및 국가차원에서 글로벌 브랜드 테마파크를 유치하기 위해 치열한 경쟁을 벌이고 있다. 테마파크는 도시마케팅 또는 관광목적지마케팅으로 자연스럽게 이어지며 이는 전 세계관광객에 대한 광고가 되어진다.

영화테마파크의 대명사인 디즈니랜드(Disneyland)는 월트 디즈니 회사 부속 월트 디즈니 파크 앤 리조트가 운영하는 미국 캘리포니아 주 오렌지 카운티 애너하임에 위치한 테마파크이다. 1955년 7월 17일 언론 매체에 예비로 공개하였으며, 다음 날 공식적으로 개장하였다. 월트 디즈니는 개장 당시 유일한 테마파크였던 디즈니랜드가 고유의 특징을 살릴 수 있도록 건물들을 설계하고 건축하였으며, 개장 후에도 관리·운영에 관여하였다.

최근까지 디즈니랜드에는 대통령과 왕족을 비롯한 다른 나라의 귀빈을 포함하여 개장 이래 5억 1500만 명의 관광객이 방문하였다. 1998년, 더 큰 규모의 디즈니랜드 리조트와 구별을 하기 위해 "디즈니랜드 파크"로 브랜드명을 바꾸었다. 2007년에는 14,800,000명이 넘는 관광객이 방문하여 월트 디즈니 월드의 매직 킹덤에 이어서 세계에서 두 번째로 많은 관광객이 찾은 테마파크가 되었다.

월트 디즈니 파크 앤 리조트는 디즈니랜드 리조트, 월트 디즈니 월드 리조트, 도

쿄 디즈니 리조트, 디즈니랜드 파리, 홍콩 디즈니랜드 리조트 5개가 있으며, 미국 내에는 캘리포니아 주와 플로리다 주에 각각 위치해 있다.

영화를 소재로 만든 또 하나의 유명한 영화 테마파크는 "유니버설 스튜디오"이다. 유니버설 스튜디오는 미국 LA 할리우드, 미국 올란도, 일본 도쿄, 싱가폴에 위치해 있다. 우리나라와 두바이에 유니버설 스튜디오 건립설은 있었으나 아직 만들어지지 않았다. 유니버설 스튜디오 할리우드는 트램을 타고 둘러보는 스튜디오 투어와 특수효과 스테이지 외에도 각종 어트렉션을 제공한다.

DISNEY'S HOLLYWOOD STUDIOS
WWW.WDWTOURGUIDE.COM

271

위치	영화소재 Attraction 종류
미국 LA	Despicable Me Minion Mayhem, Transformers™: The Ride-3D, Studio Tour, King Kong 360 3-D, Revenge of the Mummy^{SM} - The Ride, Shrek 4-D™, Jurassic Park® — The Ride, WaterWorld®.
미국 Orlando	The Wizarding World of Harry Potter™ - Diagon Alley™, E.T. Adventure, Despicable Me Minion Mayhem, MEN IN BLACK™ Alien Attack™, Revenge of the Mummy®, Shrek 4-D, Terminator 2®: 3-D, TRANSFORMERS: The Ride-3D, Jurassic Park River Adventure®
일본 Tokyo	The Wizarding World of Harry Potter, The Amazing Adventures of Spider-Man-The Ride 4K3D, Terminator 2:3-D, WaterWorld, Shrek's 4-D Adventure, JAWS, Back To The Future® - The Ride
싱가포르 Sentosa	Transformers: The Ride, Revenge of the Mummy: The Ride, Jurassic Park Rapids Adventure, Waterworld, Shrek 4-D Adventure, Madagascar: A Crate Adventure,

유니버설 스튜디오
(로스앤젤레스 소재)

스튜디오 투어(Studio Tour)는 코끼리열차와 비슷한 트램(Tram)을 타고 할리우드 영화의 세트나 무대를 관람할 수 있다. 약 40분에 걸친 투어는 관람객으로 하여금 자신이 마치 영화속의 등장인물이 된 것 같은 기분을 느끼게 하는데, 킹콩과 죠스 등의 테마파크와, 브로드웨이나 서부영화 촬영세트, 대지진, 대홍수 촬영장치 등 놀랍고 신기로운 볼거리들을 자랑한다.

유니버설 스튜디오에서 제작한 영화인 트랜스포머(2007~2014), 미이라(1999~2008), 쥬라기 공원(1993~2013), 터미네이터(1984~2009), 킹콩(2005), 워터월드(1995), 슈렉(2001~2010) 등이 모티브가 되어 놀이기구로 혹은 관람을 할 수 있는 형태로 변화되었다.

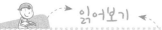

테마파크의 매력

"…현재 월트디즈니는 원소스 멀티유즈(OSMU) 전략을 바탕으로 세계 테마파크 시장의 절반을 장악한 절대강자로 군림하고 있다. 세계 테마파크 순위를 살펴보면 매직킹덤, 도쿄 디즈니랜드, 파리 디즈니랜드 등 1~8위(입장객 기준)까지를 월트디즈니 계열의 테마파크가 차지할 정도다.

이를 바탕으로 전세계 10대 브랜드 가운데 5위에 이름을 올리고 있는 월트 디즈니사는 브랜드 가치만 자그마치 600억달러를 넘는다. 영화나 여행, 인터넷, 의류, 완구류 등에 미치는 브랜드 파워는 막강하다. 그 중에서도 디즈니랜드는 디즈니사의 주요 수입원이다. 디즈니사 전체 수입의 3분의 1가량을 디즈니랜드에서 거둬들이기 때문이다. 뿐만 아니다. 디즈니의 성공비결인 창의·기술과 함께 전세계 700여개가 넘는 직영점을 운영하는 것 등에 주목할 필요가 있다.

이처럼 디즈니랜드는 테마파크 분야에서 타의 추종을 불허하고 있지만, 영화나 만화 등의 캐릭터와 관련된 테마파크를 조성해 뒤를 쫓고 있는 '유니버설 스튜디오'와 세계적으로 유명한 완구 레고를 이용한 '레고랜드'도 꾸준히 방문객이 늘고 있다. 특히 유니버설 스튜디오의 경우 전세계인으로부터 사랑받았던 영화〈해리포터〉를 캐릭터로 활용하며 입지를 다지고 있다.

이 같은 테마파크산업의 막대한 경제·사회적 기여 효과 때문에 세계 주요국가에서는 글로벌 테마파크를 유치하기 위한 금융지원이나 기반시설 설치 등 각종 혜택을 주고 있다.

유니버설 스튜디오를 유치한 일본 오사카의 경우 인프라 시설의 지원을 위해 공업지역 54헥타르를 장기 저리로 임대해 줬을 뿐만 아니라 전철선에 유니버설 시티역을 건설했다. 또 자본금의 25%에 이르는 약 1000억원을 정부가 직접 출자했으며 개장 때는 1600억원을 장기 저리로 제공하기도 했다.

이곳에는 '해리포터 마법세계' 테마파크가 들어설 예정이다. 일본은 향후 10년간 오사카 등 인근 지역에 3조1420억엔, 일본 전체로는 5조6290억엔에 달하는 경제효과를 창출할 것으로 예상하고 있다.

이미 일본은 지바(千葉)현 우라야스(浦安)시에 있는 도쿄 디즈니랜드와 디즈니 씨(Sea)도 운영 중이다. 이곳의 지난해 매출액은 3328억8500만엔(약 2조5695억7300만원). 일본 관광레저산업 매출(6320억엔)의 절반이 넘는 것으로 이 중 순이익만 157억엔이다.

우리나라의 경우 지방자치단체들이 앞다퉈 외자유치형 테마파크사업을 추진했지만 대부분 수포로 돌아갔다. 치밀한 사업성 검토 없이 선거공약용으로 활용되다 보니 계획만 요란할 뿐 '속빈 강정'에 그친 것이다.

지난 2006년 세계적인 영화사인 미국 MGM이 부산시와 손잡고 1조원을 들여 '할리우드형 영화테마파크'를 조성한다고 발표했지만 불과 4개월 만에 토지매입가격 등을 둘러싸고 부산시와 갈등을 보이다 결국 무산되고 말았다.

이후 MGM은 영종도 공항배후지 개발사업을 추진하고 있지만 지지부진한 상태다. 미국 MGM라이선스를 가진 MSCK도 지난 2008년 제주 국제자유도시개발센터와 'MGM할리우드 웨이 제주 아일랜드' 개발을 위한 투자합의각서를 체결하고 추진 중이지만 답보상태를 면치 못하고 있다. 디즈니랜드 역시 서울시에 오래 전부터 테마파크 설립계획을 추진했지만 중국의 전폭적인 지원에 밀려 유치에 실패했다. 현재 중국은 상하이(上海)시 푸둥(浦東) 지구에 디즈니랜드 설립을 허가하고 준비에 들어갔다.

이처럼 말로만 테마파크 유치를 외치는 우리나라는 이웃나라의 전폭적인 지원에 밀려 유치가 이뤄지지 않고 있다. 레저산업 관계자들은 글로벌 테마파크들은 아시아에 진출할 때 우리나라와 함께 일본과 중국을 놓고 저울질하기 때문에 국가 차원의 지원 없이는 힘들다고 말한다. 한 레저산업 관계자는 "우리나라는 테마파크 유치가 언젠가부터 선거용으로 변질됐다"며 "말로만 유치를 외칠 뿐 지원이 일본과 중국에 밀리기 때문에 번번이 기회를 놓치고 있다"고 설명했다."

출처 : http://www.moneyweek.co.kr/news/mwView.php?no=2014062621358038966

2. 로케이션(Location)

영화촬영지를 우리는 보통 로케이션, 즉 '장소'라고 말한다. 영화의 촬영이 이루어지는 인위적으로 만들어지지 않은, 현재 존재하는 장소에서 영화를 촬영하여 그 장소가 관광목적지가 되는 경우이다. 최근 영화 속에 등장하는 장소들이 유명 관광목적지로 변하는 경우가 많아 세계 각국은 국가나 도시 차원에서 영화를 유치하기 위해 노력을 기울인다. 도시나 마을의 일부분이 영화의 장면에 나와 관광목적지가 되는 경우와, 영화를 하나의 도시나 마을에서 모두 촬영하여 관광목적지가 된 경우로 나눌 수 있다.

❶ Part of Location

경제력만이 국력을 말해주는 시대는 지나가고, 이제 문화강국이 진정한 강대국이 되는 시대가 도래했다. 세계적인 문화강국으로 손꼽히는 영국의 비결은 무엇일까? 답은 의외로 간단하다. 문화명소가 도시 곳곳에 산재해있다는 것이다. 특히, 그러한 장소가 영화촬영지로 되어 전 세계에 알려진 경우도 있고, 반대로 이전에 잘 알려져서 영화촬영지가된 곳도 있다.

킹스크로스 역(King's Cross Station). 수많은 사람들이 오고가는 이곳에 다른 역에서는 찾아볼 수 없는 명물이 하나 있다. 해리포터 영화 팬이라면 한눈에 알아볼 수 있는 곳이다. 원작이 소설인 이 영화는 영국의 문화산업 자체를 바꿔놓았다. 관광객들에게 사진촬영 장소로 사랑받는 이곳은 바로 영화 속 한 장면을 재현한 곳이다. 이곳의 플랫폼이 해리포터가 마법학교로 가는 통로가 되어주었다. 그저 역 한 구석의 밋밋한 벽이었던 이곳은 해리포터 영화로 인해 특별해졌다.

해리포터 시리즈는 전 산업 영역에서 우리 돈 300조원 이상의 막대한 매출을 올렸고, 영국 경제 기여도는 5조 원에 달하는 것으로 집계될 정도로 엄청난 관광이익 효과를 내고 있다.

영국 관광청 해외네트워크에 의하면 영국은 영화 관련 관광에 초점을 맞추어 세계의 관광객들이 영화를 보면서 영국에 대해 떠올리게 하는 것이 목표라고 한다. 해리포터, 제임스 본드 등의 영화는 세계 사람들이 영국을 보는 이미지를 만들고,

해리포터 영화 속의 장면

실제 킹스크로스 역에 만들어져 있는 플랫폼

그 이미지에서 영감을 받고 영국을 찾는 동기 부여가 되는 것이다. 영화의 배경이 된 지역에 자리 잡고 있는 해리포터 테마파크를 만들어 세트는 영화장면 그대로 눈앞에 펼쳐지고, 관광객들은 마치 영화 속에 들어온 듯한 기분 좋은 착각에 빠질 수 있도록 한다. 마법학교의 식당으로 등장했던 영화 속 세트. 이곳에서는 영화가 촬영된 당시의 세트는 물론이고 작은 소품들까지 그 모습 그대로 만나볼 수 있다. 영국의 작가가 만들어낸 하나의 가상세계는 책과 영화로, 그리고 관광명소로 변신한 셈이다. 영국은 이러한 영화산업과 관광산업의 결합에 대한 중요성을 일찌감치 인식하고 있었고 그래서 그에 대한 지원을 아끼지 않고 있다.

또 다른 사례인 런던 베이커가 221 B번지. 바로 영화와 드라마, 소설 속에 등장한 셜록홈즈의 집 주소이다. 영화 셜록홈즈의 흥행 열풍으로 꾸준히 관광객이 늘어나고 있고, 명탐정의 대명사인 셜록홈즈는 영화와 드라마로 재탄생 됐고 원작 소설의 인기를 더했다. 가상 속의 주인공이지만 이러한 진실은 관광산업에 많은 영향을 주었다. 영국 정부는 셜록홈즈에 관한 문화산업에의 적극적인 지원을 통하여 더 많은 관광객들을 불러들이고 있다.

영화 셜록홈즈

유니버설 스튜디오
(로스앤젤레스 소재)

드라마 셜록

영화 어벤져스2 촬영지로 한국의 서울 도심이 선택되었다. 서울이 첨단과학기술이 발달하고 초현대식 건물과 아름다운 광경이 어우러져 블록버스터를 촬영하기에 최적의 장소라고 마블 스튜디오 대표가 말했으며, 한국을 촬영지로 선택했다고 했다. 마블 코믹스는 공식 홈페이지를 통해 '어벤져스2'의 경기 의왕시 촬영 분량이 담긴 스틸컷을 공개했다. 해당 스틸 컷은 경기 의왕시 계원예술대학 사거리 부분에서 촬영된 것으로, 캡틴 아메리카(크리스 에반스)의 방패를 가지고 있는 블랙 위도우(스칼렛 요한슨)가 오토바이를 타고 의왕시 도로를 질주하는 모습이 담겨있다. 블랙 위도우 뒤로 '국민은행', 'T월드' 등의 로고가 눈길을 끈다.

어벤져스 2, 한국촬영분 스틸컷 - 의왕시 달리는 블랙위도우

❷ Whole of Location

금오도 : 영화 '도희야' 100% 섬마을 올로케이션.

'도희야'는 100% 올 로케이션 촬영을 통해 아름다운 바닷가 절경을 관객에게 선사했다. 2014년 5월 개봉한 영화 '도희야'는 빠져나갈 길 없는 외딴 섬마을에서 살고 있는 소녀의 위험한 선택을 그린 작품으로, 비밀을 품은 마을 자체가 또 하나의 주인공과 다름없다. 영화의 각본을 쓴 감독이 실제 고

영화 '도희야' 포스터

향인 여수에서 시나리오를 집필하며 '도희야'에 생생함을 불어넣었던 만큼, 지방 로케이션은 영화를 위한 필수적인 선택이었다. 때문에 대부분의 장면이 강화도와 금오도를 중심으로 한 100% 지방 로케이션으로 제작돼 한국 바닷가의 절경을 아름답게 담아내었다.

배경이 된 금오도 전경

3. 세트장

영화나 TV드라마는 촬영을 위해 세트장을 만들어 사용하기도, 기존의 마을이나 도시의 한 부분을 그대로 이용하여 촬영하기도 한다. 세트장의 경우 촬영을 마치면 그 영화나 드라마를 시청한 사람들에게 관광명소로 자리잡게 된다. 우리나라에도 역시 수많은 영화 촬영지와 스튜디오가 존재한다. 이를 영상테마파크, 오픈세트장 등으로 명명하여 이야기하고 있다. 영상테마파크는 각종 영상물을 주제로 사용하며 영화나 드라마 등의 촬영(제작)을 위한 시설과 부지를 갖춘 촬영소로 최근에는 영상관련 전시, 공연, 체험시설 등도 함께 있어 영상을 주제로 하는 공원이라 할 수 있다.

❶ Open Set

지역	운영시설현황	지역	운영시설현황
인천	옹진군 신도 세트장 (연인) 무의도 세트장 (천국의 계단) 시도리 세트장 (풀 하우스) 시도리 세트장 (슬픈연가) 장봉리 세트장 (홍콩 익스프레스)	강원	횡성 세트장 (토지) 속초 설악 시네라마 (대조영) 정선 오픈세트 (식객)
충남	안면도 세트장 (태왕사신기) 부여 세트장 (서동요) 태안 장길산 세트장	충북	제천(청풍) 드라마세트장 (일지매) 제천 〈신기전〉 세트장 진천 세트장 (대추나무 사랑 걸렸네) 괴산 드라마세트장 (바람의 화원) 태안 오픈세트장 단양 세트장 (연개소문) 경기 부천 판타스틱스튜디오 KBS 수원 세트장 양주 MBC 문화동산 (대장금) 파주 아트서비스 남양주 종합촬영소 용인 MBC 드라마세트장 (이산, 신돈) 파주 〈쾌도 홍길동〉 오픈세트장 의정부 드라마세트장 화성 세트장 (궁's)
제주	제주 영상미디어센터 파크 써던랜드 (태왕사신기)		
전남	함평 KBS 세트장 (인공섬) 장흥 〈천년학〉 세트장 여수 돌산 세트장 (SBS 선택) 여수 〈혈의 누〉세트장(포구, 제지소) 광양 영화마을 완도 불목리 세트장 (해신) 완도 소세포 청해진 세트장 순천 드라마세트장 (사랑과 야망) 곡성 〈아이스께끼〉 세트장 나주 삼한지테마파크 (주몽)	전북	춘향테마파크 부안 석불산 영상랜드(불멸의 이순신) 익산 세트장 (서동요) 익산 교도소 세트장 전주 미디어파크 광주 〈화려한 휴가〉 세트장
경남	〈태극기 휘날리며〉 합천 세트장 하동 드라마세트장 (토지) 화왕산 드라마세트장 (허준)	경북	안동 해상 세트장(대왕세종) 울진 드라마세트장 (폭풍속으로) KBS 문경 세트장 (왕건) 상주 세트장 (상도)

출처 : 영화진흥위원회
영상산업정책연구소

❷ 스튜디오

	우리나라 영화 및 드라마 촬영시설 및 스튜디오 현황
남양주 종합촬영소	• 위치 : 경기도 남양주시 조안면 삼봉리 산100번지 • 규모 : 부지 400,240평 / 조성면적 91,815평 • 주요시설 : 촬영스튜디오 3,647평 / 6개동(대형1, 중형2, 소형2, 특수촬영1), 전통한옥세트 〈운당〉, 오픈세트 야외촬영장 약 30,000평, 판문점 세트, 민속마을세트 등
아트서비 스스튜디오	• 위치 : 경기도 파주시 탄현면 법흥리 1652-155번지 헤이리 단지 • 주요시설 : 분장실, 장치제작실, 휴게실, 보관 1실, 보관 2실, 촬영/조명기재실, 편집실 • 편의시설 : 식당, 숙소(28실)
평택 평택호 스튜디오	• 위치 : 경기 평택시 현덕면 권관리 536-4번지, 30번지 • 주요시설 : 분장실, 대기실, 사무실, 촬영용 주방시설, 사무실 세트장, 인터넷, 위성방송 • 특이사항 : 전기용량 _ 각 동별 40kw, 화장실 및 주변 청소 지원, 냉난방비 별도 부담/별도 전기료, 수도료 없음
부산 영화 촬영 스튜디오	• 위치 : 부산광역시 해운대구 우1동 1392번지(요트경기장 내) (구)부산 무역 전시관 건물을 영화 촬영을 위한 실내 스튜디오에 적합한 환경으로 리모델링하여 운영 중 • 규모 : 총 2,000여 평 (6,723.65㎡) • 부대시설 : 휴게실, 분장실, 편집실 등
대전 영화 촬영 스튜디오	• 위치 : 대전시 엑스포 공원 내, 수용면적 2,070평 대전시 영상위원회에서 운영 예정. 스튜디오 건립 진행 중이며 특수효과 촬영을 위한 모션콘트롤 카메라 구입, 단계적으로 편집 시스템 구축 • 부대시설 : 휴게실, 분장실, 편집실 등 구축
전주 종합촬영소	• 위치 : 전주시 효자동 촬영소 부지 전주시는 지역 영상산업 발전과 지역 경제 발전을 도모하기 위해 방송, 영화 촬영 유치를 위해 지역에 실내스튜디오와 야외 촬영장을 조성 운영 중 • 부대시설 : 휴게실, 분장실, 편집실, 카메라, 조명장비실 등
상암 DMC 스튜디오	• 위치 : 상암동 DMC 내 전자통신연구소(ETRI) 영화영상의 원천 기술 연구와 시설 임대사업을 위해 대형 스튜디오를 2008년 3월 건립 완료, 운영 중 / 국내 최대 대형 스튜디오 • 부대시설 : 휴게실, 분장실, 특수효과 장비실 등

가. 국내사례

양주 대장금테마파크는 2004년에 문을 열었다. 경기도 양주시 만송동 30 대지 2000평의 테마파크로 옆에는 수영장, 궁궐의 문, 대전, 서고, 의금부감옥, 내의원건물, 옥사, 정자, 대비전, 장금의 부엌, 수라간, 활터 등이 있다. 입장료는 성인 5,000원, 어린이 3,000원, 단체 4,000원이다. 재원(투자규모)은 약 150억원을 투자하였으며, 개발은 MBC 문화방송 사업국이 주체가 되어 진행되었다. 개발목적과 개발범위는 8,925㎡크기로 대장금 테마파크는 아시아 지역의 많은 시청자들에게 우리 문화를 보다 적극적으로 알리고 '한류'를 더욱 확산키기 위해 기획하였다. 2012년까지 약 129만명이 방문하였으나 방송용세트로 지어진 가건물로 노후화와 파손으로 폐장하였다.

대장금 테마파크의 모습

나. 국외사례 – 일본 도에이 우즈마사 영화촌

일본 교토시 우쿄구에 위치하여, 연간 150만명 정도의 관람객이 입장하고 있다고 한다. 도에이 우즈마사 영화촌이라는 이름으로 개발을 시작하였고, 개발기간은 1965년 시설 건설 후 1975년 11월에 일반에 공개되었다. 재원(투자규모) 5,000만 엔(한화 약 5억 675만원)을 투자하고, 개발주체는 도에이 주식회사에서 맡아서 개발하였다. 36,000㎡ 면적의 이곳은 영화의 침체를 막기 위함과 일본의 문화자산 보존 및 계승, 발전시키기 위해서 설립되었다. 구체적인 개발내용은 파디오즈라는 캐릭터 상품점, 3D 영

도에이 우즈마사 영화촌 입구

도에이 우즈마사 안의 모습

체험형

화관, 식음시설, 특수촬영모형 스튜디오와 영화문화관(명작 미니영화극장, 전자 영화앨범, 영화 제작 공정 코너), 영화실험관(3D 입체영상관, 공포영화관), 오픈세트인 에도 일본교, 사극 오픈세트, 특수촬영 풀과 항구 도시가 있다.

❸ 스튜디오

설국열차 열차를 세트로 제작하여 실내에서 촬영했다. 제작진들과 합하여 길이가 500미터나 되는 열차를 제작하기 시작했고, '짐벌'(물체가 흔들리거나 기울여져도 위치 그대로 유지해주는 장치)이라는 특수효과 기구로 직접 열차가 주행하는 것과 같은 움직임을 현실감 있게 제작하기도 했다. 우리나라 영화 제작 현실에서는 아직까지 현실감 있게 하나하나 세밀하게 세트를 제작하지 못한다. 그래서 배우가 마임을 통해서 아니면 컴퓨터 그래픽 기술로 세밀하게 표현하는 게 전부다. 설령 현실감 있는 세트장을 구성해도 그 비용이 만만치 않기 때문에 기존 감독들도 기피하고 있다.

설국열차 촬영
세트장(스튜디오에 만듦)

그걸 다 만든거에요, 세트로

출처 : 모호필름, 오퍼스 픽처스

4. 영화제(Film Festival)

영화제(映畫祭, Film Festival)는 대개 해마다 최근에 나온 영화나 특별한 장르에 속하는 영화들을 모아놓고 전시하는 축제이다. 영화제가 개최되는 도시는 국내 및 국외 영화관련 관계자들 뿐만 아니라 많은 영화팬들이 국내에서 또는 국외에서 몰려들게 된다. 영화제가 개최되는 기간은 그 도시가 축제의 장소로 바뀐다. 세계의 많은 도시들이 영화제를 개최하는 이유가 된다.

영화제 현황

영화제		
공인 영화제	경쟁	칸 · 베를린 · 베네치아 · 로카르노 · 모스크바 · 산세바스티안 · 상하이 · 카를로비바리 · 도쿄
	부분 경쟁	부산 · 시체스 · 전주
	비 경쟁	런던 · 토론토
	다큐멘터리	오버하우젠
비 공인 영화제		광주 · 뉴욕 · 로스앤젤레스 · 유바리 · 제천 음악 · 부천 · 서울 여성 · 선댄스 · 소노마 · 아시아태평양 · 에든버러 · 트라이베카 · 판타스포르투 · 팜스프링스 · 평양 · 홍콩 · EBS 다큐 · FESPACO
	만화 · 애니메이션	마드리드 애니메이션 · 서울 만화 애니메이션

❶ 부산 국제영화제

부산국제영화제는 한국 영화 산업이 침체기에 빠져 있던 시기에 그 부흥을 위해 태동했다. 1996년에 창립되어 한국은 물론 아시아 영화 산업을 한 단계 발전시키

는 데 공헌하였으며, 세계 각국의 배우, 감독, 제작자, 영화·영상 관계자들과 일반 관객들이 격의 없이 소통할 수 있는 장을 마련하여 왔다. 또 세계 영화계에서 한국 영화를 비롯한 아시아 영화의 신선함을 인식하게 했다. 2011년 9월 29일에는 부산 국제영화제의 숙원인 영화의 전당을 센텀시티에 개관하여 제2의 도약을 준비하고 있다. 2015년에 20주년을 맞을 예정이다.

부산국제영화제 역사	연도	회차	개막일	폐막일	개막작	폐막작	상영작품	관객수	비고
	1996년	1	9월 13일	9월 21일	비밀과 거짓말	무산의 비구름	31개국 169편	184,071명	
	1997년	2	10월 10일	10월 18일	차이니즈 박스	반생연	33개국 163편	170,206명	
	1998년	3	9월 24일	10월 1일	고요	간장선생	41개국 211편	192,547명	부산프로모션플랜 (PPP) 출범
	1999년	4	10월 14일	10월 23일	박하사탕	책상 서랍 속의 동화	53개국 207편	180,914명	
	2000년	5	10월 6일	10월 14일	레슬러	화양연화	55개국 207편	181,708명	
	2001년	6	11월 9일	11월 17일	흑수선	수리요타이	60개국 201편	143,103명	
	2002년	7	11월 14일	11월 23일	해안선	돌스	55개국 226편	167,349명	
	2003년	8	10월 2일	10월 10일	도플갱어	아카시아	61개국 243편	165,103명	아시아영화산업센터 (AFIC) 출범
	2004년	9	10월 7일	10월 15일	2046	주홍글씨	63개국 262편	166,164명	
	2005년	10	10월 6일	10월 14일	쓰리 타임즈	나의 결혼 원정기	73개국 307편	192,970명	아시아영화아카데미 (AFA) 운영
	2006년	11	10월 12일	10월 20일	가을로	크레이지 스톤	62개국 246편	162,835명	아시안필름마켓 (AFM) 출범
	2007년	12	10월 4일	10월 12일	집결호	에반게리온 신극장판: 서	64개국 275편	198,603명	아시아영화펀드 (ACF) 출범
	2008년	13	10월 2일	10월 10일	스탈린의 선물	나는 행복합니다	60개국 315편	198,818명	
	2009년		10월 8일	10월 16일	굿모닝 프레지던트	바람의 소리	70개국 355편	173,516명	
	2010년	15	10월 7일	10월 15일	산사나무 아래	카멜리아	67개국 306편	182,046명	
	2011년	16	10월 6일	10월 14일	오직 그대만	내 어머니의 연대기	70개국 307편	196,177명	영문 명칭 변경, 영화의전당 개관
	2012년	17	10월 4일	10월 13일	콜드 워	텔레비전	75개국 304편	221,002명	아시아연기자아카데미 (AAA) 운영
	2013년	18	10월 3일	10월 12일	바라: 축복	만찬	70개국 299편	217,865명	
	2014년	19	10월 2일	10월 11일	군중낙원	갱스터의 월급날	79개국 312편	226,473명	

❷ 세계 3대 영화제

칸 영화제, 베를린 영화제, 베니스 영화제를 세계 3대 영화제라고 부른다. 이러한 영화제가 개최되는 장소가 전 세계의 영화팬들 뿐만아니라 관광객들도 가고 싶어하는 명소가 된 것은 명백하다.

가. 칸 영화제(프랑스어, Festival de Cannes)

칸 영화제는 세계 3대 국제 영화제 중 하나로서 국제 영화계의 '메카'로 통한다. 1946년 9월 20일 - 10월 5일 처음으로 개최된 이래, 매년 프랑스 남부 도시 칸에서 보통 매년 5월에 열린다.

나. 베니스 국제영화제(이탈리아어: Mostra Internazionale d'Arte Cinematografica di Venezia)

이탈리아 베네치아 리도 섬에서 매년 열리는 국제 영화제이며, 세계에서 가장 오래된 영화제이기도 하다. 1932년에 처음 시작되었으며, 매년 8월 말 ~ 9월 초에 개최된다. 예선을 통과한 각 나라의 영화들이 상영되며, 영화 배우, 영화 감독, 제작자, 관련 기자들이 참석한다.

다. 베를린 국제영화제(독일어: Internationale Filmfestspiele Berlin, 영어: Berlin International Film Festival)

독일 베를린에서 매년 2월 중순에 열리는 영화제이다. 1951년에 독일의 통일을 기원하는 의미에서 시작되었다. 약 10일 동안 400여편의 장단편 영화가 상영된다. 3대 영화제 중에서 가장 비평가 위주의 예술작품 발굴을 중시하는 영화제로 꼽힌다.

읽어보기

Beeton, S. (2010). The advance of film tourism. Tourism and Hospitality Planning & Development, 7(1), 1-6.

Berić, D., Kovačević, M., Simat, K., Božić, S., Stamenković, I., Pivac, T., ... & Perović, Đ. (2013). Film Tourism: a contemporary resource for promoting Serbia. Turizam, 17(1), 18-28.

Bolan, P., Boy, S., & Bell, J.(2011). "We've seen it in the movies, let's see if it's true": Authenticity and displacement in film-induced tourism", in Worldwide Hospitality and Tourism Themes, Vol. 3 Iss: 2, pp.102~116. Emerald Group Publishing LTD.

Bolan, P. (2010). Film-induced tourism: motivation, authenticity and displacement (Doctoral dissertation, University of Ulster).

Buchmann, A. (2010). Managing a sustainable film tourism industry.

Buchmann, A. (2010). Planning and development in film tourism: Insights into the experience of Lord of the Rings film guides. Tourism and Hospitality Planning & Development, 7(1), 77-84.

Buchmann, A., & Frost, W. (2011). Wizards everywhere?: film tourism and the imagining of national identity in New Zealand| NOVA. The University of Newcastle's Digital Repository.

Buchmann, A., Moore, K., & Fisher, D. (2010). Experiencing film tourism: Authenticity & fellowship. Annals of Tourism Research, 37(1), 229-248.

Busby, G., Ergul, M., & Eng, J. (2013). Film tourism and the lead actor: an exploratory study of the influence on destination image and branding. Anatolia, 24(3), 395-404.

Chen, H. M. (2013). The influence of micro film on destination image and travel intention— The case of" Heartbeat love" to Australia tourism.

Collins, G. (2013). New to the Scene: The Emerging Paradigm of Geographic Hypermedia and its Application in St. Louis Film Tourism. Polymath: An Interdisciplinary Arts and Sciences Journal, 3(1), 1-18.

Croy, G., & Heitmann, S. (2011). I 4 Tourism and Film. Research themes for tourism, 188.

Croy, W. G. (2010). Planning for film tourism: active destination image management. Tourism and Hospitality Planning & Development, 7(1), 21-30.

Croy, W. G. (2011). Film tourism: sustained economic contributions to destinations. Worldwide Hospitality and Tourism Themes, 3(2), 159-164.

Cudny, W. (2011). Film festivals in Łódź as a main component of urban cultural tourism. Bulletin of Geography. Socio-economic series, 15(15), 131-141.

Dahlström, M., Hedin, S., Olsen, L. S., Östberg, S., Dymén, C., & Henriksson, A. (2010). Knowledge dynamics in moving media in Skåne: Cross-sectoral innovations in game development and film tourism.

Frost, W. (2010). Life changing experiences: Film and tourists in the Australian outback. Annals of Tourism Research, 37(3), 707-726.Gurkaya, A.(2013). Marketing New Zealand via 'The Lord of the Rings'. GRIN Verlag GmbH.

Heitmann, S. (2010). Film tourism planning and development—Questioning the role of stakeholders and sustainability. Tourism and Hospitality Planning & Development, 7(1), 31-46.

Hudson, S. & Ritche, J.R.B. (2006). Promoting destination via film tourism: An empirical identification of supporting marketing initiatives. Journal of Travel Research 44, 387-396.

Hudson, S. (2011). Working together to leverage film tourism: collaboration between the film and tourism industries. Worldwide Hospitality and Tourism Themes, 3(2), 165-172.

Karpovich, A. I. (2010). Theoretical approaches to film-motivated tourism. Tourism and Hospitality Planning & Development, 7(1), 7-20.

Khan, N. A. H., Sumarjan, N., Hassan, M. F., & Ahmad, M. A. (2013). The effects of place, performance and personality (3P's) Pull Factor of screen tourism and viewers' travel intention. Hospitality and Tourism: Synergizing Creativity and Innovation in Research, 203.

Kim, S. (2012). Audience involvement and film tourism experiences: Emotional places, emotional experiences. Tourism Management, 33(2), 387-396.

Kim, S., & Wang, H. (2012). From television to the film set Korean drama Daejanggeum drives Chinese, Taiwanese, Japanese and Thai audiences to screen-tourism. International Communication Gazette, 74(5), 423-442.

Kim. H. G. & Richardson. S. L.,(2003). Motion Picture Impacts on Destination Images, Annals of Tourism Research 30(1), 216-237

Leotta, A. (2011). Touring the screen: Tourism and New Zealand film geographies. Intellect Books.

Macionis, N. (2011). How can the film-induced tourism phenomenon be sustainably managed?. Worldwide Hospitality and Tourism Themes, 3(2), 173-178.

Mendes, A. C. (2010). Showcasing India Unshining: Film Tourism in Danny Boyle's Slumdog Millionaire. Third Text, 24(4), 471-479.

O'Connor, N., Flanagan, S., & Gilbert, D. (2010). The use of film in re-imaging a tourism destination: a case study of Yorkshire, UK. Journal of Vacation Marketing, 16(1), 61-74.

Roberts, L. (2012). Film, Mobility and Urban Space: A Cinematic Geography of Liverpool. Liverpool University Press.

Soliman, D. M. (2011). Exploring the role of film in promoting domestic tourism: A case study of Al Fayoum, Egypt. Journal of Vacation Marketing, 17(3), 225-235.

Suni, J., & Komppula, R. (2012). SF-Filmvillage as a Movie Tourism Destination—A Case Study of Movie Tourist Push Motivations. Journal of Travel & Tourism Marketing, 29(5), 460-471.

Tanskanen, T. (2012). Film Tourism: Study on How Films Can Be Used to Promote Tourism.

Tham, A. (2013). Film Tourism: The Original 3D Movies: A review of: Places of the Imagination: Media, Tourism, Culture. Stijn Reijnders Surrey, Ashgate, 2011, ISBN 978-1-4094-1977-8. Tourism Geographies, 15(1), 173-175.

Yen, C. H., & Croy, W. G. (2013). Film tourism: celebrity involvement, celebrity worship and destination image. Current Issues in Tourism, (ahead-of-print), 1-18.

문화관광의 미래

11 Chapter

세계는 한권의 책이다.
여행하지 않는 사람은
그 책의 한 페이지만 읽었을 뿐이다.

– 아우구스티누스

Chapter **11**

문화 관광의 미래

2025년 생활상 어떻게 바뀔까? 혁신될 '10가지'

최근 개봉한 영화 '그녀'(Her)의 배경인 2025년 로스앤젤레스(LA)의 시민들은 키보드가 아닌 '구두(口頭)'로 문서를 작성하고 인공지능 운영체제와 친밀한 관계를 맺는 첨단 생활을 한다. 그렇다면 우리가 영화 속 배경의 연도를 맞이하기까지 불과 11년 밖에 남지 않은 현시점에서 2025년의 생활상은 실제 어떻게 변할까? 이와 관련해 금융정보전문매체 톰슨로이터가 최근 발간한 '2025년 혁신될 10가지 생활형태 보고서'가 화제를 모으고 있다.

톰슨로이터 지적재산·과학비즈니스 전문 애널리스트들은 최근 10년간 과학기술 특허현황과 논문 데이터베이스를 분석해 11년 후 미래 생활상에서 혁신적으로 변화될 10가지를 예측했다.

과학기술 중 괄목할만한 성장이 기대되는 분야는 생명유전공학, 물리학, 의학, 에너지 공학 등이다. 이에 2025년에는 1형 당뇨병 예방, 치매 환자 감소, 양자 순간 이동이 현실화되고 태양광 에너지 발전이 보편화 된다.

유전공학의 발달로 식량 공급이 원활해지고 항공우주공학 기술과 배터리 기술의 발전으로 경량화 비행이동수단이 등장해 현 운전면허처럼 파일럿 면허가 흔해질 것으로 보인다. 환경에 악영향을 주는 석유 포장지 대신 100% 자연분해가 가능한 셀룰로오스 포장지가 등장할 것이고 독성 부작용이 거의 없는 암 치료제가 보급될 것이다.

DNA 기술의 발전으로 인간 유전자 정보를 분석할 수 있어 출생 직후 질병사항을 미리 예측할 수 있고 아프리카를 비롯한 세계 모든 대륙이 디지털로 연결될 것이다. 영화처럼 사람이 직접 순간 이동하는 기술은 2025년에도 여전히 불가능하지만 적어도 양자 입자를 통한 순간이동 실험은 성공할 것으로 예측된다.

2025년 혁신될 10가지 생활형태–톰슨로이터 지적재산 · 과학비즈니스 연구

1. 치매 감소
2. 태양광 발전 보편화
3. 1형 당뇨병 예방
4. 식량부족 종결
5. 비행면허 취득 일상화
6. 전 세계 대륙의 디지털 화
7. 석유 원료 포장지가 사라지고 100% 분해 가능한 셀룰로오스 기반 포장지 등장
8. 효과↑ 부작용↓ 암 치료제 등장
9. 인간 DNA 해독기술 발달
10. 양자 순간 이동 현실화

　이 장은 미래를 예언하는 예언서가 아니며, 미래학자가 미래를 예견하는 선지적 지식을 담은 장도 아니다. 단지 문화와 관광, 그리고 문화관광의 과거와 현재에 대하여 10장까지 살펴보면서 미래, 아주 가까운 내일은 어떤 세상이 될까 라는 소박한 궁금증으로 시작하였다. 또한 '이런 세상이 된다'면 하는 가정의 의미도 포함된다고 할 수 있다. 그림에 비유하자면 장르상 어쩌면 구상 보다는 비구상에 가까울 것이며, 정형성 보다는 비정형성을 추구하는 미리 그려보는 것이리라.

　20세기 까지는 국가라는 우산 아래, 민족과 집단이 강조되는 사회였다면, 21세기는 개인이 중심이 되는 흐름을 보이고 있다. '국경없는 의사회', '그린피스' 등 NGO 단체는 20세기부터 지리적 공간의 한계를 뛰어 너머 '인류의 행복'이라는 거대한 기치아래 목적을 이루어나가고 있다.

　이러한 활동은 개성을 재능화시키며, 유사한 개성을 가진 인격체들은 동일한 선을 추구하면서, 삶의 목적을 자기자신에게서 자신이 속한 사회를 너머, 지구라는

공간으로 확장시키며, 집단화를 이루어나가고 있다.

동일한 가치관 아래 형성된 다양한 하위문화는 인류의 공통적인 선을 향하여 활성화 될 것이다. 문화의 이름 아래 지구는 엄청난 에너지를 활성화시키며, 인류공동체를 만들어갈 것이다. 인터넷을 비롯한 IT와 과학기술의 비약적 발전은 시간과 공간, 남녀와 세대, 인종과 민족의 경계를 넘어 다양한 문화를 양산해낼 것으로 예견되어진다.

01 관광의 미래

최초 관광의 형태가 종교의 성지를 향해서 갔던 순례, 제사나 의식을 위한 축제나 제례의 참여로부터 시작된 인류의 이동을 전제로 했기 때문에 그에 따른 고통은 불가피한 것이었다. 그래서 여행을 나타내는 travel과 고통의 trouble이라는 두 단어의 첫 두 알파벳에서 'tr'이 같은 의미를 지닌 것이라고 했을까.

관광의 역사를 이동의 관점에서 본다면, 일상권의 주거공간인 집에서 '조금 멀리 떨어진 곳'으로의 이동으로 시작되어 교통수단의 발달에 힘입어 '조금 더 멀리 떨어진 곳'으로, 그리고 과학기술의 발달은 '훨씬 더 멀리 떨어진 곳'으로의 이동으로 점점 더 물리적 거리가 길어졌다고 할 수 있었다. 초기에는 이러한 물리적 거리로 인해 육체적 고통은 가중되었을 것이다. 때로는 생명의 위협으로 인해 '용기'와 '모험심'이라는 두 단어가 필요하였을지도 모를 일이었다. 따라서 관광의 성립조건에서 물리적 거리 (distance)가 중요한 요소로

인식되는 것은 이러한 이동의 역사라는 관점에서 보면 지극히 당연한 것이라고 할 수 있다.

인류가 지구상에 출현한 이후 20세기 까지, 이동의 관점에서 본 다면, 관광목적지는 지구라는 행성에 한정되어 있었다고 할 수 있다. 집에서 더 멀리 떨어진 지구의 다른 곳에 이르는 거리가 얼마나 멀리 떨어져 있는가가 곧 문화경험의 중요한 척도로 인식되었기 때문이다. 그러나 21세기 과학기술의 발달은 그 지구라는 한계를 벗어나 우주에 대한 경험을 가능케 하고 있다. 우주관광시대가 도래한 것이다.

이와 관련하여 주목할 영화가 있다. 1990년 미국에서 개봉된 Total Recall이라는 영화는 우주시대 인간이 직면한 이동성의 한계를 극복하는 새로운 모습을 제시해주고 있었다. 기존 관광의 개념을 재해석하여 관광의 새로운 미래 모습을 그려보는 것이 가능하게끔 하였다. 장소의 이동성에 대한 제약요인을 제거하고, 특정 공간에서 이동없이 약물주입에 의한 뇌의 기억장치 조작 만으로 실제와 같은 관광경험을 유도하는 것이다. 관광에 접목한다면, 일상권에서 비일상권의 목적지까지 그리고 목적지에서 교통수단, 테마, 동행인, 체류일수, 관광일정 등 모든 경험을 현재 관광목적지에서 하는 경험과 동일하게 체험하는 것이다. 이것은 현재 예약과 티케팅, 일정관리가 주요 업무인 여행사가 미래 IT기술의 접목을 통해서 여행사의 새로운 업무영역의 확장으로 까지 새로운 지평선을 미리 보았을 것이다. 여행사 건물에 별도의 가상공간을 만들어 오프라인 여행패키지를 가상공간에서 판매를 하는 것이다.

데니스 앤서니 티토(Dennis Anthony Tito, 1940년 8월 8일 ~)

세계최초의 자비로 우주여행을 한 인물, 최초의 우주관광객.
1962년 뉴욕대학교에서 우주항공공학과를 전공하여 학사학위를 취득했고, 1964년 뉴욕 주 트로이에 위치한 렌슬레어공과대학에서 공학 석사학위 취득. 미국항공우주국(National Aeronautics and Space Administration/NASA)의 제트추진연구소에서 항공 엔지니어로 근무. 그곳에서 그는 화성탐사를 위한 매리너 4호 및 9호의 임무를 기획하고 모니터하는 것을 지원. 1972년에는 미국의 투자회사 윌셔어소시에이츠사의 설립을 도우면서 우주비행에서 금융으로 직업을 옮김.

Dennis Titto

그리고 미국 증권시장 지표 중 하나인 다우 존스 윌셔 5000지수를 개발.

1990년대 내내 2,000만 달러의 비용으로 우주정거장 미르호까지 2001년 왕복비행 임무에 참여하는 문제를 모스크바 우주국과 협상하여 승인. 2000년 러시아 스타시티에 있는 유리 가가린 우주인 훈련센터에서 훈련을 시작. 하지만 러시아가 미르 정거장을 지구에 추락하도록 내버려두는 폐기결정을 내리면서 그 계획이 취소.

2001년 4월 28일 티토는 우주선 선장 탈가트 무사바예프, 우주비행사 유리 바투린과 함께 보급임무를 띤 소유스 TM-32에 탑승하여 국제우주정거장(International Space Station/ISS)으로 감. NASA에서 논란을 야기하기도 했는데, NASA는 티토가 ISS로 가기 전에 NASA 시설에서 몇 주간 훈련이 필요했다고 결론.

티토와 소유스 승무원들은 5월 6일 카자흐스탄 초원지역에 착륙하면서 지구로 귀환. 티토는 자신의 임무를 위해 요구되었던 힘든 훈련을 고려할 때 우주관광객이라는 용어는 맞지 않는다고 반대. 하지만 그의 비행 이후 우주비행 참가자라는 용어는 자주 직업적 우주비행사와 우주관광객들을 구분하여 사용.

02 문화의 융복합

21세기 개막과 더불어 문화의 융복합 현상은 아주 급속하게 진행 중이다. 이전까지만 하더라도 문화의 장르가 명백히 존재하였고, 문화의 영역에 대한 경계도 분명하였지만, 이제는 장르와 경계가 없는 융합과 복합의 시대가 도래한 것이다.

20세기 까지만 하더라도 창조라는 단어는 인간에게 어울리지 않는 것이었다. 발견과 발명은 있었지만, 엄격한 의미에서 창조는 아니었다. 지금까지 신의 손에 속한 신비의 영역이라고 생각했기 때문이다. 그러나 지금은 유전공학을 통한 신생물 품종 개발로부터 일상의 생활과학과 생명의 혁명은 그 변화나 발전속도 그리고 그 생산물은 가히 '창조물'이라는 용어를 무색할 정도로 숱한 '새로운' 것들이 거의 매달 양산되어 나오는 시대에 살고 있는 것이다.

어제의 새로운 것이 오늘은 옛것으로 바뀌면서, 인간의 새로운 것에 대한 추구는 가히 집착으로 이어지는 경향을 보이는 것 같다. 그리고 새로운 것에 대한 수요는 갈수록 증가하고 있다. 또한 일상의 문화코드가 오래된 것 보다는 새로운 것에 더 많은 가치를 부여하는 트렌드에 편승하면서 이제 새로운 것은 일상의 모든 영역에서 요구되어지는 가장 중요한 가치척도가 되어지는 것이 되고 있다. IT 기술의 발달은 이러한 것을 더욱 가속화시키고 있다.

그러나 이러한 변화의 속도는 그에 따른 집단의 분화를 초래할 것이다. 계속 새로운 것을 향해 끊임없이 추구하는 집단과 그에 대항하여 철저하게 옛것을 추구하는 집단, 속도에 탈락하여 이러지도 저러지도 못한 상태에서 머무르고 있는 집단으로 나누어질 것이다. 아마 많은 사람들은 그 중간에서 융복합의 경험으로 만족하면서 머무를 것이다.

03 인간과 기술의 소통으로 인한 새로운 문화현상

사람의 모습이 담겨진 인물화, 사람들의 삶의 모습을 담았던 풍경, 자연환경과 도시의 모습들, 모두 인간의 관점에서 인간을 위해서 인간에 의한 예술 행위이었다. 구상도 비구상도 모두 인간의 시선으로 바라본 산물들이었다. 백남준의 비디오아트는 이러한 개념을 파괴시킨 행위이었다. 소재로 기계를 도입한 것이며, 기계와 인간의 소통을 시도하였다고 생각한다. 예술과 비예술의 논란을 불러일으키기도 하였지만, 지금은 다양한 형태의 비디오아트로 발전되고 있다. 문화는 미술사조와 같이 문화의 첨병을 리더하는 소수의 집단이 있다. 우리는 그러한 사람들에 대해 관심을 가지고 지켜보아야 할 것이다.

인터넷이 세상에 출현하기 전만 하더라도 우리의 일상 생활은 아날로그와 디지털의 경계가 있었다고 생각된다. 그러나 인터넷의 출현은 우리에게 신인류(동의하지 않음)라

Hacker Newbie(1994년 작), 110x69x157 cm

는 호칭을 부과하였고, 신유목민(동의하지 않음)의 별칭도 부과하였다. 모두 이동성을 전제로 하고 있음을 알 수 있다. 그러나 이러한 이동은 기본적으로 육체의 이동을 전제로 하고 있다. 육체의 이동은 또한 에너지의 충전과 방전의 사이클을 가지고 있음을 알 수 있다.

인터넷이 일상생활에서 차지하는 비중이 높아지면서 인간의 감각기관은 더 많은 신진대사 활동을 유발하였고, 육체는 더 빨리 더 많이 에너지 보강을 요구하기에 이르렀다. 인터넷은 직장과 집이라는 명확한 업무공간과 아닌 공간의 영역구분을 무색하게 만들었다.

웹을 통한 문서 열람, 편집, 작성과 송출 기능은 직장에서만 가능했던 업무를 집에서도 수행할 수 있도록 하였다. 인터넷 기반으로 발달된 첨단기기의 등장은 전통적인 직장공간의 물리적 경계를 뛰어넘어 어디에서든지 업무를 볼 수 있게끔 하였다. 심지어 이동 중 비행기에서든 기차에서든 배에서든, 국가 내에서든 국외에서든, 어디에서든지 업무를 수행하는 것이 가능하게 되었다. 인터넷의 발달은 과거 낮과 밤이 일(work)과 휴식(nonwork time = free time)의 경계가 되었던 것을 '추억거리'로 만들었다. 인터넷은 낮과 밤이라는 시간의 경계도 허물게 하였다.

시간과 공간이라는 인간의 일상성과 유한성을 대변하는 것들은 인터넷의 발전으로 그 경계를 해제하고 더 많은 것을 요구하는 시스템적 사회로 진입하고 있다.

이러한 빠른 과학기술의 발전속도는 아날로그와 디지털이 융합되면서 인간에서 에너지의 충전과 방전 사이클을 더욱 빠르게 진행하게끔 하였다. 마치 matrix 영화에서 보는 것과 같이 목뒤 경추 부분에 충전을 가하면서 시공을 초월한 이동을 가능하게끔 하는 것처럼 가까운 미래에는 현재와 같이 전기 소켓에서 전기코드를 꼽아 충전하는 방식 이외 마치 무선 와이파이처럼 공중에 떠 다니는 전자파를 흡수하는 그런 wearable charger를 휴대 또는 몸의 일부분에 plant하는 시대가 오지 않을까. 우리에게 끊임없는 에너지 충전을 요구하는 사회.

이러한 흐름에 편승하지 못하면 지체아, 문명과 문화의 낙오자로 인식하게끔 하는 사회시스템이 구현되지 않을까. 문화지체는 곧 문화낙오자라는 시스템의 평가기준이 가까운 미래 모든 인류에게 적용되지 않을까. 과거 인류문명의 수혜 여부에 따라 문명과 비문명이 나누어졌다면, 가까운 미래에는 문화의 수용여부가 사회

시스템의 평가기준이 되는 사회가 나타나지 않을까. 이러한 낙오자가 만드는 수없이 많은 하위문화의 출현은 허황되기만 할까.

기술의 발전속도가 인간의 발전 속도를 앞지르면서 문화지체현상들이 곳곳에서 일어나고 있지만, 분명한 것은 이미 인간의 능력을 뛰어 넘어서는 기술들이 속속들이 등장하고 있다는 것이다. 기술의 급속한 진보는 과학과 의학, 영화 등을 통하여 인류에게 기계에서 컴퓨터로, 인터넷으로, 로봇으로, 안드로이드라는 대상 등과 연계된 일상생활의 편리함과 더불어 생명연장에 대한 기쁨을 제공해주는 이면에 '부작용'으로 인한 불안감과 공포심을 진작시키고 있는 실정이다.

가까운 미래, 이전 시대에 경험하지 못하였던 인간과 기술(기계 등)간의 종속적인 관계가 상호보완적이거나 대등한 관계로 발전될 것이라는 것이다. 그리고 이러한 현상은 점점 가속화될 것이고 그 결과물이 우리의 일상에서 하나씩 하나씩 등장할 것이라는 것이다. 어쩌면 갑작스런 대량 출현으로 두려움을 넘어 공포심을 사로잡힐까봐 스스로 그 출현 속도를 조절할지도 모를 일이다. 분명한 것은 현실화되고 있다는 것이다. 인간과 기술의 소통 및 융합은 인간의 뇌와 과학기술의 집약체인 컴퓨터나 인터넷 사이의 소통 및 융합으로 나타난다. 지체현상을 거부하고 기술의 발전을 수용하든지 아니면 변화의 속도에 대한 저항을 하든지, 아니면 더 이상의 속도를 허용하지 않든지 선택의 기로에 있을 수 있다.

할리우드 영화〈transcendence, 2014년 개봉〉와 미국 드라마〈almost human, 2014년 한국상영〉은 이러한 것에 대하여 많은 것을 시사하고 있다.

문화관광산업의 미래는 특히, IT와 과학기술의 비약적인 발전으로 엄청난 변화가 있을 것이다. 무엇이 어떻게 어느 정도 까지 변화할 것인지에 대한 정확한 예측은 어려운 일이다. 먼저 산업의 분류의 관점에서 보면, 이전에는 없었던 많은 새로운 직업들이 창출되는 것과 같이 문화관광산업에도 이전에 볼 수 없었던 다양한 산업군들이 출현할 것이다. 특히, 사물인터넷 시대의 출현과 더불어 기술(기계)과 소통할 수 있는 산업들, 그런 산업과 연계된 문화현상들의 표출로 인해 상위문화 보다는 하위문화의 급속하게 확산될 것으로 생각된다. 다음에는 미래의 문화관광에 크게 영향을 미칠 대표적인 요소로 언어와 3D프린팅 기술 그리고 드론과 관련하여 살펴보고자 한다.

1. 언어와 문화관광의 미래

문화의 가장 중요한 기본적 구성요소는 언어이다. 문화와 언어는 긴밀한 상호작용 관계를 가지면서 문화는 언어에 반대로 언어가 문화에 영향을 미친다. 언어의 사용과 그 표현양식을 통해 문화를 구별하며 이러한 차이는 문화권에 따른 분류를 알 수 있게 된다.

언어는 특정 문화의 특징을 반영한 고유한 독자적인 상징체계이기 때문에 지구촌에 다양한 언어가 존재한다는 것은 당연한 일이 된다. 따라서 그 문화를 이해하려면 먼저 그 언어를 고려해야만 한다. 언어를 배제하고 문화를 이해한다는 것은 불가능한 일이다.

언어학자에 따르면 언어는 세계에 관한 인간의 지각이 형성되는 범주를 구축한다고 한다. 즉, 언어는 사람들로 하여금 메시지를 주고받게 하는 커뮤니케이션 시스템 이상의 기능을 지닌다고 한다. 언어는 인간이 비슷하다고 생각하는 것과 다르다고 생각하는 것을 구별하게 한다. 모든 언어는 각각 독특하기 때문에 특정 언어의 언어학적 범주는 타 언의 그것과 같을 수 없다. 따라서 각기 다른 언어를 구사하는 두 사람이 한 가지 현상을 같은 방식으로 지각하지 않는다는 것이다. Benhamin Whorf(1956)는 언어는 인간의 생각을 주고 받는 기계가 아니라 그 자체가 생각의 형성틀(shaper of idear)이라고 주장한다. 언어학적으로 상이한 사람들은 다른 방식으로 커뮤니케이션 할뿐만 아니라 실재를 다르게 생각하고 인식한다는 것이다. 따라서 현지 언어를 익힘으로써 그 현지인들이 왜 그렇게 생각하고 행동하는가를 더 잘 이해함은 상호 커뮤니케이션 수단을 확보하는 것이 된다.

다른 국가로 여행을 하려고 계획을 세울 때, 가장 먼저 떠올리는 생각은 '○○○ 나라 언어를 전혀 못하는데 어떡하지? 괜찮을까?' 등 언어와 관련된 질문일 것이다. 관광목적지 국가 언어에 대한 말하기와 듣기 등의 이해정도가 관광객의 심리와 밀접한 연관성을 지니기 때문이다. 결국 그 나라 언어의 말하기와 듣기 정도는 결국 관광경험의 품질과 상호관련이 된다. 최근 단체관광에서 FIT의 비중이 증대함은 언어의 중요성을 더하게 한다.

그런데 아주 가까운 미래, 이런 문제는 충분히 극복될 것으로 예상된다.

영화 매트릭스(MATRIX)에서는 주인공들이 컴퓨터 플러그를 몸에 꽂아 그들의 두뇌에 새로운 기능을 직접 다운로드해 새로운 기능을 배우는 내용이 나온다.

그런데 향후 미래의 기술은 영화의 내용처럼 플러그를 통해 인간의 몸과 컴퓨터의 데이터를 접속시키는 단계를 뛰어넘어 기능성자기공명영상장치(fMRI)를 이용하여 두뇌활동의 패턴을 변화시키는 신호를 송신시켜 시각피질을 활성화시키는 기법을 이용하여, 즉 신호의 내용에 따라 다양한 반응을 유도할 수 있다는 것이다. 예를 들면, 관광목적지 국가의 언어를 신호로 보내면, 관광객의 뇌가 그것을 인식하여, 그 나라의 언어로 읽기, 쓰기, 말하기를 가능하게 만드는 것이다.

언어가 문화의 필요불가결한 구성요소가 되었던 '구시대'가 과학기술의 발달로 인해 서서히 종언을 고하면서 역사의 한 페이지를 장식할 날로 접어들고 있다는 것이다. 언어가 더 이상 문화관광경험의 품질에 영향을 미치지 않는다는 것이다.

생각하기

외국어 업로딩 후 즉시 사용가능?

"가까운 미래에 마치 영화 매트릭스에 나온 인물들처럼 새로운 능력을 두뇌에 다운로드해 기능을 습득할 수 있게 될 것이라는 과학자들의 연구결과가 나왔다.

이에 따라 무술을 하는 방법, 비행기 조종술, 다른 나라 말을 하는 법 등을 정신차리고 배우지 않아도 저절로 깨치는 일이 멀지 않은 미래에 가능해질 전망이다.

미 보스턴대와 일본 교토소재 ATR 컴퓨터신경과학연구소 합동연구팀은 조만간 새로운 능력을 습득하기 위해 컴퓨터앞 의자에 앉아 업로드하는 것을 기다리기만 하면 되는 시대가 다가오고 있음을 전했다. 이 같은 내용의 논문은 2011년12월9일자 SCIENCE (http://www.sciencemag.org/content/334/6061/1413.full)에 실려있다.

연구진은 사람들의 두뇌활동패턴을 바꾸는 신호를 보내는 기능성자기공명영상장치(fMRI)를 이용해 어떻게 기계가 시각피질에서 지식을 흡수하는지를 알아냈다.

이 과정은 뉴로피드백 해독, 또는 데크네프(Decoded Neuro feedback · DecNet)로 불리는데 두뇌활동의 패턴을 변화시키는 신호를 보냄으로써 시각피질을 자극하는 원리를 이용한 것이다.

예를 들어 과학자들은 저글링 전문가를 불러 fMRI기기에 오게 한 후 저글링하는 것을 상상토록 한 후 그의 두뇌활동 패턴을 포착해 이 정보를 다른 누군가에게 보낼 수 있다.

연구진들은 실험결과를 확인하기 위해 fMRI를 이용, 자원자들을 대상으로 시각능력 테스트를 한 후 이 결과를 테스트 받지 않은 다른 그룹과 비교해 보았다.

그 결과 연구진은 이 새로운 기술을 경험한 사람들에게서 시각능력에 있어서 엄청난 향상이 있없음을 확인했다. 즉, 이 기술을 현실화시킨다면 영화 매트릭스 속 주인공 '네오'처럼 몇 분 안에 무술의 달인이 되거나 오랜 기간 훈련하지 않아도 유능한 축구선수가 될 수 있는 가능성이 높아짐을 확인한 것이다.

연구진들은 fMRI를 이용해 실험한 사람들이 그렇지 않은 사람들에 비해 훨씬 더 좋은 점수를 받았다는 사실을 통해 자신들의 실험이 성공적으로 이뤄졌다는 사실을 확인했다.

연구진은 또 "사이코패스는 세상을 잘못 이해하고 있는 사람들일 뿐이며 이들도 치료될 수 있다"고 주장했다.

fMRI를 적용해 능력을 받아들이는 데는 어떤 의약도 필요하지 않으며, 이 실험을 하는 대상은 깨어 있을 필요도 없다. 다만 기계로 원하는 사람들의 두뇌활동을 원하는 패턴으로 바꿔주게 되는 것뿐인데 이를 통해 누구나 원하면 미식축구 스타처럼, 또는 체스명인이 될 수 있다.

연구를 이끈 보스턴대의 와타나베 타케오교수는 "어른의 초기 시각영역은 매트릭스에서처럼 다운로드하기에 충분할 정도로 잘 형성되어 있다"고 말했다.

http://www.zdnet.co.kr/news/

2. 3D 프린팅과 문화관광의 미래

❶ 시나리오

2024년 부산의 Y씨(45세). 주말을 맞이하여 아침식사로 3D 푸드프린터로 만든 음식으로 간단히 끼니를 해결하고는 곧장 자신의 서재로 간다. 보이스로 컴퓨터를 켜고, 작업을 지시한다. 스페인 바로셀로나의 가우디 성당에 대한 3D 프린팅을 명령한다. 그리고는 가족들과 한 약속을 지키기 위해 야외에서 피크닉을 즐기러 외출을 한다. 몇 시간 뒤 가벼운 마음으로 다 함께 기분 좋게 집으로 돌아온다. 서재로 가서 완성품을 확인하고서는 흐뭇해한다. 실제 크기의 1/100로 만들어졌지만, 다음 주 월요일, 국내 스페인테마파크의 가우디 체험관 디자인작업을 앞두고 흡족해한다.

15년전 만 하더라도 부산에서 바르셀로나로 출장을 가서 현지에서 전문가들과 공동작업을 거쳐 몇주간이나 함께 일해야지만 가능한 일이었다. 그러나 2024년 현재, 인터넷 상에서 거래되는 가우디 성당에 대한 3D 스캐너 데이터를 구매해서 자신의 프린터에 입력만 하면, 생산품을 얻을 수 있기 때문이다. 가격에 따라 데이터의 품질에 차이가 있고, 프린터 소재에 따라 완성품의 품질에 차이가 있지만 만족해한다.

2014년 현재 미래의 성장동력으로 3D 프린터 관련 산업을 언급하고 있는데 별다른 이의가 없다. 기술의 발전속도를 고려할 때 가까운 미래에 현재 거의 대부분의 가정이 보유하고 있는 레이저프린터를 대체하게 될 것이다. 복사기가 인류문명에 미친 영향력처럼 3D 프린터는 일상생활에 많은 영향을 줄 것이며, 이는 또 다른 문화현상으로 이어지게 될 것이다. 최근 3D 프린터를 이용한 건축을 하여 주목을 받고 있는 것을 생각한다면 그 가능성은 우리에게 다양하게 나타날 것이다.

문화관광의 형태로 대표적인 heritage tourism 영역에서 유럽에 대한 세계시장에서의 관광목적지 위상의 변화가 예측된다. 그리스 로마 문명에서 기독교 문명에 기반을 두고 있는 유럽의 문화유산은 역사와 관련된 매력물들이 관광상품의 대부분을 차지하고 있다. 3D 프린팅의 활성화는 유럽 곳곳에 소재한 문화유산의 리플리카를 가능하게 할 것이다. 호기심의 저감은 이동의 욕구를 제한할지도 모를 일이다. 재현된 대상물에 대한 선 경험은 실제 경험으로 이어지는 프로세스에 영향을 미칠 가능성이 있는 것이기 때문이다. 마치 첨성대 리플리카를 많이 보면, 경주에 가서 첨성대를 보고 싶어하는 관광동기가 약해지는 것과 같은 이치가 아닐까?

❷ 해결책

매력대상에 대한 관심보다는 매력대상이 있는 장소성이 지닌 역사성에 더 많은 관심을 가지도록 해야할 것이다. 그 이야기는 지금까지 문화관광의 흐름이 문화관광의 단일 대상인 오브제(object)에 대한 관심으로 시작했다면 미래에는 오브제인 대상과 장소성이 지닌 역사성, 그리고 그 지역의 사람들이 만들어낸 인문학적 스토리에 대한 관심을 제고시키는 방향으로 관광상품이 대체되어야 할 것이다. 이는 관광체험이 오브제에서 장소성으로 옮겨가는 전기가 될 것이며, 전문적인 문화관광해설에 대한 새로운 수요를 창출할 것이다.

 생각하기

3D 프린팅 건축

2013년 5월 말, 네덜란드 건축가 얀야프 라위세나르스는 3D 프린팅 기술로 350㎡ 규모의 건물, 뫼비우스 띠처럼 생긴 2층 건물을 찍어 내겠다는 계획을 발표(아래 그림 참조). 5m 높이의 대형

3D프린터를 이용할 계획인데 이미 돌, 모래 등 다양한 건축 재료로 모형을 찍어내는데 성공. 브라질에 지어질 예정. 미국과 영국에서도 3D프린터로 건물을 짓는 계획을 추진

3. 드론과 문화관광의 미래

2018년 7월 오랜만에 여름휴가를 얻어 무인도로 가족여행을 떠난 Y씨(38), 급하게 여행을 준비하다보니 아이의 천식 호흡기를 놓고 왔다는 것을 알았다. 긴급하게 이웃집으로 연락하여 아이방에 있는 천식 호흡기를 드론으로 전달받았다.

미국 라스베가스에서 진행된 'CES(Consumer Electronics Show) 2015'는 지구촌에서 가장 관심을 받는 전자박람회로서, 전 세계 주요 가전 및 정보통신기술(ICT)업체가 총집결해 기술력을 경쟁하는 첨단의 무대이다. 전자기기가 우리 일상생활에 미치는 영향력과 의존도를 고려한다면 지극히 당연한 현상일 것이다. 눈을 떠서 잠을 잘 때까지 심지어 잠을 자는 동안에도 즉 24시간 전자기기의 영향 아래 놓여있을 뿐만 아니라 일상생활 가운데 지니고, 입고, 만지고, 두고, 느끼고 등등 인간의 모든 활동이 전자기기와 밀접하게 연결되어 있기 때문이다. 이러한 상황은 일상생활권 뿐만 아니라 여행을 간 비일상권의 관광목적지에서도 유사하게 관찰된다.

TV 등 기존 소비자 가전과 이를 결합한 스마트홈, 웨어러블 등 모바일 디바이스에 이르기까지 인터넷을 사물과 하나로 연결한다는 사물인터넷 기술은 우리 미래를 규정하는 새로운 트렌드로 자리 잡았다. 사물인터넷과 모바일, 웨어러블은 물론 3차원(D) 프린터와 드론(무인항공기), 로봇, 센서에 이르기까지 첨단 기술을 통해 새로운 트렌드를 제시하는 혁신기술들이 일상의 문화와 비일상의 문화관광에 이르기까지 깊숙이 연동되어 있다. 이러한 급변하는 혁신기술은 일상과 비일상이라는 공간과 시간의 경계를 초월하게 할 뿐만 아니라 이전에 경험하지 못했던 많은 것을 보여주고 알려주어 경험의 질을 제고시키는 데 기여하고 있다. 여기에서는 많은 전자기술 가운데 드론(drone)을 선택하여 드론이 향후 문화관광의 미래에 미칠 영향과 그 가능성에 대해 검토해보고자 한다.

드론에 대한 사전적 정의를 보면, 명사형으로 '1. the male of the honeybee and other bees, stingless and making no honey(벌침이 없고 꿀을 만들지 못하는 숫벌) 2. an unmanned aircraft or ship that can navigate autonomously, without human control or beyond line of sight: 인간의 통제없이 또는 시계 밖에서 자동적으로 네비게이트할 수 있는 무인비행체' 으로 되어 있다(http://dictionary.com). 즉, '조종사 없이 무선전파의 유도에 의해서 비행 및 조종이 가능한 비행기나 헬리콥터 모양의 군사용 무인항공기(UAV : unmanned aerial vehicle / uninhabited aerial vehicle)의 총칭이라고 되어있다'(시사상식사전, 박문각 http://terms.naver.com).

또한 '또한 '사람이 타지 않고 무선전파의 유도에 의해서 비행하는 비행기나 헬리콥터 모양의 비행체'(두산백과)로 정의되어 있다. 즉, 무인비행체에 해당되는 것으로 거리에 상관없이 자동적으로 조정이 가능한 비행체라고 할 수 있다.

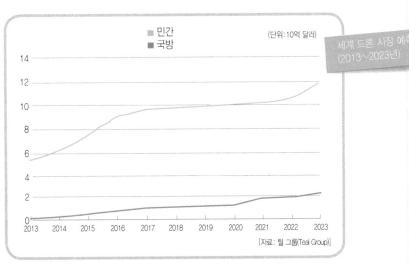

세계 드론 시장 예측 (2013~2023년)

드론은 2010년대를 전후하여 과거의 군사적 용도에서 벗어나 민간 분야에도 다양하게 활용되고 있다. 세계 2차대전 직후 군사적 목적과 임무를 수행한 것에서 이후 원격탐지장치, 위성제어장치 등 최첨단 장비를 구비하고는 인간이 접근하기 불가능한 곳이나 위험지역 등에 투입되어 정보를 수집하는데도 활용되고 있다. 특

히, 최근 인터넷 쇼핑몰의 무인(無人) 택배 서비스가 주목을 받고 있다. 인공위성을 이용해 위치를 확인하는 GPS(위성항법장치) 기술을 활용해 일정크기와 무게의 수화물을 개인에게 배달하는 것이다.

특히, 드론은 무인으로 용도에 따라 크기의 조절이 가능하기 때문에 가격 경쟁력만 갖춘다면, 향후 일상생활권의 다양한 영역으로 깊은 영향력을 확산할 것으로 예상된다. 문화관광의 영역도 이러한 트렌드를 주목할 필요가 있으며, 미리 준비하고 그 적용 가능성에 대해 깊은 관심을 기울여야 할 때이다.

현재 전세계에서 가장 큰 드론 시장은 미국이며, 세계 최초로 드론을 군용이 아닌 민간용으로 사용토록 허가한 곳도 미국이다. 하지만 드론의 개발은 전기자동차 개발과 비슷하게 중국이 앞서고 있다. 그럼에도 불구하고 중국, 유럽 등 주요 드론 업체들 대부분이 미국 시장에서 영업과 마케팅 업무를 위한 지사를 두고 운영하고 있는 이유가 된다. 특히, 미국은 땅이 광활하며, 넓은 지역에 인구 밀도가 낮도 보니 활용도가 더 넓다. 특히 배송과 관련된 업무를 위해 아마존이 준비에 박차를 가하고 있는 실정이다. 반면, 독일 세계적인 운송업체인 DHL은 이미 파슬콥터라는 이름의 드론을 개발해서 육지에서 12km 떨어진 섬으로 의약품 수송에 테스트를 마친 상황이다. 빠른 시간안에 생활에 적용될 것으로 예측된다. 정부 허가를 받고, 조종사 시야에서 벗어나 드론이 소포를 배달한 첫 사례이다.

2014년 한국에서 빅히트를 친 셀카봉, 미국의 'CES 2015'에도 셀카봉이 등장했다. 중국에서 시작된 셀카봉의 열풍은 한국과 일본을 지나 뒤늦게 미국, 현재는 동남아시아까지 옮겨갔다(구글 데이터). 하지만 셀카봉을 잇는 드론이 등장했다. 영국

Torquing 그룹[1]에서 만든 ZANO는 손바닥만한 크기의 초소형 드론이다. 하늘 위로 드론을 날려 원하는 위치에서 사진을 찍을 수 있으며, 센서를 활용해 장애물을 피하고, 배터리가 없을 때는 스마트폰이 있는 곳으로 자동으로 돌아온다.

1. 2010년부터 무인항공기 (UAV)를 개발한 그룹. 자노는 2014년 11월 말 킥스타터를 통해 첫선을 보였다. 토퀴잉그룹은 12만5천파운드, 우리돈 2억여원을 목표 금액으로 삼고자노 생산을 위한 후원을 받았음. 토퀴잉그룹은 2015년 6월부터 자노를 생산할 예정

드론의 발전은 여기서 끝나지 않고 해양 인명구조를 돕는데도 사용될 수 있다. 관광을 떠나 예기치 못한 위험을 만날 수 있는데 이때도 드론이 활약이 가능하다. 바다 한가운데에 빠진 사람, 1분이라도 빨리 구명튜브를 보내야 하는 상황이 왔을 때 드론을 이용해 인명구조를 할 수 있다. 립타이드 프로젝트(Ryptide Project)는 플라잉로봇(Flying robot)이라는 기업과 킹 로우 헤이우드 토마스 학교(King and Low-Heywood Thomas School) 학생들이 만든 인명구조 드론이다. 시연용 제품은 중국 드론업체의 'DJI 팬텀'을 사용해 만들었다. 립타이드는 2015년 1월부터 킥스타터를 통해 구체적인 제품 사양을 공개할 예정이다.

드론은 문화관광목적지에서 장소와 카메라의 제약성을 극복하여 다양한 이미지를 사진뿐만 아니라 동영상으로 촬영 및 저장 및 송출이 가능하기 때문에 목적지에서의 관광활동에 직접적인 영향을 미치게 된다. 뿐만 아니라 문화관광매력물에 대한 전문적인 탐사나 탐험, 또는 조사 까지 가능하게 만들어 과거의 대량관광객의 일원이 되어 그냥 시각적으로 관광대상에 대한 단편적인 지식만 습득하고 떠나는 통과형 관광이 아닌 전문성과 연구성을 지닌 전문관광객으로의 관광모드를 변화시킬 것으로 예상된다. 또한 개별 관광객이 소지한 인식칩이 있다면 드론은 관광객이 어느 장소를 가든지 실시간 정보제공을 통하여 안전과 더불어 추적이 가능하기 때문에 실종사건이 감소하여 결과적으로 안전한 관광을 유도할 것으로 예상된다. 이와같이 드론의 역할은 관광목적지에서 관광경험의 품질을 제고시킬 뿐만 아니라 일상권으로 회귀한 이후 목적지에서의 추억과 기억을 오랫동안 간직하게 하고, 더 나아가 재방문의 욕구를 제고시킬 것으로 예상된다.

무엇보다 크기의 소형화와 가격의 경쟁력을 갖춘 드론이 스마트폰 애플리케이션 (앱)으로도 쉽게 조정가능한 드론이 다양하게 개발될 것이기 때문에 조정성과 통제성에 대한 편의성에 힘입어 문화관광 분야에서의 활용성은 더욱 높아질 것으로 예상된다. 이는 향후 관광객의 필수장비로 드론이 여행리스트에 포함될 것이라는 것이다.

2015년은 드론이 본격적으로 시장에 론칭되는 해가 될 것이다. 셀카용으로 10만

원대 초소형 드론에서부터 무거운 수화물이나 물체를 달고도 비행할 수 있는 것까지 종류도 다양하게 개발되어 출시되었다. 그러나 이러한 다양한 분야의 활용도를 현실화하기 위해서는 오래된 법규들이 개정되거나 제정되어야 드론 산업이 활성화 될 것이다. 특히, 우리나라에서 무선조종에 대한 법적규제가 완화될 전망이며, 무선송수신기에 대한 부분도 해제가 될 것으로 예상된다.

CES를 개최한 미국가전협회(CEA)는 올해 상업용 드론시장 규모가 작년보다 55% 성장한 1억3천만 달러에 달할 것으로 예상하고 있다. 드론의 활용가능성이 높아지면서 드론에 대한 관심과 시장규모가 빠르게 성장하고 있으며, 문화관광 분야에도 다양한 활용가능성을 준비해야 할 것이다.

출처 : http://blogs.wsj.com/digits/2015/01/09/after-conquering-asia-the-selfie-stick-does-las-vegas/
http://kck.st/1teNrNm
http://youtu.be/FFIIAOjRj-4
http://imnews.imbc.com/replay/2015/nwdesk/article/3599553_14775.html
관련기사 : http://thumb.mt.co.kr/06/2014/12/2014122312017146507_2.jpg?time=183043

4. 결론

문화가 지닌 특징인 '차이'. 차이는 문화와 문화 사이에도 존재하며, 하나의 문화 안에서도 존재한다. 문화의 가장 중심적인 요소가 사람이기 때문이다. 사람과 사람과의 만남을 통해서 어떤 사람이 다른 대상을 통해서 이루어지는 다양한 chemistry가 이러한 차이를 만들어낸다. 인류역사를 돌이켜 보면, 어느 시대에는 그 차이가 주는 여러 가지 제약과 불편함, 때로는 위협 때문에 그것을 극복하여 '동일성'을 추구한 때도 있었다. 그러나 21세기. 지구촌 곳곳에는 아직도 그러한 현상이 일어나는 곳도 있지만, 많은 선진국의 국가들은 차이점의 장점을 찾아내어 그곳에 고유성의 의미를 부여하고, 그 장소와 역사를 결합시킨 새로운 콘텐츠 개발에 많은 관심을 쏟고 있다. 이제는 그 차이점이 마케팅 전략에 주요한 쟁점으로 부각되고 있다.

문화는 그 차이를 가장 잘 표현하는 대상이다. 비일상권으로의 이동이 전제가 되는 관광. 그 동기를 부여하는 중요한 인자가 문화가 된다. 문화관광은 현대인의 기호와 정확히 부합되는 사회현상이며 동시에 우리의 일상생활이 되어간다.

그러나 IT와 과학기술의 발전으로 인한 새로운 문화적 산물은 그것을 경험하는 인간들로 하여금 끊임없는 질문을 던질 것이다.

인간이란 무엇인가?

생명이란 무엇인가?

가까운 미래에 직면할 이러한 원초적 질문! 인류가 지구상에 출현한 이래로 끊임없이 던져지는 이러한 질문들. 인류가 현재부터 그 답변을 준비하지 않는다면 또 다른 문화지체를 겪으면서 인류문화의 종점을 향해 숨가쁘게 달음박질 칠 것이다.

인간의 뇌에 칩을 이식하여 인간제어

"사람의 뇌나 손가락에 칩을 이식하는 시대가 좀더 가까이 다가왔다. 조만간 사람 몸 속에 칩을 심어 심리적, 임상적 정보를 외부시스템과 교류할 수 있게 될 것이라는 전망이다.

삼성전자는 보안성이 강화된 와이파이 라우터를 사람 뇌나 손가락에 이식해 스트레스를 받거나 술에 취했을 때, 졸릴 때를 외부 기기로 파악할 수 있게 하는 특허를 미 특허청에 출원했다.

씨넷은 201년4월26일(현지시간) 미특허청 특허출원 등록 내용을 인용, 삼성전자가 '몸에 이식할 수 있는 의료기기와 이를 제어하는 방법(IMPLANTABLE MEDICAL DEVICE AND METHOD OF CONTROLLING THE SAME)'이라는 내용의 특허를 지난 해 2011년 9월 6일자로 출원했다고 보도했다.

삼성은 이를 통해 당장 인공심장 박동기 조절용으로 활용하며 그 이상의 활용방법에 대해서도 구상 중인 것으로 알려졌다. 특허 내용에는 공상과학영화에 등장하는 것처럼 뇌파를 추적하는 것 외에 손가락 끝에 칩을 이식해 칩을 이식한 사람의 움직임을 파악하는 쪽으로도 응용하는 내용도 포함돼 있다. 심지어는 이러한 기술을 발전시켜 생각만으로 기기를 작동할 수 있는 시스템까지 검토하고 있다고 삼성은 특허를 통해 내용을 공개했다.

사람의 머릿속에 칩을 심어 기기와 연동하는 작업은 보안에 대한 위협이 따른다. 이에 대해 삼성은 허가받지 않은 누군가가 칩을 통해 기기에 접근하려고 할 때 이를 방지하기 위한 보안엔진기술도 특허에 포함시켰다. 이를 이용해 영화 매트릭스에 등장하는 가상현실 속으로 들어가는 방식의 활용도 가능한 것으로 알려지고 있다.

씨넷은 "우리가 생각했던 것보다 더 빠른 시일 내에 이러한 시스템이 구현될 것으로 예상된다"며 "곧 뇌 속을 해킹하는 위협을 감수하면서도 이 시스템을 사용할 가치가 있는지를 판단해야 할 시기가 올 것"이라고 전망했다.

http://www.zdnet.co.kr/news/

Biyagamage, H., & Jayawardena, C. C. (2013). Balancing for the future success of tourism in Sri Lanka. Worldwide Hospitality and Tourism Themes, 5(5), 505-511.

Dolnicar, S., & Ring, A. (2014). Tourism marketing research: Past, present and future. Annals of Tourism Research, 47, 31-47.

Dubois, G., Peeters, P., Ceron, J. P., & Gössling, S. (2011). The future tourism mobility of the world population: Emission growth versus climate policy. Transportation Research Part A: Policy and Practice, 45(10), 1031-1042.

Dwyer, L., Cvelbar, L. K., Edwards, D., & Mihalic, T. (2012). Fashioning a destination tourism future: The case of Slovenia. Tourism Management, 33(2), 305-316.

Gössling, S., Hall, C. M., Peeters, P., & Scott, D. (2010). The future of tourism: can tourism growth and climate policy be reconciled? A mitigation perspective. Tourism Recreation Research, 35(2), 119-130.

Leigh, J., Webster, C., & Ivanov, S. (Eds.). (2012). Future Tourism: Political, Social and Economic Challenges. Routledge.

Pan, S. (2013). Places of the imagination. Media, tourism and culture. Current Issues in Tourism, 16(6), 619-621.

Ritchie, J. B., Tung, V. W. S., & Ritchie, R. J. (2011). Tourism experience management research: emergence, evolution and future directions. International Journal of Contemporary Hospitality Management, 23(4), 419-438.

Sharif, B., & Alimoradi, A. (2011). Toward The Future Tourism Marketing. J. Basic. Appl. Sci. Res, 1(12), 2889-2899.

··· 찾아보기

저자 소개

양 위 주 ⸰

- 부경대학교 관광경영학과 교수
- 글로벌 해양관광연구소장
- 부산광역시 관광진흥위원
- Texas A&M University, Ph.D
- 서울대학교 일반대학원 생태조경학과, MLA
- 서울대학교 조경학과, BA

글로벌 문화관광론

초판1쇄 발행 2015년 2월 23일
초판2쇄 발행 2016년 9월 5일

지은이   양 위 주
펴낸이   임 순 재

펴낸곳   한올출판사
등 록   제11-403호
주 소   서울특별시 마포구 모래내로 83(성산동, 한올빌딩 3층)
전 화   (02)376-4298(대표)
팩 스   (02)302-8073
홈페이지   www.hanol.co.kr
e-메일   hanol@hanol.co.kr

값 20,000원   ISBN 979-11-5685-048-9